ŒUVRES COMPLÈTES

DE M. LE VICOMTE

DE CHATEAUBRIAND.

TOME IX.

DE L'IMPRIMERIE DE CRAPELET,
RUE DE VAUGIRARD, N° 9.

OEUVRES COMPLÈTES
DE M. LE VICOMTE
DE CHATEAUBRIAND,
MEMBRE DE L'ACADÉMIE FRANÇOISE.

TOME NEUVIÈME.
ITINÉRAIRE DE PARIS A JÉRUSALEM.
TOME I.

PARIS.
POURRAT FRÈRES, ÉDITEURS.
M. DCCC. XXXVI.

PRÉFACE
DE L'ITINÉRAIRE
POUR L'ÉDITION DE 1827.

Lorsqu'en 1806 j'entrepris le voyage d'outre-mer, Jérusalem étoit presque oubliée ; un siècle antireligieux avoit perdu mémoire du berceau de la religion : comme il n'y avoit plus de chevaliers, il sembloit qu'il n'y eût plus de Palestine.

Le dernier voyageur dans le Levant, M. le comte de Volney, avoit donné au public d'excellents renseignements sur la Syrie, mais il s'étoit borné à des détails généraux sur le gouvernement de la Judée. De ce concours de circonstances, il résultoit que Jérusalem, d'ailleurs si près de nous, paroissoit être au bout du monde : l'imagination se plaisoit à semer des obstacles et des périls sur les avenues de la cité sainte. Je tentai l'aventure, et il m'arriva ce qui arrive à quiconque marche sur l'objet de sa frayeur : le fantôme s'évanouit. Je fis le tour de la Méditerranée sans accidents graves, retrouvant Sparte, passant à Athènes, saluant Jérusalem, admirant Alexandrie, signalant Carthage, et me reposant du spectacle de tant de ruines dans les ruines de l'Alhambra.

J'ai donc eu le très petit mérite d'ouvrir la carrière, et le très grand plaisir de voir qu'elle a été suivie après moi. En effet, mon *Itinéraire* fut à peine publié qu'il servit de guide à une foule de voyageurs. Rien ne le recommande au public que son exactitude ; c'est le livre de poste des ruines : j'y marque scrupuleusement les chemins, les habitacles et les stations de la gloire. Plus de quinze cents Anglois ont visité Athènes dans ces dernières années; et lady Stanhope, en Syrie, a renouvelé l'histoire des princesses d'Antioche et de Tripoli.

Quand je n'aurois eu en allant en Grèce et en Palestine que le bonheur de tracer la route aux talents qui devoient nous faire connoître ces pays des beaux et grands souvenirs, je me féliciterois encore de mon entreprise. On a vu à Paris les *Panorama* de Jérusalem et d'Athènes ; l'illusion étoit complète ; je reconnus au premier coup d'œil les monuments et les lieux que j'avois indiqués. Jamais voyageur ne fut mis à si rude épreuve : je ne pouvois pas m'attendre qu'on transportât Jérusalem et Athènes à Paris, pour me convaincre de mensonge et de vérité. La confrontation avec les témoins m'a été favorable : mon exactitude s'est trouvée telle, que des fragments de l'*Itinéraire* ont servi de programme et d'explication populaires aux tableaux des *Panorama*.

L'*Itinéraire* a pris par les événements du jour un intérêt d'une espèce nouvelle : il est devenu, pour ainsi dire, un ouvrage de circonstance, une carte topographique du théâtre de cette guerre sacrée, sur laquelle tous les peuples ont aujourd'hui les yeux attachés. Il s'agit de savoir si Sparte et Athènes renaîtront, ou si elles resteront à jamais ensevelies dans leur poussière. Malheur au siècle, témoin passif d'une lutte héroïque, qui croiroit qu'on peut, sans périls comme sans pénétration de l'avenir, laisser immoler une nation! Cette faute, ou plutôt ce crime, seroit tôt ou tard suivi du plus rude châtiment.

Il n'est pas vrai que le droit politique soit toujours séparé du droit naturel : il y a des crimes qui, en troublant l'ordre moral, troublent l'ordre social, et motivent l'intervention politique. Quand l'Angleterre prit les armes contre la France, en 1793, quelle raison donna-t-elle de sa détermination? Elle déclara qu'elle ne pouvoit plus être en paix avec un pays où la propriété étoit violée, où les citoyens étoient bannis, où les prêtres étoient proscrits, où toutes les lois qui protégent l'humanité et la justice étoient abolies. Et l'on soutiendroit aujourd'hui qu'il n'y a ni massacre, ni exil, ni expropriation en Grèce! On prétendroit qu'il est permis d'assister paisiblement à l'égorgement de quelques millions de chrétiens!

Des esprits détestables et bornés, qui s'imaginent qu'une injustice, par cela seul qu'elle est consommée, n'a aucune conséquence funeste, sont la peste des États. Quel fut le premier reproche adressé pour l'extérieur, en 1789, au gouvernement monarchique de la France? Ce fut d'avoir souffert le partage de la Pologne. Ce partage, en faisant tomber la barrière qui séparoit le nord et l'orient du midi et de l'occident de l'Europe, a ouvert le chemin aux armées qui tour à tour ont occupé Vienne, Berlin, Moscou et Paris.

Une politique immorale s'applaudit d'un succès passager: elle se croit fine, adroite, habile; elle écoute avec un mépris ironique le cri de la conscience et les conseils de la probité. Mais, tandis qu'elle marche, et qu'elle se dit triomphante, elle se sent tout à coup arrêtée par les voiles dans lesquels elle s'enveloppoit; elle tourne la tête, et se trouve face à face avec une révolution vengeresse qui l'a silencieusement suivie. Vous ne voulez pas serrer la main suppliante de la Grèce? Eh bien! sa main mourante vous marquera d'une tache de sang, afin que l'avenir vous reconnoisse et vous punisse.

Lorsque je parcourus la Grèce, elle étoit triste, mais

paisible : le silence de la servitude régnoit sur ses monuments détruits ; la liberté n'avoit point encore fait entendre le cri de sa renaissance du fond du tombeau d'Harmodius et d'Aristogiton ; et les hurlements des esclaves noirs de l'Abyssinie n'avoient point répondu à ce cri. Le jour je n'entendois, dans mes longues marches, que la longue chanson de mon pauvre guide ; la nuit je dormais tranquillement à l'abri de quelques lauriers-roses, au bord de l'Eurotas. Les ruines de Sparte se taisoient autour de moi ; la gloire même étoit muette : épuisé par les chaleurs de l'été, l'Eurotas versoit à peine un peu d'eau pure entre ses deux rivages, comme pour laisser plus d'espace au sang qui alloit bientôt remplir son lit. Modon, où je foulai pour la première fois la terre sacrée des Hellènes, n'étoit pas l'arsenal des hordes d'Ibrahim ; Navarin ne rappeloit que Nestor et Pylos ; Tripolizza, où je reçus les firmans pour passer l'isthme de Corinthe, n'étoit pas un amas de décombres noircis par les flammes, et dans lesquels tremble une garnison de bourreaux mahométans, disciplinée par des renégats chrétiens. Athènes étoit un joli village qui mêloit les arbres verts de ses jardins aux colonnes du Parthénon. Les restes des sculptures de Phidias n'avoient point encore été entassés pour servir d'abri à un peuple redevenu digne de camper dans ces remparts immortels. Et où sont mes hôtes de Mégare ! Ont-ils été massacrés ? Des vaisseaux chrétiens ont-ils transporté leurs enfants aux marchés d'Alexandrie ? Des bâtiments de guerre construits à Marseille pour le pacha d'Égypte, contre les vrais principes de la neutralité[1], ont-ils escorté ces

---

[1] Il y a deux sortes de neutralité : l'une qui défend tout, l'autre qui permet tout.

La neutralité qui défend tout peut avoir des inconvénients ; elle

convois de chair humaine vivante, ou ces cargaisons de mutilations triomphales qui vont décorer les portes du sérail ?

Chose déplorable ! j'ai cru peindre la désolation en peignant les ruines d'Argos, de Mycènes, de Lacédémone ; et si l'on compare mes récits à ceux qui nous viennent aujourd'hui de la Morée, il semble que j'aie voyagé en Grèce au temps de sa prospérité et de sa splendeur !

J'ai pensé qu'il étoit utile pour la cause des Grecs de joindre à cette nouvelle préface de l'*Itinéraire* ma *Note sur la Grèce*, mon *Opinion* à la Chambre des pairs, à l'appui de mon amendement sur le projet de loi pour la répression des délits commis dans les échelles du Levant, et même la page du discours que j'ai lu à l'Académie, page où j'exprimois mon admiration pour les

---

peut, en certains cas, manquer de générosité, mais elle est strictement juste.

La neutralité qui permet tout est une neutralité marchande, vénale, intéressée : quand les parties belligérantes sont inégales en puissance, cette neutralité, véritable dérision, est une hostilité pour la partie foible, comme elle est une connivence avec la partie forte. Mieux vaudroit se joindre franchement à l'oppresseur contre l'opprimé, car du moins on n'ajouteroit pas l'hypocrisie à l'injustice.

Vous laissez le pacha d'Égypte bâtir des vaisseaux dans vos ports, vous lui fournissez tous les moyens qui sont en votre pouvoir pour achever ses expéditions, et vous dites que les Grecs peuvent en faire autant ! Le pacha d'Égypte peut vous payer les moyens de destruction qu'il vous achète : son fils ravage la Morée. Les Grecs ont-ils, pour faire bâtir des vaisseaux, l'or que les Arabes d'Ibrahim leur ont ravi ? Les enfants de ces Grecs ne sont-ils pas élevés dans vos cités par la piété publique, à laquelle vous ne voulez prendre aucune part ! Cessez donc de nous dire que les Grecs peuvent aussi faire construire des vaisseaux dans vos ports ; ne venez pas, en insultant la raison et l'humanité, appeler du nom de neutralité une alliance abominable.

anciens comme pour les nouveaux Hellènes. On trouvera ainsi réuni tout ce que j'ai jamais écrit sur la Grèce, en exceptant toutefois quelques livres des *Martyrs*.

J'ai offert dans la *Note* un moyen simple et facile d'émanciper les Grecs, et j'ai plaidé leur cause auprès des souverains de l'Europe; par l'*amendement*, je me suis adressé au premier corps politique de la France, et ce noble tribunal a prononcé une magnanime sentence en faveur de mes illustres clients.

La *Note* présente la Grèce telle que des Barbares la font aujourd'hui, l'*Itinéraire* la montre telle que d'autres Barbares l'avoient faite autrefois. La *Note*, indépendamment de son côté politique, est donc une espèce de complément de l'*Itinéraire*. Si la nouvelle édition de cet ouvrage tombe jamais entre les mains des Hellènes, ils verront du moins que je n'ai pas été ingrat : l'*Itinéraire* fait foi de l'hospitalité qu'ils m'ont donnée : la *Note* témoigne de la reconnoissance que j'ai gardée de cette hospitalité.

Au surplus, on pourra remarquer que j'ai jugé les Turcs dans l'*Itinéraire* comme je les juge dans la *Note*, bien qu'un espace de vingt années sépare les époques où ces deux ouvrages ont été écrits.

Les affaires de la Grèce se présentoient naturellement à mon esprit en m'occupant de la réimpression de l'*Itinéraire :* j'aurois cru commettre un sacrilége de les passer sous silence dans cette préface. Il ne faut point se lasser de réclamer les droits de l'humanité : je ne regrette que de manquer de cette voix puissante qui soulève une indignation généreuse au fond des cœurs, et qui fait de l'opinion une barrière insurmontable aux desseins de l'iniquité.

NOTE SUR LA GRÈCE.

AVERTISSEMENT.

Ce n'est point un livre, pas même une brochure qu'on publie[1] : c'est, sous une forme particulière, le prospectus d'une souscription, et voilà pourquoi il est signé ; c'est un remerciment et une prière qu'un membre de la société, en faveur des Grecs, adresse à la pitié nationale ; il remercie des dons accordés ; il prie d'en apporter de nouveaux ; il élève la voix au moment de la crise de la Grèce ; et comme, pour sauver ce pays, les secours de la générosité des particuliers ne suffiroient peut-être pas, il cherche à procurer à une cause sacrée de plus puissants auxiliaires.

[1] La première édition de la *Note sur la Grèce* n'étoit en effet qu'une sorte de prospectus du comité grec, dont l'auteur est membre ; mais les événements qui ont suivi cette première publication ont engagé l'auteur à ajouter un avant-propos à la seconde édition, et une préface à la troisième édition. Cet avant-propos est en deux parties ; le lecteur le trouvera à la suite de cet avertissement, ainsi que la préface.

AVANT-PROPOS.

PREMIÈRE PARTIE.

Les personnages du drame qui depuis trente ans se joue sous nos yeux se retirent. Les acteurs populaires ont descendu les premiers dans les tombeaux qu'ils avoient placés sur la scène : ils ont emporté avec eux quelques têtes couronnées; d'autres potentats, en plus grand nombre, les ont suivis, Louis XVI, Louis XVII, Gustave III, Pie VI, Léopold II, Pie VII, Catherine II, Sélim III, Charles III d'Espagne, Ferdinand Ier de Sicile, Georges III, Louis XVIII, le roi de Bavière, Alexandre, et ce Buonaparte, unique dans sa dynastie, solitaire dans la vie et dans la mort, ce Buonaparte qu'on ne sait ni comment admettre au nombre des rois, ni comment retrancher de ce nombre; tous ces souverains ont disparu. En face des antiques monarchies qui perdent tour à tour leurs vieux chefs, s'élèvent des républiques nouvelles, qui, dans toute la vigueur de la jeunesse, semblent se promettre la terre par droit de déshérence.

Des hommes importants qui marquèrent dans la fondation d'un nouveau système ont pris la file, et sont arrivés de même au rendez-vous général :

Pitt et Fox, Richelieu et Castlereagh se sont hâtés ; d'autres ne tarderont pas à les rejoindre.

Ce grand mouvement, qui tout entraîne, rend bien petites les ambitions, les intrigues et les choses du jour. Buonaparte meurt au bout du monde, sur un rocher, au milieu de l'Océan ; et Alexandre revient dans son cercueil chercher un tombeau par ces chemins de la Crimée qui virent le voyage triomphant de son aïeule. Ainsi Dieu se joue de la puissance humaine, et annonce par des signes éclatants les révolutions que ses conseils vont opérer dans les destinées des peuples.

Une nouvelle époque politique commence : le temps qui a appartenu à la restauration proprement dite finit, et nous entrons dans une ère inconnue. Où est l'ouvrage de nos dix années de paix ? Qu'avons-nous fondé ou qu'avons-nous détruit ? Si nous n'avons rien fait au milieu du profond calme de l'Europe, que ferons-nous au milieu de l'Europe peut-être agitée ? Quand les événements du dehors viendront se compliquer avec les misères du dedans, où irons-nous ?

La consternation de cinquante millions d'hommes annonce, mieux qu'on ne pourroit le dire, tout ce que la Russie a perdu en perdant Alexandre. Une famille auguste en larmes ; une épouse à qui sa mort coûtera peut-être la vie ; l'héritier d'un empire qui, oubliant cet immense et glorieux héritage, s'enferme deux jours pour pleurer, et dont la puissance n'est annoncée que par le serment de la plus noble fidélité fraternelle; l'idole d'un peuple religieux et sensible, une vénérable mère plongée dans une affliction d'autant plus cruelle qu'une fausse espérance étoit venue se mêler à ses craintes, et que c'est au pied des autels où cette mère remercioit Dieu d'avoir sauvé son fils, que ses actions de grâces se sont changées en cris de douleur : tous ces signes non équivoques d'un deuil profond et véritable sont une éloquente oraison funèbre.

L'Europe a partagé ce deuil; elle a pleuré celui qui mit un terme à des ravages effroyables, à des bouleversements sans nombre, à l'effusion du sang humain, à une guerre de vingt-deux années; elle a pleuré celui qui le premier releva parmi nous le trône légitime, et servit à nous rendre, avec les fils de saint Louis, l'ordre, la paix et la liberté.

L'empereur Alexandre, qui avoit senti les abus de la force, avoit cherché la gloire dans la modération. Il sera toujours beau au maître absolu d'un million de soldats de les avoir retenus sous la tente. Né avec les sentiments les plus nobles, religieux et tolérant, incliné aux libertés publiques, ayant affranchi en partie les serfs de sa couronne; magnanime en 1814, lorsqu'il sauva Paris après avoir vu brûler Moscou, lorsqu'il ne voulut pour fruit de ses succès que le bonheur d'applaudir à nos institutions naissantes; généreux en 1817, lorsqu'il repoussa toute idée d'affoiblir la France, lorsqu'il ne demanda rien au moment même où il étoit obligé de contracter des emprunts, au moment où tant de puissances profitoient de nos malheurs, Alexandre avoit fait violence à son penchant naturel en s'arrêtant devant l'indépendance de la Grèce, et il ne s'arrêta que dans la seule crainte de troubler le repos du monde. Que d'autres eussent de lui cette frayeur, rien de plus simple sans doute ; mais qu'il eût cette crainte de lui-même, certes elle ne pouvoit sortir que d'une délicatesse de conscience, que d'un fonds de justice et de grandeur d'âme peu commune.

Qu'il soit permis à l'auteur de la *Note* de donner des regrets à un prince qui rehaussoit les qualités les plus rares par cette bonté de cœur, ces mœurs sans faste, cette simplicité si admirable dans la puissance ; qu'il soit permis à un homme peu accoutumé à la faveur et au langage des cours de manifester ses sentiments pour un prince qui lui avoit témoigné, et par ses lettres et par ses paroles, la confiance la plus honorable, pour un prince qui l'avoit comblé des marques publiques de son estime, pour un prince auquel il ne peut payer ici que le tribut d'une stérile et douloureuse reconnoissance : du moins aujourd'hui on ne pourra soupçonner cette reconnoissance d'être dictée par l'ambition ou par la flatterie.

Cependant on ne peut se dissimuler que la politique suivie par la Russie à l'égard des Hellènes ne fût contraire à l'opinion religieuse, populaire et militaire du pays. Quels que fussent les événements de la Morée, on en rendoit toujours le cabinet de Pétersbourg responsable : si la Grèce triomphoit, les Russes demandoient pourquoi ils n'avoient pas pris part à la victoire; si la Grèce éprouvoit des revers, les Russes s'irritoient de n'avoir pas empêché la défaite. Leur orgueil national avoit vu avec peine les négociations de leur gouvernement confiées, à Constantinople, à un diplomate étranger; ils trouvoient leur rôle au-dessous de leur puissance : il n'y avoit que leur confiance sans bornes dans les lumières de leur souverain, leur respect, leur vénération pour un monarque digne de tous les hommages, qui les rassurât sur le parti qu'on avoit adopté. Mais Alexandre lui-même commençoit à nourrir des doutes; et les ennemis des Grecs qui s'étoient aperçus de cette disposition nouvelle, pressoient par cette raison même l'extermination d'un peuple infortuné : ils craignoient le réveil d'un prince dont les vertus sembloient tenir à la fois de celles du juste et du grand homme.

Une importante question s'étoit élevée en 1823, au moment de l'expédition d'Espagne : non-seulement cette question fut traitée par les voies ordinaires de la diplomatie, mais elle le fut encore par une correspondance particulière entre l'auteur de la *Note*, alors ministre, et un de ses illustres amis dans une des grandes cours de l'Europe. Un jour il ne sera peut-être pas sans avantage pour l'étude de la société de savoir comment deux hommes dont les positions et les destinées avoient quelque analogie à cette époque, ont débattu entre eux les intérêts généraux du monde et les intérêts essentiels de leurs pays, dans des confidences fondées sur une estime réciproque.

Aujourd'hui que l'auteur de la *Note* est privé des renseignements et de l'autorité que donne une place active, ces facilités d'être utile lui manquent : il ne peut servir une cause sacrée que par le moyen de la presse, moyen borné sous le rapport diplomatique, puisqu'il est évident que ne pouvant ni ne devant tout dire au public, beaucoup de choses restent dans l'ombre par l'impossibilité même où l'on est de les expliquer.

Si l'on a été bien instruit, l'idée d'une dépêche collective ou de dépêches simultanées en faveur des Grecs, adressées par les puissances chrétiennes au divan (cette idée développée dans la *Note*), auroit été prise en considération avant la mort de l'empereur Alexandre, sinon officiellement, du moins comme matière de controverse générale. Mais une objection auroit été faite par les politiques d'une cour principale.

« On ne peut pas, auroient-ils dit, demander au divan la séparation de la Grèce, sans appuyer cette demande d'une menace en cas de refus. Or, toute intervention avec menace est contraire aux principes du droit politique. D'un autre côté, toute dépêche comminatoire qui demeureroit sans effet seroit puérile; et toute dépêche comminatoire suivie d'un effet produiroit la guerre : donc une pareille dépêche est inadmissible, puisqu'une guerre avec la Turquie pourroit ébranler l'Europe. »

Le raisonnement seroit juste s'il étoit applicable au projet exposé dans la *Note*. Mais la *Note* ne demande point de dépêche menaçante; elle ne place point la Porte dans la nécessité d'obéir ou de se battre; elle désire qu'on dise simplement à la cour ottomane: « Reconnoissez l'indépendance de la Grèce
« ou avec des conditions ou sans conditions; si vous
« ne voulez pas prendre ce parti, nous serons forcés
« nous-mêmes de reconnoître cette indépendance,
« pour le bien de l'humanité en général, pour la
« paix de l'Europe en particulier, pour les intérêts
« du commerce. »

A ces motifs, on pourroit ajouter aujourd'hui qu'il ne convient pas à la sûreté des puissances chrétiennes que des forces soient transportées chaque jour de l'Afrique et de l'Asie en Europe; qu'il ne convient pas à ces puissances que la Morée devienne un camp retranché où l'on exerce au maniement des armes de nombreux soldats, qu'il ne leur convient pas que le pacha d'Égypte se place avec toutes les populations blanches et noires du Nil aux avant-postes de la Turquie, menaçant ainsi ou la chrétienté, ou Constantinople même.

Le pacha d'Égypte domine en Chypre; il est maître de Candie; il étend sa puissance en Syrie; il cherche à enrôler et à discipliner les peuplades guerrières du Liban; il fait des conquêtes dans l'Abyssinie, et s'avance en Arabie jusqu'aux environs de la Mecque; il a des trésors et des vaisseaux; il influe sur les régences barbaresques. Le voilà en Morée, il peut demander l'empire avant que le sultan lui demande sa tête. On ne remarque pas ces progrès pourtant fort remarquables. Si une nation civilisée précipitoit toutes ses armées sur un point de son territoire, l'Europe justement inquiétée lui demanderoit compte de cette résolution. N'est-il pas étrange que l'on voie l'Afrique, l'Asie et l'Europe mahométane verser incessamment leurs hordes dans la Grèce, sans que l'on craigne les effets plus ou moins éloignés d'un pareil mouvement? Une poignée de chrétiens qui s'efforcent de briser le joug odieux sont accusés par des chrétiens d'attenter au repos du monde; et l'on voit sans effroi s'agiter, s'agglomérer, se discipliner ces milliers de Barbares qui pénétrèrent jadis jusqu'au milieu de la France, jusqu'aux portes de Vienne.

On fait plus que de rester tranquille, on prête à ces nations ennemies les moyens d'arriver plus promptement à leur but. La postérité pourra-t-elle[1] jamais croire que le monde chrétien, à l'époque de sa plus grande civilisation, a laissé des vaisseaux sous pavillon chrétien transporter des hordes de mahométans des ports de l'Afrique à ceux de l'Europe, pour égorger des chrétiens? Une flotte de plus de cent navires, manœuvrés par des prétendus disciples de l'Évangile, vient de traverser

[1] Le comité grec ayant désiré faire connoître, par la voie de la presse périodique, une lettre de Canaris à son fils, et une lettre d'un Grec de Napoli de Romanie, l'auteur de la *Note* fit insérer ces lettres dans le *Journal des Débats*, en y mettant pour introduction ce paragraphe et quelques autres de l'avant-propos.

la Méditerranée, amenant à Ibrahim les disciples du Coran qui vont achever de ravager la Morée. Nos pères, que nous appelons barbares, saint Louis, quand il alloit chercher les infidèles jusque dans leurs foyers, prêtoient-ils leurs galères aux Maures pour envahir de nouveau l'Espagne ?

L'Europe y songe-t-elle bien ? On enseigne aux Turcs à se battre régulièrement. Les Turcs, sous un gouvernement despotique, peuvent faire marcher toutes leurs populations : si ces populations armées se forment en bataillons, s'accoutument à la manœuvre, obéissent à leurs chefs; si elles ont de l'artillerie bien servie; en un mot, si elles apprennent la tactique européenne, on aura rendu possible une nouvelle invasion des Barbares à laquelle on ne croyoit plus. Qu'on se souvienne (si l'expérience et l'histoire servent aujourd'hui à quelque chose), qu'on se souvienne que les Mahomet et les Soliman n'obtinrent leurs premiers succès que parce que l'art militaire étoit, à l'époque où ils parurent, plus avancé chez les Turcs que chez les chrétiens.

Non-seulement on fait l'éducation des soldats de la secte la plus fanatique et la plus brutale qui ait jamais pesé sur la race humaine, mais on les approche de nous. C'est nous, chrétiens, c'est nous qui prêtons des barques aux Arabes et aux Nègres de l'Abyssinie pour envahir la chrétienté, comme les derniers empereurs romains transportèrent les Goths des rives du Danube dans le cœur même de l'empire.

C'est en Morée, à la porte de l'Italie et de la France, que l'on établit ce camp d'instruction et de manœuvres; c'est contre des adorateurs de la Croix qu'on leur livre que les conscrits du turban vont apprendre à faire l'exercice à feu. Établie sur les ruines de la Grèce antique et sur les cadavres de la Grèce chrétienne, la barbarie enrégimentée menacera la civilisation. On verra ce que sera la Morée lorsque, appuyée sur les Turcs de l'Albanie, de l'Épire et de la Macédoine, elle sera devenue, selon l'expression énergique d'un Grec, une nouvelle régence barbaresque. Les Turcs sont braves, et ils ont derrière eux, sur le champ de bataille, le paradis de Mahomet. Le ciel nous préserve de l'esclavage en guêtres et en uniforme, et de la fatalité disciplinée!

Et cette nouvelle régence barbaresque, n'en prenons-nous pas un soin tout particulier? Nous lui laissons bâtir des vaisseaux à Marseille; on assure même, ce que nous ne voulons pas croire, qu'on lui cède, pour ses constructions, des bois de nos chantiers maritimes. D'un autre côté, elle achète aussi des vaisseaux à Londres; elle aura des bateaux à vapeur, des canons à vapeur, et le reste. Les Turcs ont conservé toute la vigueur de leur férocité native; on y ajoutera toute la science de l'art perfectionné de la guerre. Vit-on jamais combinaison de choses plus formidable et plus menaçante?

Qu'on revienne, il est temps encore, à une politique plus généreuse et en même temps plus prévoyante et plus sage. Il n'est donc question, ainsi qu'on l'a dit dans la *Note*, que d'agir envers la Grèce de la même manière que l'Angleterre a cru devoir agir envers les colonies espagnoles. Elle a traité commercialement ou politiquement avec ces colonies, comme états indépendants, et elle n'a point laissé entrevoir qu'elle feroit la guerre à l'Espagne, et elle n'a point fait la guerre à l'Espagne.

Mais le divan, objectera-t-on, ne prendroit pas les choses si bénignement : en vain on éviteroit le ton menaçant en lui déclarant la résolution des alliés relative à l'indépendance de la Grèce ; ce téméraire conseil seroit capable de dénoncer lui-même les hostilités contre les puissances qui lui présenteroient une pareille déclaration.

Le divan sans doute est passionné; mais quand on raisonne, on ne peut pas admettre comme une objection solide la supposition d'une folie. Quiconque a pratiqué les Turcs et étudié leurs mœurs, sait que l'abattement de la Porte égale sa jactance aussitôt qu'elle est sérieusement pressée. D'imaginer que la Porte déclareroit la guerre à l'Europe chrétienne, si toute l'Europe demandoit ou reconnoissoit l'indépendance de la Grèce, ce seroit vouloir s'épouvanter d'une chimère. Quand on voit le divan alarmé à la seule annonce de l'équipement de trois bateaux à vapeur que devoit monter lord Cochrane, on peut juger s'il seroit désireux de lutter avec les flottes combinées de l'Angleterre, de la France, de la Russie, de l'Autriche et de la Grèce.

Mais la simple reconnoissance de l'indépendance

b.

des Grecs par les puissances chrétiennes suffiroit-elle pour leur assurer cette indépendance? N'en auroient-ils pas moins à soutenir les efforts de toute la Turquie?

Sans doute; mais le gouvernement de la Grèce, reconnu par les puissances alliées, prendroit une force insurmontable à ses ennemis. Ce gouvernement, entouré des résidents des diverses cours, pouvant communiquer avec les États réguliers, trouveroit facilement à négocier des emprunts : avec de l'argent, il auroit des flottes et des soldats. Les vaisseaux chrétiens n'oseroient plus servir de transport aux Barbares, et le découragement, qui ne tarderoit pas à s'emparer des Turcs, auroit bientôt forcé le divan à ces trèves successives par où l'orgueil musulman consent à s'abaisser, et aime à descendre jusqu'à la paix.

Quelles que soient les tentatives que la bienveillance ait pu faire, ou pourra faire en faveur de la Grèce à Constantinople, on ne peut guère espérer de succès tant qu'on ne viendra pas à la déclaration que la *Note* propose, ou à toute autre mesure décisive. Recommander l'humanité à des Turcs, les prendre par les beaux sentiments, leur expliquer le droit des gens, leur parler de hospodarats, de trèves, de négociations, sans rien leur intimer et sans rien conclure, c'est peine perdue, temps mal employé. Un mot franchement articulé finiroit tout. Si la Grèce périt, c'est qu'on veut la laisser périr: il ne faut pour la sauver que l'expédition d'un courrier à Constantinople.

La conséquence de l'extermination des Hellènes seroit grave pour le monde civilisé. On veut, répète-t-on, éviter une commotion militaire en Europe. Encore une fois, cette commotion n'auroit pas lieu si l'on consentoit à délivrer les Grecs par le moyen proposé; mais, d'ailleurs, qu'on ne s'y trompe pas : du succès même des Turcs dans la Morée sortiroient des guerres sanglantes. Toutes les puissances sont jusqu'à présent dans une fausse position relativement à la Grèce : supposez la destruction des Hellènes consommée, alors s'élèveroient de toutes parts les plaintes de l'opinion. Le massacre de toute une nation chrétienne civilisée, opéré sous les yeux de la chrétienté civilisée, ne resteroit pas impuni; le sang chrétien retomberoit sur ceux qui l'auroient laissé répandre : on se souviendroit que la chrétienté, non-seulement auroit été forcée d'assister au spectacle de ce grand martyre, mais qu'elle auroit encore vendu ou prêté ses vaisseaux pour transporter les bourreaux et les bêtes féroces dans l'amphithéâtre. Tôt ou tard les gouvernements apprendroient à leurs dépens à connoître le mal qu'ils se seroient fait : dans les uns les pensées généreuses, dans les autres des antipathies secrètes et des ambitions cachées, se réveilleroient; on s'accuseroit réciproquement, et l'on viendroit se battre sur des ruines, après avoir refusé de sauver des peuples.

L'auteur de la *Note* justifieroit facilement ses prédictions par des considérations tirées du caractère, de l'esprit, des intérêts, des opinions des peuples de l'Europe, et des événements qui attendent bientôt ces peuples. Quelle influence a déterminé la politique que l'on a suivie jusqu'ici par rapport à la Grèce? Par quelle idée et par quelle crainte toute cette grande affaire a-t-elle été dominée? Ici le droit de l'écrivain finit, et l'homme d'État laisse tomber le rideau.

La mort de l'empereur Alexandre vient de changer la position des choses: Alexandre, déjà vieilli sur le trône, avoit deux fois traversé l'Europe à la tête de ses armées; guerrier pacificateur, il avoit, pour adopter une conduite particulière, cette prépondérance que donnent le triomphe, l'âge, le succès, l'habitude de la couronne et du gouvernement. Son héritier suivra-t-il la même politique, et lui seroit-il possible de la suivre quand il le voudroit? Ne trouvera-t-il pas plus facile et plus sûr de rentrer dans la politique nationale de son empire, d'être Russe avant d'être François, Anglois, Autrichien, Prussien? alors la Grèce seroit secourue. Quel noble début pour un prince dans la carrière royale, de faire de l'affranchissement de la Grèce, de la délivrance de tant de chrétiens infortunés, le premier acte de son règne! Quelle popularité et quel éclat pour tout le reste de ce règne! C'est peut-être la seule gloire qu'Alexandre ait laissée à moissonner à son successeur.

Veut-on savoir ce qu'on peut attendre du nouveau monarque? Un général françois va nous l'apprendre:

« Le grand duc Constantin faisoit soigner sous ses « yeux, et jusque dans ses appartements, les officiers

« françois malades, qu'il alloit chercher lui-même
« dans les hôpitaux; il alloit les visiter dans leurs
« lits, et les consoloit par des expressions de bonté
« et d'intérêt; il sauva d'un bâtiment incendié deux
« officiers qu'il arracha des flammes, en chargeant
« l'un sur ses épaules, tandis que son valet de cham-
« bre emportoit l'autre; il brava, pour suivre les
« impulsions de son cœur généreux, une épidémie
« mortelle dont il fut lui-même atteint. Plus d'un
« officier françois, arraché par son humanité active
« des bras de la mort, lui doit son existence : c'est
« à ce titre que l'auteur lui adresse l'hommage de sa
« juste reconnoissance[1]. »

Et Constantin Ier, ce généreux ennemi, ne seroit pas l'ami secourable de ses frères en religion ! N'y a-t-il ni contagion à braver, ni incendie à éteindre, ni victime à sauver dans la Morée ? Constantin le saura : les peuples trouvent dans son nom un présage, et dans son caractère un garant de la délivrance de la Grèce[2].

---

[1] *Mémoires pour servir à l'histoire de la guerre entre la France et la Russie en* 1812, page 324, par le général Vaudoncourt.

[2] Tout ce qu'on disoit ici de Constantin peut s'appliquer en partie à Nicolas, qui, plus jeune, n'a pas eu les mêmes occasions de déployer son caractère, mais qui vient de montrer les hautes vertus dont il est capable, en saluant le premier du nom d'*empereur* un frère digne de porter le sceptre. Constantin, qui, de son côté, a conservé toute la gloire de la royauté en rejetant seulement le fardeau de la couronne, Constantin peut appuyer de son expérience et de ses conseils, et s'il le faut de son épée, les résolutions généreuses que Nicolas seroit disposé à prendre en faveur de la Grèce. Cet empereur, qui a voulu rester soldat, a sa place à la tête des grenadiers russes, et il ne peut manquer d'être souvent consulté par un frère auquel il a laissé le diadème.

Que le cabinet de Pétersbourg demande aujourd'hui la dépêche collective ou les dépêches simultanées, elle sera, nous n'en doutons point, accueillie par plusieurs puissances; que, sur la réponse négative ou évasive des Turcs, la Russie reconnoisse l'indépendance de la Grèce, et un terme est mis à tant de calamités.

D'un autre côté, l'Angleterre, prévoyant un changement probable, n'essaiera-t-elle pas de devancer les événements, en acceptant le protectorat qu'elle a d'abord refusé? Le temps développera la nouvelle politique qu'il n'est pas impossible de voir naître, qu'il est même raisonnable de supposer. Le projet indiqué dans la *Note* seroit donc plus utile que jamais, si l'on vouloit l'adopter à la fois pour sauver la Grèce, et pour prévenir toute collision entre les États de l'Europe. Puissent les Grecs trouver moyen de vivre jusqu'au jour qui doit peut-être les délivrer!

Malheureusement ce jour ne peut être fixé. Un nouveau règne peut s'annoncer par un changement complet de système; mais il peut aussi marcher quelque temps dans les voies tracées par le règne précédent. Bien des obstacles se rencontrent quelquefois au commencement d'une carrière : la prudence et la circonspection sont alors commandées. Lorsque le monarque descendu dans la tombe a d'ailleurs été un grand et vertueux prince, lorsqu'il a joué un rôle éclatant sur le théâtre du monde, lorsqu'il a été le fondateur d'une politique particulière, enfin lorsqu'il est mort dans une haute réputation de sagesse, aimé, pleuré, admiré de ses peuples et des nations étrangères, la vénération que l'on a pour sa mémoire, le culte mérité qu'on rend à ses cendres, la tristesse même et la désolation que produit le spectacle de ses funérailles, les sentiments de tendresse et de douleur de son successeur, tout fait que l'on est enclin à suivre d'abord les traditions qu'il a laissées. Ce qu'il a établi paroît sacré; y toucher sembleroit une impiété, et l'on se sent disposé à déclarer que rien ne sera changé à l'ouvrage de son génie. Mais le temps affoiblit ces impressions, sans les détruire en ce qu'elles ont de naturel et de respectable : le caractère du nouveau souverain, la force des intérêts nouveaux, l'esprit différent des ministres appelés aux affaires, finissent par dominer, surtout dans les choses justes et visiblement utiles à l'État. Pour la Grèce il ne suffit que de pouvoir attendre : que sa liberté campe sur la montagne, elle verra venir ses amis. Au-delà de six mois, rien ne peut se calculer en Europe.

On espère avoir détruit l'objection au moyen de laquelle des hommes influents sont censés avoir écarté l'idée de se rapprocher du plan indiqué dans la *Note*. On croit avoir démontré qu'il ne s'agit pas d'une dépêche comminatoire, mais d'une simple déclaration qui amèneroit l'émancipation désirée. Refusera-t-on d'acheter à si peu de frais une si sainte gloire? Un pareil résultat ne vaut-il pas bien la demi-heure que coûteroit la rédaction de la dépêche libératrice de la Grèce?

Maintenant nous allons passer à l'examen des reproches que l'on fait aux Grecs, dans l'intention d'enlever à un peuple opprimé l'admiration due à son courage et à la pitié qu'inspirent ses malheurs.

DEUXIÈME PARTIE.

Comme le consentement universel des nations démontre l'existence de la grande vérité religieuse, il est des vérités secondaires qui tirent leur preuve de l'acquiescement général des esprits. Quand vous voyez des hommes de génie différent, de mœurs opposées, de principes, d'intérêts, et même de passions contraires, s'accorder sur un point, vous pouvez hardiment prononcer qu'il y a dans ce point consenti une vérité incontestable.

Appliquez cette observation aux affaires de la Grèce. Que feroient des peuples rivaux s'ils étoient les maîtres? Ils affranchiroient cet infortuné pays. Que pensent les esprits susceptibles de voir les objets sous des rapports dissemblables? que pensent-ils, ces esprits, à l'égard de la légitimité dont les mahométans réclament les droits sur la Grèce conquise et chrétienne? Ils pensent que cette légitimité n'existe pas.

M. de Bonald a soutenu cette thèse avec toute la conviction de sa foi et la force de sa logique; M. Benjamin Constant, dans une brochure pleine de raison et de talent, a montré que cette prétendue légitimité étoit une monstruosité d'après les définitions mêmes des plus grands publicistes, et qu'il ne falloit pas joindre à l'absurdité du principe l'imprévoyance, plus dangereuse encore, de discipliner des Barbares; M. Pouqueville, dans son ouvrage substantiel et rempli de faits, a établi les mêmes vérités; M. Charles Lacretelle, dans des discours animés d'une chaleur et d'une vie extraordinaires, a plaidé la cause des infortunés Hellènes d'une manière digne de cette cause; M. Villemain, dans son *Essai sur l'état des Grecs*, a retracé avec toute l'autorité de l'éloquence et toute la puissance des témoignages historiques les droits que les Grecs ont à la liberté [1]. Et nous, si nous osons nous compter pour quelque chose, notre opinion est formée depuis long-temps : nous l'avons manifestée à une époque où l'on ne songeoit guère à l'émancipation de la patrie de Léonidas [2].

[1] Quelques écrivains, et en particulier M. Viennet, ont bien voulu se plaindre de n'avoir pas été nommés dans ce passage. L'auteur de la *Note* se fût fait un devoir de donner de justes éloges à cette foule de poëtes et de prosateurs qui ont plaidé avec autant de générosité que de talent la cause des Hellènes, s'il avoit pu supposer un moment qu'on attachât quelque importance à son suffrage, mais il étoit loin d'avoir la prétention d'être le dispensateur de la gloire. Quand il a cité les noms de cinq ou six écrivains, opposés sous d'autres rapports politiques, mais d'accord sur la question de la Grèce, il n'a voulu faire valoir qu'un argument, et il n'a pas prétendu publier un catalogue. Si quelqu'un avoit des droits à se présenter comme défenseur des Grecs, c'étoit sans doute le capitaine Raybaud, qui les a servis de sa plume et de son épée, et M. Fauriel, traducteur des *Chants populaires* de la Grèce; ouvrage d'un grand mérite, soit par la traduction élégante et fidèle des chants populaires, soit par la savante notice dont ces chants sont précédés.

[2] Dans l'*Itinéraire*.

Dans tous les comités philhellènes formés en Europe on remarque des noms qui, par des oppositions politiques, sembloient devoir difficilement se réunir : que faut-il conclure de ces observations ? Qu'aucune passion, qu'aucun esprit de parti n'entre dans l'opinion qui sollicite la délivrance de la Grèce; et la rencontre de tant d'esprits divers dans une même vérité dépose fortement, comme nous l'avons dit, en faveur de cette vérité.

Les ennemis des Grecs, d'ailleurs en très petit nombre, sont loin de montrer la même unanimité dans les motifs de la haine qui les anime : cela doit être, car ils sont dans le faux, et ils ne peuvent soutenir leur sentiment que par des sophismes. Tantôt ils transforment les Grecs en carbonari et en jacobins ; tantôt ils attaquent le caractère même de la nation grecque, et se font des arguments de leurs calomnies.

On répondra sur le premier chef d'accusation : que les Grecs ne sont point des jacobins; qu'ils n'ont point manifesté de projets destructeurs de l'ordre ; qu'au lieu de s'élever contre les princes des nations, ils ont imploré leur puissance. Ils leur ont demandé de les admettre dans la grande communauté chrétienne; ils ont élevé vers eux une voix suppliante; et, loin de préférer à tout autre le gouvernement républicain, leurs mœurs et leurs désirs les font pencher vers la monarchie. Les a-t-on écoutés ? Non : on les a repoussés sous le couteau; on les a renvoyés à la boucherie. On a prétendu que briser les fers de la tyrannie, c'étoit se délier d'un serment de fidélité, comme s'il pouvoit y avoir un contrat social entre l'homme et la servitude !

Le souvenir des maux qui ont désolé notre patrie sert aujourd'hui d'argument aux ennemis des principes généreux. Eh quoi ! parce qu'une révolution se sera plongée dans les excès les plus coupables, tous les opprimés, quelque part qu'ils gémissent sur la surface du globe, seront obligés de se résigner au joug pour expier des crimes dont ils sont innocents ! Toutes les mains enchaînées qui labourent péniblement la terre seront accusées des forfaits dont elles n'ont point été souillées. Le fantôme d'une liberté sanglante qui couvrit la France d'échafauds aura prononcé du haut de ces échafauds l'esclavage du monde !

Mais ceux qui se montrent si effrayés du passé ont-ils toujours manifesté les mêmes craintes ? n'auroient-ils jamais capitulé avec des républiques ? Ils se repentent aujourd'hui d'avoir favorisé l'indépendance ; soit. Mais que ne rachètent-ils eux-mêmes leurs péchés ? La Grèce n'avoit pas besoin que leur repentir retombât sur elle ; elle se seroit bien passée d'avoir été choisie pour accomplir leur pénitence.

On a laissé se former des républiques en Amérique, et par compensation on veut du despotisme dans la Grèce : mauvais jeu pour la monarchie. La royauté qui se place entre des démocraties et des gouvernements arbitraires se met dans un double péril : la crainte de la tyrannie peut précipiter dans des libertés populaires. Que les couronnes délivrent la Grèce, elles se feront bénir : les bénédictions font vivre.

Le second chef d'accusation porte sur le caractère des Grecs, et la conduite qu'ils ont tenue depuis qu'ils combattent pour leur indépendance.

Quels sont ici les accusateurs? Ce sont, en général, de petits trafiquants qui craignent toute concurrence. La Grèce est encore ingénieuse et vaillante : libre, elle deviendroit promptement une pépinière de hardis matelots et de marchands industrieux. Cette rivalité future que l'on prévoit donne de l'humeur. Mais, pour conserver le monopole des huiles et du miel de l'Attique, des cotons de Sères, des tabacs de la Macédoine, des laines de l'Olympe et du Pélion, des fabriques d'Ambélakia, du vermillon de Livadie, des raisins de Corinthe, des gommes de Thessalie, de l'opium de Salonique, et des vins de l'Archipel, faut-il vouer tout un peuple à l'extermination? faut-il qu'une nation appelée à son tour aux bienfaits de la Providence soit immolée à la jalousie de quelques marchands?

Les Grecs, nous disent leurs ennemis, sont menteurs, perfides, avares, lâches et rampants; et l'on oppose à ce tableau, qu'un intérêt jaloux a tracé, celui de la bonne foi des Turcs et de leurs vertus singulières.

Les voyageurs qui, sans intérêts commerciaux, ont parcouru le Levant, savent à quoi s'en tenir sur la bonne foi et les vertus des pachas, des beys, des agas, des spahis, des janissaires; espèce d'animaux cruels, les plus violents quand ils ont la supériorité, les plus traîtres quand ils ne peuvent triompher par la force.

Défions-nous de nos préjugés historiques; relativement aux Grecs du Bas-Empire et de leurs malheureux descendants, nous sommes fascinés par nos études; nous sommes, plus que nous ne le pensons peut-être, sous le joug des traditions. Les chroniqueurs des Croisés, et les poëtes qui depuis chantèrent les Croisades, rejetèrent les malheurs des Francs sur la perfidie des Grecs; les Latins, qui prirent et saccagèrent Constantinople, cherchèrent à justifier ces violences par la même accusation de perfidie. Le schisme d'Orient vint ensuite nourrir les inimitiés religieuses. Enfin la conquête des Turcs et l'intérêt des commerçants se plurent à propager une opinion qui servoit d'excuse à leur barbarie et à leur avidité : le malheur a tort.

Mais du moins aujourd'hui il faut rayer de l'acte d'accusation ce reproche de lâcheté qu'on adressoit si gratuitement aux Grecs. Les femmes souliotes se précipitant avec leurs enfants dans les vagues; les exilés de Parga emportant les cendres de leurs pères; Psara s'ensevelissant sous ses ruines; Missolonghi, presque sans fortifications, repoussant les Barbares entrés deux fois jusque dans ses murs; de frêles barques transformées en flottes formidables, attaquant, brûlant, dispersant les grands vaisseaux de l'ennemi : voilà les actions qui consacreront la Grèce moderne à cet autel où est gravé le nom de la Grèce antique. Le mépris n'est plus permis là où se trouve tant d'amour de la liberté et de la patrie : quand on est perfide et corrompu, on n'est pas si brave. Les Grecs se sont refaits nation par leur valeur : la politique n'a pas voulu reconnoître leur légitimité; ils en ont appelé à la gloire.

Si ont leur objecte quelques pirates qu'ils n'ont pu réprimer et qui ont souillé leurs mers, ils montreront les cadavres des femmes de Souli, qui ont purifié ces mêmes flots.

Pour que le caractère général attribué aux Grecs par la malveillance eût d'ailleurs une apparence de vérité, il faudroit que les Grecs fussent aujourd'hui un peuple homogène. Or les Klephtes de la Thessalie, les paysans de la Morée, les manufacturiers de la Romélie, les soldats de l'Épire et de l'Albanie, les marins de l'Archipel, ont-ils tous les mêmes vices, les mêmes vertus? doit-on leur prêter les mœurs des marchands de Smyrne et des princes du Fanar? Les Grecs ont des défauts : quelle nation n'a les siens? et comment les François (plus équitables dans leur jugement sur les autres peuples que ces peuples ne le sont envers eux), comment les François sont-ils traités par les historiens de la Grande-Bretagne?

Après tout, dans la lutte actuelle des Grecs et des Turcs, on n'est point appelé à juger des vertus relatives des deux peuples, mais de la justice de la cause qui a mis les armes à la main des Grecs. Si les Grecs ont des vices que leur a donnés l'esclavage, l'iniquité seroit de les forcer à supporter cet esclavage en considération des vices mêmes qu'ils devroient à cet esclavage. Détruisez la cause, vous détruirez l'effet. Ne calomniez pas les Grecs parce que vous ne voulez pas les secourir; pour vous justifier d'être les amis du bourreau, n'accusez pas la victime.

Enfin il y a dans une nation chrétienne, par cela seul qu'elle est chrétienne, plus de principes d'ordre et de qualités morales que dans une nation mahométane. Les Turcs, eussent-ils quelques-unes de ces vertus particulières que donne l'usage du commandement et qui peuvent manquer aux Grecs, ont moins de ces vertus publiques qui entrent dans la composition de la société. Sous ce seul rapport, l'Europe doit préférer un peuple qui se conduit d'après les lois régénératrices des lumières, à un peuple qui détruit partout la civilisation. Voyez ce que sont devenues, sous la domination des Turcs, l'Europe, l'Asie et l'Afrique mahométanes.

Après les reproches généraux faits au caractère des Grecs, viennent les reproches particuliers relatifs à leur position du moment.

« Les Grecs ont appliqué à des intérêts privés l'argent qu'on leur avoit prêté pour les intérêts de leur liberté; les Grecs admettent dans leurs rangs des aventuriers; ils souffrent des intrigues et des ambitions étrangères. Les *capitani* sont divisés et avides; la Grèce est plongée dans l'anarchie, etc., etc. »

Des compagnies françoises s'étoient présentées pour remplir l'emprunt de la Grèce. Si elles l'avoient obtenu, elles n'auroient pas fait des reproches si amers à la nation qu'elles auroient secourue : on sait en France que quelques désordres sont inséparables des grands malheurs; on sait qu'un peuple qui sort tumultuairement de l'esclavage n'est pas un peuple régulier, versé dans cet art de l'administration, fruit de l'ordre politique et de la progression du temps. On ne croit point en France que les services rendus donnent le droit d'insulte et autorisent un langage offensif et hautain. Si des particuliers avoient détourné à leur profit l'argent prêté à la Grèce, comment la Grèce auroit-elle depuis cinq ans fourni aux frais de cinq campagnes aussi dispendieuses que meurtrières ? On sait de plus que les Hellènes avoient acheté des vaisseaux en Angleterre et aux États-Unis. Ces forces seroient arrivées, si les sources n'en avoient été taries par l'Europe chrétienne.

« Les Grecs admettent dans leurs rangs des aventuriers; ils souffrent des intrigues et des ambitions étrangères. »

Admettons ce reproche, si tel est le fait; mais à qui la faute? Les Grecs abandonnés de tous les gouvernements réguliers et chrétiens reçoivent quiconque leur apporte quelque secours. Que des intrigues étrangères s'agitent au milieu d'eux, ils ne peuvent les empêcher : mais loin de les favoriser ils les désapprouvent, car ils sentent qu'elles ne peuvent que leur nuire. Sauvez les Grecs par une intervention favorable, et ils n'auront plus besoin des enfants perdus de la fortune. N'assimilons pas toutefois à quelques particuliers inconnus ces hommes généreux qui, abandonnant leur patrie, leurs familles et leurs amis, accourent de toutes les parties de l'Europe pour verser leur sang dans la cause de la Grèce. Ils savent que la Grèce ne peut rien pour eux, qu'elle est pauvre et désolée ; mais leur cœur bat pour sa gloire et pour son infortune, et ils veulent partager l'un et l'autre.

« L'anarchie règne dans la Grèce, les *capitani* sont divisés : donc le peuple est indigne d'être libre, donc il faut le laisser périr. »

C'est aussi la doctrine que l'Europe monarchique a suivie pour la Vendée : les chefs étoient désunis, la Vendée a été abandonnée. Qu'en dit aujourd'hui l'Europe monarchique ?

Nous voyons les Grecs au moment de la lutte : peut-on s'étonner que les difficultés sans nombre qu'ils ont à surmonter ne fassent pas naître chez eux divers sentiments, diverses opinions ? Les Grecs sont divisés parce que la nature de leurs ressources pécuniaires et militaires sont inégales, ainsi que leurs populations, parce qu'il est tout simple que les habitants des îles et des diverses parties du continent aient des intérêts un peu opposés. Refuser de reconnoître ces causes naturelles de divergence et en faire un crime aux Grecs seroit grande injustice.

Loin de s'étonner que les Grecs ne soient pas tout-à-fait d'accord, il faut plutôt s'émerveiller qu'ils soient parvenus à former un lien commun, une défense commune. N'est-ce pas par un véritable miracle qu'un peuple esclave, à la fois insulaire et continental, ait pu, sous le bâton et le cimeterre des Turcs, sous le poids d'un immense empire, se créer des armées de terre et de mer, soutenir des siéges, prendre des places, remporter des victoires navales, établir un gouvernement qui délibère, commande, contracte des emprunts, s'occupe d'un code de lois financières, administratives, civiles et politiques ? Peut-on, avec une apparence d'équité, mettre en balance ce qu'ont fait les Grecs dans le cours de leur lutte héroïque, avec quelques désordres inséparables de leur cruelle position ?

Si un voyageur eût visité les États-Unis après la perte de la bataille de Brooklyn, lors de la prise de New-York, de l'invasion du New-Jersey, de la défaite à Brandywine, de la fuite du Congrès, de l'occupation de Philadelphie et du soulèvement des royalistes ; s'il avoit rencontré de méchantes milices, sans vêtements, sans paye, sans nourriture, souvent sans armes ; s'il avoit vu la Caroline méridionale soumise, l'armée républicaine de Pensylvanie insurgée; s'il avoit été témoin des conjurations et des trahisons ; s'il avoit lu les proclamations d'Arnold, général de l'Union, qui déclaroit que l'*Amérique étoit devenue la proie de l'avidité des chefs, l'objet du mépris de ses ennemis et de la douleur de ses amis;* si ce voyageur s'étoit à peine sauvé au milieu des guerres civiles et des égorgements judiciaires dans diverses cités de l'Union; si on lui avoit donné en échange de son argent des billets de crédit dépréciés, au point qu'un chapeau rempli de ces billets suffisoit à peine pour acheter une paire de souliers; s'il avoit recueilli l'acte du congrès qui, violant la foi publique, déclaroit que ces mêmes billets n'auroient plus cours selon leur valeur nominale, mais selon leur valeur de convention : quel récit un pareil voyageur auroit-il fait de la situation des choses et du caractère des chefs dans les États-Unis ? N'auroit-il pas représenté l'insurrection d'outre-mer comme une honteuse anarchie, comme un mouvement prêt à finir? n'auroit-il pas peint les Américains comme une race d'hommes divisés entre eux, d'hommes ambitieux ; incapables à la liberté à laquelle ils prétendoient; d'hommes avides, sans foi, sans loi et au moment de succomber sous les armes victorieuses de la Grande-Bretagne ?

L'événement et la prospérité actuelle des États-Unis auroient aujourd'hui donné un démenti au récit de ce voyageur, et pourtant il auroit dit ce qu'il auroit cru voir à l'époque de sa course. Combien néanmoins les Américains étoient dans une position plus favorable que les Grecs pour travailler à leur indépendance ! Ils n'étoient pas esclaves; ils avoient déjà l'habitude d'une administration organisée ; chaque État se régissoit dans une forme de gouvernement régulier, et jouissoit de cette force qui résulte d'une civilisation avancée.

Qu'un voyageur vienne donc maintenant nous faire le tableau de l'anarchie qu'il aura trouvée ou cru trouver en Grèce, il ne peindra que la situation naturelle d'une nation dans l'enfantement pénible de sa liberté. Il seroit beaucoup plus extraordinaire qu'on nous apprît que tout est calme et florissant dans la Morée, au milieu de l'invasion d'Ibrahim, que de nous dire que les Grecs sont agités, que les ordres s'exécutent mal, que la frayeur a atteint des âmes pusillanimes; que quelques ambitieux, et peut-être quelques traîtres, cherchent à profiter des troubles de leur patrie.

Et certes, sans manquer de courage, il faut avoir une âme d'une trempe extraordinaire pour envisager d'un œil tranquille la suite que pourroient avoir les succès de ce Barbare à qui l'Afrique envoie incessamment de nouveaux assassins. L'auteur de cette *Note* a jadis connu Ibrahim. On lui pardonnera de rappeler, dans l'intérêt du moment, ce qu'il a dit de son entrevue avec ce chef :

« Le lendemain de notre arrivée au Caire, 1er no-
« vembre 1806, nous montâmes au château, afin
« d'examiner le puits de Joseph, la mosquée, etc.
« Le fils du pacha habitoit alors ce château. Nous
« présentâmes nos hommages à Son Excellence,
« qui pouvoit avoir quatorze ou quinze ans. Nous
« la trouvâmes assise sur un tapis dans un cabinet
« délabré, et entourée d'une douzaine de complai-
« sants qui s'empressoient d'obéir à ses caprices. Je
« n'ai jamais vu un spectacle plus hideux. Le père
« de cet enfant étoit à peine maître du Caire, et ne
« possédoit ni la Haute ni la Basse-Égypte. C'étoit
« dans cet état de choses que douze misérables sau-
« vages nourrissoient des plus lâches flatteries un
« jeune Barbare enfermé pour sa sûreté dans un
« donjon. Et voilà le maître que les Égyptiens at-
« tendoient après tant de malheurs!

« On dégradoit dans un coin de ce château l'âme
« d'un enfant qui devoit conduire des hommes; dans
« un autre coin on frappoit une monnoie du plus bas

« aloi. Et afin que les habitants du Caire reçussent
« sans murmurer l'or altéré et le chef corrompu
« qu'on leur préparoit, les canons étoient pointés
« sur la ville[1]. »

Voilà l'homme peut-être destiné à exterminer la race grecque, et à la remplacer dans la terre natale des beaux-arts et de la liberté, par une race d'esclaves nègres!

Sait-on bien ce que c'est pour les Osmanlis que le droit de conquête, et de conquête sur un peuple qu'ils regardent comme des *chiens* révoltés? Ce droit, c'est le massacre des vieillards et des hommes en état de porter les armes[2], l'esclavage des femmes, la prostitution des enfants suivie de la circoncision forcée et de la prise du turban. C'est ainsi que Candie, l'Albanie et la Bosnie, de chrétiennes qu'elles étoient, sont devenues mahométanes. Un véritable chrétien peut-il fixer les yeux, sans frémir, sur ce résultat de l'asservissement de la Grèce? Ce nom même, qu'on ne peut prononcer sans respect et sans attendrissement, n'ajoute-t-il pas quelque chose de plus douloureux à la catastrophe qui menace ce pays de la gloire et des souvenirs? Qu'iroit désormais chercher le voyageur dans les débris d'Athènes? les retrouveroit-il ces débris? et s'il les retrouvoit,

---

[1] *Itinéraire*, VIe partie.

[2] Sous Mahomet II, les habitants d'une bourgade près de Modon furent, au nombre de cinq cents, sciés par le milieu du corps : sous Bajazet, toute la population de Modon au-dessous de douze ans fut massacrée, etc.

(*Essai historique sur l'état de la Grèce*, par M. VILLEMAIN.)

quelle affreuse civilisation retraceroient-ils à ses yeux ? Du moins le janissaire indiscipliné, enfoncé dans son imbécile barbarie, vous laisseroit en paix, pour quelques sequins, pleurer sur tant de monuments détruits; l'Abyssinien discipliné ou le Grec musulman vous présentera sa consigne ou sa baïonnette.

Il faut considérer l'invasion d'Ibrahim comme une nouvelle invasion de la chrétienté par les musulmans. Mais cette seconde invasion est bien plus formidable que la première : celle-ci ne fit qu'enchaîner les corps; celle-là tend à ruiner les âmes : ce n'est plus la guerre au chrétien, c'est la guerre à la Croix.

Nous n'ignorons pas qu'on murmure à l'oreille des hommes qui s'épouvantent de cet avenir un secret tout extraordinaire : Ibrahim n'a point l'intention de rester en Grèce; tous les maux qu'il fait à ce pays ne sont qu'un jeu; il passe par la Morée avec ses Nègres et ses Arabes pour devenir roi en Égypte.

Et qui le fera roi? Lui-même? Il n'avoit pas besoin d'aller si loin, de faire tant de dépenses, de perdre une partie de ses troupes nouvellement disciplinées.

Est-ce pour aguerrir ces troupes qu'il s'est donné ce passe-temps? les Grecs l'auroient volontiers dispensé du voyage.

Est-ce le grand-seigneur qui mettra la couronne sur la tête d'Ibrahim ? Mais apparemment qu'il ne la lui donnera que pour récompense de l'extermination des Grecs, et il ne se contentera pas d'un simulacre de guerre. Quand un pacha a rendu des services à la Porte, ce n'est pas ordinairement une couronne qu'elle lui envoie. Les ennemis des Grecs en sont pourtant réduits à cette politique et à ces excuses!

La cour de Rome, dans les circonstances actuelles, s'est montrée humaine et compatissante; cependant, nous osons le dire, si elle a connu ses devoirs, elle n'a pas assez senti sa force.

« Pontifes du Très-Haut (dit d'une manière admi-
« rable l'*Essai historique sur l'état des Grecs*[1]),
« successeurs des Bossuet et des Fénelon, comment
« n'a-t-on pas entendu votre voix dans cette cause
« sacrée? L'Église de France n'a-t-elle pas, hélas! à
« l'époque la plus affreuse de nos troubles civils,
« connu toutes les tortures de la persécution, et ne
« trouve-t-elle pas de la pitié dans ses souvenirs?
« Vers la fin du moyen-âge, dans la chaleur des
« dissensions réveillées par le concile de Florence,
« le pape Calixte fit publier des indulgences, et or-
« donna des prières dans tous les temples d'Europe
« pour les chrétiens de la Grèce qui combattoient
« les infidèles; il oublioit leur schisme, et ne voyoit
« que leur malheur!

« Ne craint-on pas, si la Grèce achève de périr, ne
« craint-on pas de préparer à l'avenir un terrible
« sujet de blâme et d'étonnement? Les peuples chré-
« tiens de l'Europe, dira-t-on, étoient-ils dénués de

[1] Par M. Villemain.

« force et d'expérience pour lutter contre les bar-
« bares ? Non. Jamais tous les arts de la guerre n'a-
« voient été portés si loin. Cette catastrophe fut-elle
« trop rapide et trop soudaine pour que la politique
« ait eu le temps de calculer et de prévenir ? Non.
« Le sacrifice dura cinq ans ; plus de cinq ans s'é-
« coulèrent avant que tous les prêtres fussent égor-
« gés, tous les temples brûlés, toutes les Croix
« abattues dans la Grèce. »

Qu'il eût été touchant de voir le père des fidèles réveiller les princes chrétiens, les appeler au secours de l'humanité, se déclarer lui-même, comme Eugène III, comme Pie II, le chef d'une croisade pour le moins aussi sainte que les premières ! Il auroit pu dire aux chrétiens de nos jours ce qu'Urbain II disoit aux premiers croisés (nous empruntons cette éloquente traduction à l'excellente, complète et capitale *Histoire des Croisades*[1]) :

« Quelle voix humaine pourra jamais raconter les
« persécutions et les tourments que souffrent les
« chrétiens ? La rage impie des Sarrasins n'a point
« respecté les vierges chrétiennes ; ils ont chargé de
« fers les mains des infirmes et des vieillards ; des
« enfants arrachés aux embrassements maternels
« oublient maintenant chez les barbares le nom de
« Dieu... Malheur à nous, mes enfants et mes frères,
« qui avons vécu dans des jours de calamités !
« Sommes-nous donc venus dans ce siècle pour voir
« la désolation de la chrétienté, et pour rester en

---

[1] Par M. Michaud.

« paix lorsqu'elle est livrée entre les mains de ses
« oppresseurs ?... Guerriers qui m'écoutez, vous qui
« cherchez sans cesse de vains pretextes de guerre,
« réjouissez-vous, car voici une guerre légitime ! »

Que de cœurs un pareil langage, une pareille politique, n'auroient-ils pas ramenés à la religion !

Elle eût surtout formé un contraste frappant, cette politique, avec celle que l'on suit ailleurs. Jamais, non jamais, on ne craint pas de le déclarer, politique plus hideuse, plus misérable, plus dangereuse par ses résultats, n'a affligé le monde. Quand on voit des chrétiens aimer mieux discipliner des hordes mahométanes que de permettre à une nation chrétienne de prendre, même sous des formes monarchiques, son rang dans le monde civilisé, on est saisi d'une sorte d'horreur et de dégoût. On refuse tout secours aux Grecs, qu'on affecte de regarder comme des rebelles, des républicains, des révolutionnaires, et l'on reconnoît les républiques blanches des colonies espagnoles, et la république noire de Saint-Domingue; et lord Cochrane a pu faire ce qu'il a voulu en Amérique, et on lui ôte les moyens d'agir en faveur de la Grèce !

Aux bras, aux vaisseaux, aux canons, aux machines que l'on a fournis à Ibrahim, il falloit une direction capable de les faire valoir. Aussi a-t-on surveillé le plan des Turcs. Ceux-ci n'auroient jamais songé à entreprendre une campagne d'hiver; mais les ennemis des Hellènes ont senti qu'il falloit les exterminer vite; que si on laissoit la Grèce respirer pendant quelques mois, un événement inattendu, quelque intervention puissante pourroit la sauver.

Eh bien! s'il est trop tard aujourd'hui, si les Grecs doivent succomber, s'ils doivent trouver tous les cœurs fermés à la pitié, tous les yeux à la lumière; que les victimes échappées au fer et à la flamme se réfugient chez les peuples divers; que, dispersées sur la terre, elles accusent notre siècle auprès de tous les hommes, devant la dernière postérité! Elles deviendront, comme les débris de leur antique patrie, l'objet de l'admiration et de la douleur, et montreront les restes d'un grand peuple. Alors justice sera faite, et justice inexorable. Heureux ceux qui n'auront point été chargés de la conduite des affaires au jour de l'abandon de la Grèce! mieux vaudra cent fois avoir été l'obscur chrétien dont la prière sera montée inutilement vers les trônes! Mille fois plus en sûreté sera la mémoire du défenseur sans pouvoir des droits de la religion persécutée et de l'humanité souffrante!

PRÉFACE

DE LA TROISIÈME ÉDITION DE LA NOTE.

Un rare spectacle a été donné au monde depuis la publication de la dernière édition de cette *Note* : deux princes ont tour à tour refusé l'empire, et se sont montrés également dignes de la couronne, en renonçant à la porter.

Quoique cette couronne soit enfin restée sur la tête du grand-duc Nicolas, et que l'avant-propos de la *Note* parle de Constantin comme empereur, on n'a rien changé au texte de cet avant-propos. Il y a une politique commune à tous les rois : c'est celle qui est fondée sur les principes éternels de la religion et de la justice ; bien différente de cette politique qu'il faut accommoder aux temps et aux hommes, de cette politique qui vous oblige de rétracter le lendemain ce que vous avez écrit la veille, parce qu'un événement est arrivé, parce qu'un monarque a disparu.

Mais seroit-ce le sort de cette Grèce infortunée de voir tourner contre elle jusqu'aux vertus mêmes qui la pourroient secourir ? Le temps employé à une lutte où les progrès des idées du siècle se sont fait remarquer au milieu de la résistance des mœurs nationales et militaires, ce temps a été perdu pour le salut d'un peuple dont on presse l'extermination : tandis que deux frères se renvoyoient généreusement le diadème, les Grecs, héritiers les uns des autres, se léguoient en mourant la couronne du martyre, et pas un d'eux n'a refusé d'en parer sa tête. Mais ces monarques à la façon de la religion, de la liberté et du malheur, se succèdent rapidement sur leur trône ensanglanté ; cette race royale sera bientôt épuisée : on ne sauroit trop se hâter, si l'on en veut sauver le reste.

On assure qu'Ibrahim, arrivé à Patras, va faire transporter une partie de son armée à Missolonghi. Cette place, assiégée depuis près d'un an, et qui a résisté aux bandes tumultueuses de Reschid-Pacha, pourra-t-elle, avec des remparts à moitié détruits, des moyens de défense épuisés, une garnison affoiblie, résister aux brigands disciplinés d'Ibrahim? Au moment même où l'on publie la nouvelle édition de cette *Note,* le voyageur cherche peut-être en vain Missolonghi, comme ce messager de l'ancienne Athènes, qui, en passant, n'avoit plus vu Olynthe. Nous invitons les monarques de la terre à délivrer des hommes dont le Roi des rois a peut-être à jamais brisé les chaînes. Nous écrivons peut-être sans le savoir sur le tombeau de la Grèce moderne, comme jadis nous avons écrit sur le tombeau de la Grèce antique.

Si la Grèce avoit succombé une seconde fois, ce seroit pour notre âge le grand crime de l'Europe chrétienne, l'œuvre illégitime de ce siècle, qui pourtant a rétabli la légitimité, la faute qui seroit punie bien avant que ce siècle se soit écoulé. Toute injustice politique a sa conséquence inévitable, et cette conséquence est un châtiment. Dans l'ordre moral et religieux, ce châtiment n'est pas moins certain. Le sang des pères massacrés pour être restés fidèles à leur religion, la voix des fils tombés dans l'infidélité, ne manqueroient pas d'attirer sur nous les vengeances et les malédictions du ciel.

Et quelle double abomination! Quoi! ces vaisseaux de chrétiens qui ont porté en Europe les hordes mahométanes de l'Afrique pour égorger des chrétiens, ont rapporté en Afrique les femmes et les enfants de ces chrétiens pour être vendus et réduits en servitude! Et ces auteurs de la traite des blancs oseroient parler de l'abolition de la traite des Nègres, oseroient prononcer des paroles d'humanité, oseroient se vanter de la philanthropie de leur politique!

Non, elles ne seront point admises à dire qu'elles étoient chrétiennes, ces générations qui auroient vu sans l'arrêter le massacre de tout un peuple chrétien. Vous n'étiez point chrétiens, répondra la Justice divine, vous qui demandiez des lois contre le sacrilége, et qui laissiez changer en mosquées les temples du vrai Dieu; vous n'étiez point chrétiens, vous qui appeliez la sévérité des tribunaux sur des écrits irréligieux, et qui trouviez bon que le Coran fût enseigné aux enfants chrétiens tombés dans l'esclavage; vous n'étiez pas chrétiens, vous qui multipliiez en France les monastères, et qui laissiez violer en Orient les retraites des servantes du Seigneur; vous n'étiez pas chrétiens, vous qui fréquentiez les hôpitaux, qui ne parliez que de charité et d'œuvres de miséricorde, et qui avez abandonné à toutes les douleurs quatre millions de chrétiens dont les plaies accusent votre charité; vous n'étiez point chrétiens, vous qui vous faisiez un triomphe de ramener à l'Église catholique quelques-uns de vos frères protestants, et qui avez souffert que vos frères du rit grec fussent contraints d'embrasser l'islamisme; vous n'étiez pas chrétiens, vous qui vous unissiez pour approcher ensemble de la sainte table, et qui, l'hostie sur les lèvres, condamniez les adorateurs de la victime sans tache aux prostitutions de l'apostasie! Vous avez dit avec le pharisien : «Je ne suis point comme le reste des hommes, qui «sont voleurs, injustes et adultères; je jeûne deux fois la «semaine.» Et Dieu vous préfèrera le publicain, qui, en s'accusant, n'osoit même lever les yeux au ciel.

Ces remarques seront faites; elles le sont déjà, et elles tourneront contre les choses même que vous prétendez établir. L'incrédulité s'enquerra de ce que votre foi a fait pour la Grèce, comme la révolution demande à votre royalisme quelle chaumière il a rebâtie dans la Vendée. Vos doctrines, par vous-mêmes démenties, feront éclater chez les ennemis du trône et de l'autel une grande risée.

Le passé prédit l'avenir : des événements se préparent. Ce n'est pas sans un secret dessein de la Providence qu'Alexandre a disparu au moment où les éléments d'un ordre de choses nouveau fermentent chez tous les peuples. Cette arrière-garde de huit cent mille hommes, qui tenoit le monde en respect, ne peut plus agir dans la même politique, dans la même unité. L'Europe continentale sort de tutelle; la base sur laquelle s'appuyoient toutes les forces militaires de l'Alliance ne tardera pas à s'ébranler; cette vaste armée disposée en échelons, dont la tête étoit à Naples et la queue à Moscou, bientôt sera disloquée. Quand les flots de cette mer seront retirés, on verra le fond des choses à découvert. Alors on se repentira, mais trop tard, d'avoir refusé de faire ce qu'on auroit dû pour n'avoir pas besoin de ces flots.

On aime encore à espérer que Missolonghi n'aura pas succombé, que ses habitants, par un nouveau prodige de courage, auront donné le temps à la chrétienté enfin éclairée de venir à leur secours. Mais s'il en étoit autrement, chrétiens héroïques, s'il étoit vrai que, près d'expirer, vous nous eussiez chargé du soin de votre mémoire, si notre nom avoit obtenu l'honneur d'être au nombre des derniers mots que vous avez prononcés, que pourrions-nous faire pour nous montrer digne d'exécuter le testament de votre gloire? Que sont à tant de hauts faits, à tant d'adversités, d'inutiles discours? Une seule épée tirée dans une cause si sainte auroit mieux valu que toutes les harangues de la terre : il n'y a que la parole divine qui soit un glaive.

NOTE SUR LA GRÈCE.

Les derniers événements de la Grèce ont attiré de nouveau les regards de l'Europe sur cet infortuné pays. Des bandes d'esclaves nègres, transportées du fond de l'Afrique, accourent pour achever à Athènes l'ouvrage des eunuques noirs du sérail. Les premiers viennent dans leur force renverser des ruines, que du moins les seconds, dans leur impuissance, laissoient subsister.

Notre siècle verra-t-il des hordes de sauvages étouffer la civilisation renaissante dans le tombeau d'un peuple qui a civilisé la terre? La chrétienté laissera-t-elle tranquillement les Turcs égorger des chrétiens? Et la légitimité européenne souffrira-t-elle, sans en être indignée, que l'on donne son nom sacré à une tyrannie qui auroit fait rougir Tibère?

On ne prétend point retracer ici l'origine et l'histoire des troubles de la Grèce; on peut consulter les ouvrages qui abondent sur ce triste sujet. Tout ce qu'on se propose dans la présente *Note*, c'est de rappeler l'attention publique sur une lutte qui doit avoir un terme; c'est de fixer quelques principes, de résoudre quelques questions, de présenter quelques idées qui pourront germer utilement dans d'autres esprits, de montrer qu'il n'y a rien de plus simple et qui coûteroit moins d'efforts que la délivrance de la Grèce, d'agir enfin par l'opinion, s'il est possible, sur la volonté des hommes puissants. Quand on ne peut plus offrir que des vœux à la religion et à l'humanité souffrante, encore est-ce un devoir de les faire entendre.

Il n'y a personne qui ne désire l'émancipation des Grecs, ou du moins il n'y a personne qui osât prendre publiquement le parti de l'oppresseur contre l'opprimé. Cette pudeur est déjà une présomption favorable à la cause que l'on examine.

Mais les publicistes qui ont écrit sur les affaires de la Grèce, sans être toutefois ennemis des Grecs, ont prétendu qu'on ne devoit pas se mêler de ces affaires, par quatre raisons principales :

1° L'empire turc a été reconnu partie intégrante de l'Europe au congrès de Vienne :

2° Le grand-seigneur est le souverain légitime des Grecs, d'où il résulte que les Grecs sont des sujets rebelles ;

3° La médiation des puissances à intervenir pourroit élever des difficultés politiques ;

4° Il ne convient pas qu'un gouvernement populaire s'établisse à l'orient de l'Europe.

Il faut examiner d'abord les deux premières raisons.

Première raison : L'empire turc a été reconnu partie intégrante de l'Europe au congrès de Vienne.

Le congrès de Vienne auroit donc garanti au grand-seigneur l'intégralité de ses États? Quoi! on les auroit assurés même contre la guerre! Les ambassadeurs de la Porte assistoient-ils au congrès? le grand-visir a-t-il signé au protocole? le mufti a-t-il promis de protéger le souverain pontife, et le souverain pontife le mufti? On craindroit de s'écarter d'une gravité que le sujet commande en s'arrêtant à des assertions aussi singulières que peu correctes.

Il y a plus : la Porte seroit fort surprise d'apprendre qu'on s'est avisé de lui garantir quelque chose; ces garanties lui sembleroient une insolence. Le sultan règne de par le Coran et l'épée; c'est déjà douter de ses droits que de les reconnoître; c'est supposer qu'il ne possède pas de sa pleine et entière volonté : dans le régime arbitraire, la loi est le délit ou le crime, selon la légalité plus ou moins prononcée de l'action.

Mais les écrivains qui prétendent que les États du grand-seigneur ont été mis sous la sauvegarde du congrès de Vienne, se souviennent-ils que les possessions des princes chrétiens, y compris leurs colonies, ont été réellement garanties par les actes de ce congrès? Voient-ils où cette question, qu'on soulève ici en passant, pourroit conduire? Quand il s'agit des colonies espagnoles, parle-t-on de ce congrès de Vienne, que l'on fait intervenir si bizarrement quand il s'agit de la Grèce?

Qu'il soit permis au moins de réclamer pour les victimes du despotisme musulman la liberté que l'on se croit en droit de demander pour les sujets de S. M. catholique. Que l'on s'écarte des articles d'un traité général signé par toutes les parties, afin de procurer ce qu'on pense être un plus grand bien à des populations entières, soit; mais alors n'invoquez pas ce même traité pour maintenir la misère, l'injustice et l'esclavage.

Seconde raison : le grand-seigneur est le souverain légitime des Grecs ; d'où il résulte que les Grecs sont des sujets rebelles.

D'abord le grand-seigneur ne prétend point aux honneurs de la légitimité qu'on veut bien lui décerner, et il en seroit extrêmement choqué ; ou plutôt il n'élève point des chrétiens au rang de sujets légitimes.

Les sujets légitimes du successeur de Mahomet sont des mahométans. Les Grecs, comme chrétiens, ne sont ni des sujets légitimes ni des sujets illégitimes, ce sont des esclaves, des *chiens* faits pour mourir sous le bâton des vrais croyants.

Quant à la nation grecque, que la nation turque n'a point incorporée dans son sein en l'appelant au partage de la communauté civile et politique, elle n'est tenue à aucune des conditions qui lient les sujets aux souverains et les souverains aux sujets. Soumise, dans l'origine, au droit de conquête, elle obtint quelques priviléges du vainqueur en échange d'un tribut qu'elle consentit à payer. Elle a payé, elle a obéi tant qu'on a respecté ces priviléges, elle a même encore payé et obéi après qu'ils ont été violés. Mais lorsqu'enfin on a pendu ses prêtres et souillé ses temples, lorsqu'on a égorgé, brûlé, noyé des milliers de Grecs, lorsqu'on a livré leurs femmes à la prostitution, emmené et vendu leurs enfants dans les marchés de l'Asie, ce qui restoit de sang dans le cœur de tant d'infortunés s'est soulevé. Ces esclaves par force ont commencé à se défendre avec leurs fers. Le Grec, qui déjà n'étoit pas sujet par le droit politique, est devenu libre par le droit de nature : il a secoué le joug sans être rebelle, sans rompre aucun lien légitime, car on n'en avoit contracté aucun avec lui. Le musulman et le chrétien en Morée sont deux ennemis qui avoient conclu une trève à certaines conditions : le musulman a violé ces conditions; le chrétien a repris les armes : ils se retrouvent l'un et l'autre dans la position où ils étoient quand ils commencèrent le combat il y a trois cent soixante ans.

Il s'agit maintenant de savoir si l'Europe veut et peut arrêter l'effusion du sang. Mais ici se présentent les deux dernières raisons des publicistes :

La médiation des puissances à intervenir pourroit élever des difficultés politiques;

Il ne convient pas qu'un gouvernement populaire s'établisse à l'orient de l'Europe.

Ces raisons peuvent être écartées par les faits.

La scène politique a bien changé de face depuis le jour où les premiers mouvements se firent sentir dans la Morée. Le divan et le cabinet de Saint-Pétersbourg ont commencé à renouer leurs anciennes relations; les hospodars ont été nommés; les Turcs ont à peu près évacué la Moldavie et la Valachie; et s'il y a encore quelque question pendante à l'égard des principautés, il n'en est pas moins vrai que les affaires de la Grèce ne se compliquent plus avec les affaires de la Russie.

On est donc placé sur un terrain tout nouveau

pour négocier; et, par la lettre de ses traités, notamment de ceux de Jassy et de Bucharest, la Russie a le droit incontestable de prendre part aux affaires religieuses de la Grèce.

D'un autre côté, l'Europe n'est plus, ni par la nature de ses institutions, ni par les vertus de ses souverains, ni par les lumières de ses cabinets et de ses peuples, dans la position où elle se trouvoit lorsqu'elle rêvoit le partage de la Turquie. Un sentiment de justice plus général est entré dans la politique depuis que les gouvernements ont augmenté la publicité de leurs actes. Qui songe aujourd'hui à démembrer les États du grand-seigneur? Qui pense à la guerre avec la Porte? Qui convoite des terres et des priviléges commerciaux quand on a déjà trop de terres, et quand l'égalité des droits et la liberté du commerce deviennent peu à peu le vœu et le code des nations?

Il ne s'agit donc pas, pour obtenir l'indépendance de la Grèce, d'attaquer ensemble la Turquie, et de se battre ensuite pour les dépouilles; il s'agit simplement de demander en commun à la Porte de traiter avec les Grecs, de mettre fin à une guerre d'extermination qui afflige la chrétienté, interrompt les relations commerciales, gêne la navigation, oblige les neutres à se faire convoyer, et trouble l'ordre général.

Si le divan refusoit de prêter l'oreille à des représentations aussi justes, la reconnoissance de l'indépendance de la Grèce par toutes les puissances de l'Europe pourroit être la conséquence immédiate du refus : par ce seul fait la Grèce seroit sauvée sans qu'on tirât un coup de canon pour elle, et la Porte, tôt ou tard, seroit obligée de suivre l'exemple des États chrétiens.

Mais peut-on contester au gouvernement ottoman le droit de souveraineté sur ses États?

Non. La France, plus qu'un autre pouvoir, doit respecter son ancien allié, maintenir tout ce qu'il est possible de maintenir de ses traités antérieurs et de ses vieilles relations; mais il faut pourtant se placer avec la Turquie comme elle se place elle-même avec les autres peuples.

Pour la Turquie, les gouvernements étrangers ne sont que des gouvernements de fait : elle ne se comprend pas elle-même autrement.

Elle ne reconnoît point le droit politique de l'Europe, elle se gouverne d'après le code des peuples de l'Asie; elle ne fait, par exemple, aucune difficulté d'emprisonner les ambassadeurs des peuples avec lesquels elle commence des hostilités.

Elle ne reconnoît pas notre droit des gens : si le voyageur qui parcourt son empire est protégé par les mœurs, en général hospitalières, par les préceptes charitables du Coran, il ne l'est pas par les lois.

Dans les transactions commerciales l'individu musulman est sincère, religieux observateur de ses propres conventions; le fisc est arbitraire et faux.

Le droit de guerre chez les Turcs n'est point le droit de guerre chez les chrétiens : il emporte la mort dans la défense, l'esclavage dans la conquête.

Le droit de souveraineté de la Porte ne peut être légitimement réclamé par elle que pour ses provinces musulmanes. Dans ses provinces chrétiennes, là où elle n'a plus la force, là elle a cessé de régner; car la présence des Turcs parmi les chrétiens n'est pas l'établissement d'une société, mais une simple occupation militaire [1].

Mais la Grèce, État indépendant, sera-t-elle d'une considération aussi importante que la Turquie dans les transactions de l'Europe? pourra-t-elle offrir, par sa propre masse, un rempart contre les entreprises d'un pouvoir quel qu'il soit?

La Turquie est-elle un plus fort boulevart? La facilité de l'attaquer n'est-elle pas démontrée à tous les yeux? On a vu dans ses guerres avec la Russie, on a vu en Égypte, quelle est sa force de résistance. Ses milices sont nombreuses et assez braves au premier choc; mais quelques régiments disciplinés suffisent pour les disperser. Son artillerie est nulle; sa cavalerie même ne sait pas manœuvrer, et vient se briser contre un bataillon d'infanterie : les fameux mamelouks ont été détruits par une poignée de soldats françois. Si telle puissance n'a pas envahi la Turquie, rendons-en grâces à la modération même sur le trône.

Que si l'on veut supposer que la Turquie a été ménagée par la crainte prudente que chacun a ressentie d'allumer une guerre générale, n'est-il pas

---

[1] Partout en Grèce où le poste est militaire, les Grecs sont relégués dans une bourgade à part, et séparés des Turcs.

évident que tous les cabinets seroient également attentifs à ne pas laisser succomber la Grèce? La Grèce auroit bientôt des alliances et des traités, et ne se présenteroit pas seule dans l'arène.

Il faut dire plus : la Grèce libre, armée comme les peuples chrétiens, fortifiée, défendue par des ingénieurs et des artilleurs qu'elle emprunteroit d'abord de ses voisins, destinée à devenir promptement, par son génie, une puissance navale, la Grèce, malgré son peu d'étendue, couvriroit mieux l'orient de l'Europe que la vaste Turquie, et formeroit un contre-poids plus utile dans la balance des nations.

Enfin la séparation de la Grèce de la Turquie ne détruiroit pas ce dernier État, qui compteroit toujours tant de provinces militaires européennes. On pourroit même soutenir que l'empire turc augmenteroit de puissance en se resserrant, en devenant tout musulman, en perdant ces populations chrétiennes placées sur les frontières de la chrétienté, et qu'il est obligé de surveiller et de garder comme on surveille et comme on garde un ennemi. Les politiques de la Porte prétendent même que le gouvernement ottoman n'aura toute sa force que lorsqu'il sera rentré en Asie. Ils ont peut-être raison.

En dernier lieu, si le divan vouloit traiter pour l'affranchissement de la Grèce, il seroit possible que celle-ci consentît à payer une subvention plus ou moins considérable : tous les intérêts seroient ainsi ménagés.

Toutes choses pesées, le droit de souveraineté ne

peut pas être vu du même œil sous la domination du Croissant que sous l'empire de la Croix.

La Grèce, déjà à moitié délivrée, déjà politiquement organisée, ayant des flottes, des armées, faisant respecter et reconnoître ses blocus, étant assez forte pour maintenir des traités, contractant des emprunts avec des étrangers, battant monnoie et promulguant des lois, est un gouvernement de fait ni plus ni moins que le gouvernement des Osmanlis : son droit politique à l'indépendance, quoique moins ancien, est de même nature que celui de la Turquie; et la Grèce a de plus l'avantage de professer la religion, d'être régie par les principes qui régissent les autres peuples civilisés et chrétiens.

Si ces arguments ont quelque force, reste à examiner les dangers ou les frayeurs que feroit naître l'établissement d'un gouvernement populaire à l'orient de l'Europe.

Les Grecs, qu'aucune puissance n'a pu jusqu'ici secourir pour ne pas compromettre des intérêts plus immédiats, les Grecs, qui bâtiront leur liberté de leurs propres mains, ou qui s'enseveliront sous ses débris, les Grecs ont incontestablement le droit de choisir la forme de leur existence politique. Il faudroit avoir partagé leurs périls pour se permettre de se mêler de leurs lois. Il y a trop d'équité, trop de connoissances, trop d'élévation de sentiments, trop de magnanimité dans les hautes influences sociales, pour craindre qu'on entrave jamais l'indépendance d'un peuple qui l'a conquise au prix de son sang.

Mais si l'on pouvoit, d'après les faits, hasarder un jugement sur la Grèce; si les divisions dont elle a été travaillée pouvoient donner une idée assez juste de son esprit national; si sa forte tendance religieuse, si la prépondérance de son clergé, expliquoient le secret de ses mœurs; si l'histoire enfin, qui nous montre les peuples de l'Attique et du Péloponèse sortant, après plus de mille ans, du double esclavage du Bas-Empire ou du fanatisme musulman; si cette histoire pouvoit fournir quelque base solide à des conjectures, on seroit porté à croire que la Grèce, excepté les îles, inclineroit plutôt à une constitution monarchique qu'à une constitution républicaine.

Les droits de tous les citoyens sont aussi bien conservés (particulièrement chez un vieux peuple) dans une monarchie constitutionnelle que dans un État démocratique. Si les passions avoient été moins pressées, peut-être aujourd'hui de grandes monarchies représentatives s'élèveroient-elles dans les Amériques espagnoles d'accord avec la légitimité. Les besoins de la civilisation auroient été satisfaits, une liberté nécessaire auroit été établie sans que l'avenir des antiques royaumes de l'Europe eût été menacé par l'existence de tout un monde républicain.

La plus grande découverte politique du dernier siècle, découverte à laquelle les hommes d'État ne font pas assez d'attention, c'est la création d'une *république représentative* telle que celle des États-Unis. La formation de cette république résout le problème que l'on croyoit insoluble, savoir : la possibilité pour plusieurs millions d'hommes d'exister en société sous des institutions populaires.

Si l'on n'opposoit pas, dans les États qui se forment ou se régénèrent, des monarchies représentatives à des républiques représentatives; si l'on prétendoit reculer dans le passé, combattre en ennemie la raison humaine, avant un siècle peut-être toute l'Europe seroit républicaine ou tombée sous le despotisme militaire.

Quoi qu'il en soit, il est assez vraisemblable qu'une forme monarchique adoptée par les Grecs dissiperoit toutes les frayeurs, à moins toutefois que les monarchies constitutionnelles ne fussent elles-mêmes suspectes. Il seroit malheureux pour les couronnes que le port fût regardé comme l'écueil : espérons qu'une méprise aussi funeste n'est le partage d'aucun esprit éclairé.

Une médiation qui se réduiroit à demander de la Turquie pour la Grèce une sorte d'existence semblable à celle de la Valachie et de la Moldavie, toute salutaire qu'elle eût été il y a deux ans, pourroit bien être aujourd'hui insuffisante. La révolution paroît désormais trop avancée : les Grecs semblent au moment de chasser les Turcs ou d'être exterminés par eux.

Une politique ferme, grande et désintéressée, peut arrêter tant de massacres, donner une nouvelle nation au monde, et rendre la Grèce à la terre.

On a parlé sans passion, sans préjugé, sans illusion, avec calme, réserve et mesure, d'un sujet dont on est profondément touché. On croit mieux servir ainsi la cause des Grecs que par des déclamations. Un problème politique qui n'en étoit pas un, mais qu'on s'est plu à couvrir de nuages, se résout en quelques mots.

Les Grecs sont-ils des rebelles et des révolutionnaires ? Non.

Forment-ils un peuple avec lequel on puisse traiter ? Oui.

Ont-ils les conditions sociales voulues par le droit politique pour être reconnus des autres nations ? Oui.

Est-il possible de les délivrer sans troubler le monde, sans se diviser, sans prendre les armes, sans mettre même en danger l'existence de la Turquie ? Oui, et cela dans trois mois, par une seule dépêche collective souscrite des grandes puissances de l'Europe, ou par des dépêches simultanées exprimant le même vœu.

Ce sont là de ces pièces diplomatiques qu'on aimeroit à signer de son sang.

Et l'on a raisonné dans un esprit de conciliation, dans le sens et dans l'espoir d'une harmonie complète entre les puissances; car, dans la rigoureuse vérité, une entente générale entre les cabinets n'est pas même nécessaire pour l'émancipation des Grecs : une seule puissance qui reconnoîtroit leur indépendance opèreroit cette émancipation. Toute bonne intelligence cesseroit-elle entre cette puissance et les diverses cours ? A-t-on rompu toutes les relations amicales avec l'Angleterre, lorsqu'elle a suivi pour les colonies espagnoles le plan que l'on indique ici pour la Grèce ? Et pourtant quelle différence, sous tous les rapports, dans la question !

La Grèce sort héroïquement de ses cendres : pour assurer son triomphe, elle n'a besoin que d'un regard de bienveillance des princes chrétiens. On n'accusera plus son courage, comme on se plaît encore à calomnier sa bonne foi. Qu'on lise dans le récit de quelques soldats françois qui se connoissent en valeur, qu'on lise le récit de ces combats dans lesquels ils ont eux-mêmes versé leur sang, et l'on reconnoîtra que les hommes qui habitent la Grèce sont dignes de fouler cette terre illustre. Les Canaris, les Miaulis auroient été reconnus pour véritables Grecs à Mycale et à Salamine.

La France, qui a laissé tant de grands souvenirs en Orient, qui vit ses soldats régner en Égypte, à Jérusalem, à Constantinople, à Athènes; la France, fille aînée de la Grèce par le courage, le génie et les arts, contempleroit avec joie la liberté de ce noble et malheureux pays, et se croiseroit pieusement pour elle. Si la philanthropie élève la voix en faveur de l'humanité, si le monde savant comme le monde politique aspire à voir renaître la mère des sciences et des lois, la religion demande aussi ses autels dans la cité où saint Paul prêcha le Dieu inconnu.

Quel honneur pour la restauration d'attacher son époque à celle de l'affranchissement de la patrie de tant de grands hommes ! Qu'il seroit beau de voir les fils de saint Louis, à peine rétablis sur leur trône, devenir à la fois les libérateurs des rois et des peuples opprimés !

Tout est bien dans les affaires humaines quand les gouvernements se mettent à la tête des peuples et les devancent dans la carrière que ces peuples sont appelés à parcourir.

Tout est mal dans les affaires humaines quand les gouvernements se laissent traîner par les peuples et résistent aux progrès comme aux besoins de la civilisation croissante. Les lumières étant alors déplacées, l'intelligence supérieure se trouvant dans celui qui obéit au lieu d'être dans celui qui commande, il y a perturbation dans l'État.

Nous, simples particuliers, redoublons de zèle pour le sort des Grecs; protestons en leur faveur à la face du monde; combattons pour eux; recueillons à nos foyers leurs enfants exilés; après avoir trouvé l'hospitalité dans leurs ruines.

En attendant des jours plus prospères, nous recevons et nous sollicitons à la fois de la munificence publique ce qu'elle nous adresse de tous côtés pour nos illustres suppliants. Nous remercions cette généreuse et brillante jeunesse qui lève un tribut sur ses plaisirs pour secourir le malheur. Nous savons ce qu'elle vaut cette jeunesse françoise! Que ne pourroit-on point faire avec elle en lui parlant son langage, en la dirigeant, sans l'arrêter, sur le penchant de son génie; toujours prête à se sacrifier, toujours prête à faire dire à quelque nouveau Périclès : « L'année a perdu son printemps! »

Nous voulons aussi témoigner notre gratitude à ces officiers de toutes armes qui viennent nous offrir leur expérience, leur bras et leur vie. Telle est la puissance du courage et du talent, que quelques hommes peuvent seuls faire pencher la victoire du côté de la justice, ou donner le temps, en arrêtant la mauvaise fortune, d'arriver à une médiation que tous les intérêts doivent désirer.

Quelles que soient les déterminations de la politique, la cause des Grecs est devenue la cause populaire. Les noms immortels de Sparte et d'Athènes semblent avoir touché le monde entier : dans toutes les parties de l'Europe il s'est formé des sociétés pour secourir les Hellènes; leurs malheurs et leur vaillance ont rattaché tous les cœurs à leur liberté. Des vœux et des offrandes leur arrivent jusque des rivages de l'Inde, jusque du fond des déserts de l'Amérique : cette reconnoissance du genre humain met le sceau à la gloire de la Grèce.

EXTRAIT

D'UN DISCOURS SUR L'HISTOIRE DE FRANCE

LU A L'ACADÉMIE FRANÇOISE,

DANS SA SÉANCE TENUE LE 9 FÉVRIER 1826, A LA RÉCEPTION
DE M. LE DUC MATHIEU DE MONTMORENCY.

Une même génération de Romains eut pour maîtres, en moins d'un quart de siècle, un Africain, un Assyrien et un Goth[1] : nous allons dans un moment voir régner un Arabe[2]. Il est digne de remarque que de tous ces aventuriers, candidats au despotisme, qui affluoient à Rome de tous les coins du globe, aucun ne vint de la Grèce. Cette vieille terre de l'indépendance, tout enchaînée qu'elle étoit, se refusoit à produire des tyrans : en vain les Goths firent périr ses chefs-d'œuvre à Olympie, la dévastation et l'esclavage ne purent lui ravir ni son génie ni son nom. On abattoit ses monuments, et leurs ruines n'en devenoient que plus sacrées ; on dispersoit ces ruines, et l'on trouvoit au-dessous les tombeaux des grands hommes ; on brisoit ces tombeaux, et il en sortoit une mémoire immortelle ! Patrie commune de toutes les renommées ! pays qui

[1] Macrin, Héliogabale et Maximin.
[2] Philippe.

ne manqua plus d'habitants! car partout où naissoit un étranger illustre, là naissoit un enfant adoptif de la Grèce, en attendant la renaissance de ces indigènes de la liberté et de la gloire qui devoient un jour repeupler les champs de Platée et de Marathon.

OPINION

DE M. LE VICOMTE DE CHATEAUBRIAND

SUR LE PROJET DE LOI,

RELATIF A LA RÉPRESSION DES DÉLITS COMMIS DANS LES ÉCHELLES DU LEVANT [1].

MESSIEURS,

J'ai remarqué, dans le projet de loi soumis à votre examen, une lacune considérable, et qu'il est, selon moi, de la dernière importance de remplir.

Le projet parle de contraventions, délits et crimes commis dans les échelles du Levant; mais il ne définit point ces contraventions, ces délits et ces crimes; il annonce seulement qu'il les punit par les lois pénales françoises, quand ils se commettent.

On est donc réduit à remonter, par l'infliction des peines, à la connoissance des délits : cela est dans l'ordre, puisqu'il ne s'agit ici que d'une loi de procédure, et que l'on peut toujours connoître les délits par la loi pénale, celle-ci désignant toujours et nécessairement le délit ou le crime qui provoque son application.

Mais s'il arrive qu'il y ait des contraventions, des délits et des peines qui n'aient point été prévus, et que par conséquent aucun châtiment ne menace, il en résulte que ces contraventions, délits et crimes ne peuvent être atteints par les lois pénales exis-

[1] Chambre des pairs, séance du lundi 13 mars 1826.

tantes jusqu'à ce qu'ils aient été rangés dans la série des contraventions, des délits et des crimes connus et signalés.

Ainsi, par exemple, il a été loisible d'entreprendre la traite des noirs jusqu'au jour où une loi l'a défendue. Eh bien! un crime pour le moins aussi effroyable, que je nommerai la *traite des blancs*, se commet dans les mers du Levant, et c'est ce crime que mon amendement vous propose de rappeler, afin qu'il puisse tomber sous la vindicte des lois françoises.

Je vais, messieurs, développer ma pensée :

Si la loi contre la traite des noirs s'étoit exprimée d'une manière plus générale; si, au lieu de dire, comme elle le dit : toute part quelconque qui sera prise au *trafic connu sous le nom de la traite des noirs sera punie, etc.*, elle avoit dit seulement au *trafic des esclaves*, je n'aurois eu, messieurs, aucun amendement à proposer. Le projet de loi actuel parlant en général des contraventions, délits et crimes qui ont lieu dans les échelles du Levant, et le crime du trafic des esclaves s'y commettant tous les jours, il seroit clair que le crime que je désigne seroit enveloppé dans le présent projet de loi. Mais la loi de 1818 ne parle pas d'une manière générale du crime contre la liberté des hommes; elle borne sa prohibition à la seule traite des noirs. Or, voici, messieurs, l'étrange résultat que cette prohibition spéciale peut produire dans les échelles du Levant et de Barbarie.

Je suppose qu'un bâtiment chargé d'esclaves

noirs, partant d'Alger, de Tunis, de Tripoli, apporte son odieuse cargaison à Alexandrie : ce délit est prévu par vos lois. Les consuls d'Alger, de Tunis, de Tripoli, informent en vertu de la loi que vous allez rendre, et le capitaine coupable est puni en vertu de la loi de 1818 contre la traite.

Eh bien, messieurs, au moment même où le vaisseau négrier arrive à Alexandrie, entre dans le port un autre vaisseau chargé de malheureux esclaves grecs, enlevés aux champs dévastés d'Argos et d'Athènes : aucune information ne peut être commencée contre les fauteurs d'un pareil crime. Vos lois puniront dans le même lieu, dans le même port, à la même heure, le capitaine qui aura vendu un homme noir, et elles laisseront échapper celui qui aura trafiqué d'un homme blanc.

Je vous le demande, messieurs, cette anomalie monstrueuse peut-elle subsister ? Le seul énoncé de cette anomalie ne révolte-t-il pas le cœur et l'esprit, la justice et la raison, la religion et l'humanité ?

C'est cette disparate effrayante que je vous propose de détruire par le moyen le plus simple, sans blesser le caractère du projet de loi qui fait l'objet de la présente discussion.

Ne craignez pas, messieurs, que je vienne vous faire ici un tableau pathétique des malheurs de la Grèce, que je vous entraîne dans ce champ de la politique étrangère où il ne vous conviendroit peut-être pas d'entrer. Plus mes sentiments sont connus sur ce point, plus je mettrai de réserve dans mes paroles. Je me contente de demander la répression d'un crime énorme, abstraction faite des causes qui ont produit ce crime et de là politique que l'Europe chrétienne a cru devoir suivre. Si cette politique est erronée, elle sera punie, car les gouvernements n'échappent pas plus aux conséquences de leurs fautes que les individus.

Il est de notoriété publique qué des femmes, des enfants, des vieillards, ont été transportés dans des vaisseaux appartenant à des nations civilisées, pour être vendus comme esclaves dans les différents bazars de l'Europe, de l'Asie et de l'Afrique. Ces enfants, ces femmes, ces vieillards sont de la race blanche dont nous sommes; ils sont chrétiens comme nous; et je dirois qu'ils sont nés dans cette Grèce, mère de la civilisation, si je ne m'étois interdit tous les souvenirs qui pourroient ôter le calme à vos esprits.

A Dieu ne plaise que je veuille diminuer l'horreur qu'inspire la traite des noirs; mais enfin je parle devant des chrétiens, je parle devant de vénérables prélats d'une église naguère persécutée. Quand on arrache un nègre à ses forêts, on le transporte dans un pays civilisé; il y trouve des fers, il est vrai; mais la religion, qui ne peut rien pour sa liberté dans ce monde, quoiqu'elle ait prononcé l'abolition de l'esclavage; la religion, qui ne peut le défendre contre les passions des hommes, console du moins le pauvre nègre, et lui assure dans une autre vie cette délivrance que l'on trouve près du Réparateur de toutes les injustices, près du Père de toutes les miséricordes.

Mais l'habitant du Péloponèse et de l'Archipel, arraché aux flammes et aux ruines de sa patrie; la femme enlevée à son mari égorgé; l'enfant ravi à la mère dans les bras de laquelle il a été baptisé, toute cette race est civilisée et chrétienne. A qui est-elle vendue ? à la barbarie et au mahométisme! Ici le crime religieux vient se joindre au crime civil et politique, et l'individu qui le commet est coupable au tribunal du Dieu des chrétiens comme au tribunal des nations policées; il est coupable des apostasies qui suivront des ventes réprouvées du ciel, comme il est responsable des autres misères qui en seront dans ce monde la conséquence inévitable.

Dira-t-on qu'on ne peut assimiler ce que j'appelle la *traite des blancs* à la traite des noirs, puisque les marchands chrétiens n'achètent pas des blancs pour les revendre ensuite dans les différents marchés du Levant?

Ce seroit là, messieurs, une dénégation sans preuve à laquelle vous pourriez attribuer plus ou moins de valeur. Je pourrois toujours dire que, puisque des esclaves blancs sont vendus dans les marchés du Caire, dans les ports de la Barbarie, rien ne démontre que les mêmes chrétiens infidèles à leur foi, rebelle aux lois de leur pays, qui se livrent encore à la traite des noirs, se fissent plus de scrupule d'acheter et de vendre un blanc qu'un noir. Vous niez le crime ? Eh bien! s'il ne se commet pas, la loi ne seroit pas appliquée; mais elle existera comme une menace de votre justice, comme un témoignage de votre gloire, de votre religion, de votre humanité, et, j'ose dire, comme un monument de la reconnoissance du monde envers la patrie des lumières.

Mais à présent, messieurs, que j'ai bien voulu, pour la force de l'argumentation, combattre *à priori* la dénégation pure et simple, si elle m'étoit opposée, les raisonnemens du second degré de logique ne laisseroient plus vestige de la dénégation.

Un crime est-il toujours un et entier? N'y a-t-il assassinat, par exemple, que lorsque l'homme est mort du coup qu'on lui a porté? La loi n'a-t-elle pas assimilé au crime tout ce qui sert à le faire commettre? N'enveloppe-t-elle pas dans ses arrêts les complices du criminel comme le criminel lui-même?

« Les complices d'un crime ou d'un délit, dit le
« Code pénal, art. 59 et 60, livre II, seront punis de
« la même peine que les auteurs mêmes de ce crime
« ou de ce délit, sauf les cas où la loi en auroit disposé autrement. Seront punis de la même peine
« ceux qui auront, avec connoissance, aidé ou assisté
« l'auteur ou les auteurs de l'action dans les faits qui
« l'auront préparée ou facilitée, ou dans ceux qui
« l'auront consommée. »

On dira que les chrétiens dans le Levant n'achètent pas et ne vendent pas des esclaves blancs : mais n'ont-ils jamais nolisé de bâtimens pour les transporter du lieu où ils avoient subi la servitude au marché où ils devoient être vendus? Ne sont-ils pas ainsi devenus les courtiers d'un commerce infâme? N'ont-ils pas ainsi reçu le prix du sang? Eh quoi! ces hommes qui ont entendu les cris des enfants et des mères, qui ont entassé dans la cale de leurs vaisseaux des Grecs demi-brûlés, couverts du sang de leur famille égorgée; ces hommes qui ont embarqué ces chrétiens esclaves avec le marchand turc qui alloit, pour quelques piastres, les livrer à l'apostasie et à la prostitution, ces hommes ne seroient pas coupables!

Ici il est évident que le complice est, pour ainsi dire, plus criminel même; car, s'il n'avoit pas, pour un vil gain, fourni des moyens de transport, les malheureuses victimes seroient du moins restées dans les ruines de leur patrie; et qui sait si la victoire ou la politique, ramenant enfin la Croix triomphante, ne les eût pas rendues un jour à la religion et à la liberté?

Observez d'ailleurs, messieurs, une chose qui tranche la question. Mon amendement, qui n'est autre chose, comme vous le verrez bientôt, que l'article 1er de la loi du 15 avril 1818, s'exprime d'une manière étendue comme cet article; il ne renferme pas le crime dans le fait unique de l'achat et de la vente de l'esclave : le bon sens et l'efficacité de la loi vouloient qu'il fût ainsi rédigé.

Un vaisseau arrive sur la côte de l'Afrique pour faire la traite, le capitaine trouve une moisson abondante, et si abondante, que son navire ne suffit pas pour la porter; un autre vaisseau survient, le capitaine le nolise, y verse une partie de sa cargaison; le vaisseau nolisé part pour les Antilles; il est rencontré et arrêté, bien que le capitaine de ce vaisseau n'ait acheté ni ne doive vendre pour son compte les esclaves dont il ne fait que le commerce interlope.

Ce capitaine comparoît devant les tribunaux et il est condamné; et pourquoi? parce que la loi du 15 avril 1818 dit très-justement : « Toute part quel-« conque qui seroit prise au trafic connu sous le « nom de la *traite des noirs.* »

Voilà précisément le cas de ces affreux nolis qui ont lieu dans la Méditerranée, et voilà le crime que mon amendement est destiné à prévenir.

Je veux croire, messieurs, qu'aucun navire françois n'a taché son pavillon blanc dans ce damnable trafic, qu'aucun sujet des descendants du saint roi qui mourut à Tunis pour la délivrance des chrétiens n'a eu la main dans ces abominations; mais, quel que soit le criminel, que je ne recherche point, le crime certainement a été commis : or, il me semble qu'il est de notre devoir rigoureux de le tenir au moins sous le coup d'une menace.

Il y a, messieurs, des articles que l'on peut oublier d'insérer dans une loi, mais qu'on ne peut refuser d'y admettre lorsqu'une fois ils ont été proposés. J'ose donc espérer que messieurs les ministres du roi eux-mêmes seront favorables à l'amendement dont je vais donner la lecture à la Chambre. Lorsque j'avois l'honneur de siéger avec eux dans le conseil de Sa Majesté, je sais avec quel empressement ils adoptèrent une réponse à la dépêche d'un cabinet étranger pour essayer de mettre un terme au déchirement de la Grèce. Je me plais à révéler ces sentiments qui font leur honneur, et j'espère que si la politique nous divise, l'humanité au moins nous réunira.

Je me résume, messieurs.

Si la loi sur la traite des noirs avoit été moins particulière dans l'énoncé des délits et crimes qu'elle condamne, le projet de loi que nous examinons embrassant les crimes et délits qui se commettent dans les échelles du Levant, je n'aurois eu aucun amendement à proposer.

Mais comme la loi contre la traite borne son action à ce qui regarde les esclaves de la race noire, elle laisse tout pouvoir d'agir aux hommes qui voudroient faire le commerce des esclaves de race blanche dans les échelles du Levant, et met les coupables visiblement hors de l'atteinte de la loi contre la traite des noirs.

Je propose de remédier à ce mal par un amendement qui n'est autre, comme je l'ai dit, que le premier article de la loi sur la traite des noirs, mais généralisé et étendu sur toutes les races d'esclaves. Je n'ajoute rien dans le projet de loi actuel à l'énoncé des peines, et je ne change rien à la juridiction des tribunaux. Ce projet de loi déclarant que les contraventions, les délits et les crimes commis dans les échelles du Levant et de Barbarie sont punis par les *lois françoises*, il est évident que la loi contre la traite des noirs est comprise dans les lois françoises, et que les peines que cette loi statue seront applicables aux crimes et délits mentionnés dans mon amendement. J'évite ainsi tout naturellement d'entrer dans le système d'une loi pénale; mon amendement reste ce qu'il doit être, un degré de plus de procédure dans le cours d'une loi de procédure.

Il n'innove rien dans la matière pénale, il ne fait

qu'étendre une disposition d'une loi déjà existante; il applique seulement à l'esclavage en général ce qui, dans une de vos lois, se bornoit à un esclavage particulier. Je ne crois donc pas, messieurs, qu'il soit possible de faire une objection un peu solide contre un amendement que réclament également votre religion, votre justice, votre humanité, et qui se place si naturellement dans le projet de loi sur lequel vous allez voter, qu'on diroit qu'il en est partie inhérente et indispensable.

Considéré dans ses rapports avec les affaires du monde, l'amendement est aussi sans le moindre inconvénient. Le terme générique que j'emploie n'indique aucun peuple particulier. J'ai couvert le Grec du manteau de l'esclave afin qu'on ne le reconnût pas et que les signes de sa misère rendissent au moins sa personne inviolable à la charité du chrétien.

AMENDEMENT

A l'article 1ᵉʳ du projet de loi sur la répression des crimes commis par des François dans les échelles du Levant, et devant former le second paragraphe de cet article.

« Est réputée contravention, délit et crime, selon
« la gravité des cas, conformément à la loi du
« 15 avril 1818, toute part quelconque qui seroit
« prise par des sujets et des navires françois, en
« quelque lieu, sous quelque condition et prétexte
« que ce soit, et par des individus étrangers dans
« les pays soumis à la domination françoise, au
« trafic des esclaves dans les échelles du Levant et
« de Barbarie. »

DISCOURS

EN RÉPONSE

A M. LE GARDE DES SCEAUX.

Messieurs,

M. le garde des sceaux prétend que mon amendement seroit mieux placé au vingt-sixième article du projet de loi qu'au premier article : qu'à cela ne tienne ; si M. le garde des sceaux veut s'engager à soutenir mon amendement placé au vingt-sixième article, je suis prêt à lui donner satisfaction et à m'entendre avec lui.

La mémoire de M. le garde des sceaux l'aura, je pense, trompé : il croit que j'ai accusé des François. J'ai précisément mis les François hors de cause, et j'ai déclaré que j'espérois qu'aucun d'eux n'avoit souillé le pavillon blanc dans un damnable trafic.

M. le garde des sceaux ne me semble avoir détruit ni ce que j'ai avancé touchant le crime, ni ce que j'ai soutenu sur la complicité du crime. Il se contente de tout nier. Mais nier n'est pas prouver ; et moi, pour soutenir que les transports d'esclaves existent, je m'appuie sur les écrits de tous les voyageurs, sur les récits de toutes les gazettes imprimées dans l'Orient, même de celles qui ne sont pas favorables à la cause des Grecs, sur les journaux officiels de Napoli de Romani, enfin sur les plaintes même du gouvernement grec. Quand on a demandé à celui-ci de faire justice des pirates qui usurpent son pavillon, il a répondu qu'il ne demandoit pas mieux, mais qu'il falloit aussi que les puissances chrétiennes défendissent à leurs sujets de fournir des transports aux soldats turcs, et de noliser des vaisseaux pour y faire recevoir les malheureux habitants de la Grèce que l'on emmenoit en esclavage. Voilà, messieurs, des faits connus de tout l'univers.

Et enfin, comme je l'ai déjà dit, si le crime n'existe pas, il suffiroit qu'il fût possible, et qu'on en eût été menacé, pour ôter d'avance tout moyen de le commettre impunément. Si mon amendement introduit dans le projet de loi est inutile, tant mieux; mais c'est le cas de dire, plus que jamais, que ce qui abonde ne vicie pas. Cet amendement vous fera un immortel honneur sans pouvoir causer aucun dommage. Toute la question vient se réduire à ce point: Il y aura jugement devant les tribunaux. Si les prévenus ne sont pas coupables du crime qu'on leur impute, s'ils n'ont pas pris une part quelconque à un trafic réprouvé par les lois divines et humaines, ils seront acquittés. Tous les jours des vaisseaux sont arrêtés comme prévenus d'avoir fait la traite des noirs; les maîtres de ces vaisseaux se justifient, et ils sont libérés. Encore une fois, si le délit ou le crime que l'amendement est destiné à prévenir n'existe pas, la loi ne sera jamais appliquée; s'il existe, et qu'il y ait des prévenus, ils seront jugés, et renvoyés absous s'ils ne sont pas coupables; s'ils sont coupables, voudriez-vous qu'un crime aussi énorme devant Dieu et devant les hommes restât impuni ?

Une autre objection de M. le ministre de la justice consiste à dire que mon amendement introduit une loi pénale dans une loi de procédure.

Je croyois, messieurs, m'être mis à l'abri de cette fin de non-recevoir dans le développement de mon amendement. En effet, je crois avoir prouvé d'une manière sensible que l'amendement ne fait aucune confusion de matières, et ne sort pas du caractère de la loi. Mais apparemment que je ne me serai pas suffisamment expliqué ; essayons de mieux me faire entendre.

Mon amendement confond si peu une loi pénale avec une loi de procédure, qu'il ne renferme le prononcé d'aucune peine. Il exprime seulement un délit, lequel délit sera puni sans doute par les lois françoises, comme tous les délits et crimes commis dans les échelles du Levant ; et ainsi le veut le projet de loi même, par son article 26.

Le savant magistrat à qui j'ai l'honneur de répondre semble avoir confondu lui-même des choses extrêmement diverses : parce que je m'occupois de délits, il lui a paru que j'établissois des peines, dont je ne dis pas un mot.

Considéré sous tous les rapports, mon amendement, messieurs, ne dénature point le principe de la loi dans laquelle je sollicite son introduction. Ce n'est qu'un article oublié dans cette loi, dont je demande pour ainsi dire le rétablissement. La matière est parfaitement homogène. L'amendement ne fait que généraliser la nature d'un crime déjà mentionné dans vos lois, il n'introduit aucune peine nouvelle pour la répression de ce crime. Le projet de loi s'occupe des délits commis dans les échelles du Levant, sous les yeux des consuls françois ; et ce sont aussi des délits commis dans les échelles du Levant, sous les yeux des consuls du roi, que l'amendement spécifie. Ici les crimes ont le même théâtre, sont perpétrés par les mêmes hommes, attestés par les mêmes témoins, jugés par les mêmes tribunaux : que faut-il donc de plus pour donner à un amendement le caractère de la loi même dans laquelle il peut être placé ?

Je voulois négliger de répondre à une objection qui n'est pas nouvelle, et que, depuis dix ans, j'ai vu reproduire à propos de presque toutes les lois.

Il est rare, quand un amendement a quelque importance, qu'on ne dise pas que cet amendement n'est autre chose qu'une loi particulière, qu'un envahissement de l'initiative royale, et qui peut tout au plus devenir l'objet d'une proposition spéciale. Votre sagesse, messieurs, ne s'est pas souvent rendue à cette objection, et vous avez nombre de fois, au contraire, adopté des amendements qui, vous assuroit-on, dénaturoient la loi dans son principe, introduisoient une loi dans une loi. Votre mémoire vous en fournira de grands exemples. Vous aurez bientôt, dans le projet de loi sur le droit d'aînesse, l'occasion d'user largement du droit d'amender. Je ne pense pas que vous demandiez au noble rapporteur de votre commission de changer en proposition les amendements qu'elle a jugé convenable de vous présenter à votre dernière séance.

Et en vérité, messieurs, mon amendement fût-il plus étranger à la loi, pourriez-vous, pour une petite convenance de matières, refuser de prévenir un si grand crime? Et qu'on ne dise pas que dans tous les cas on a le temps d'attendre : l'amendement est urgent, car les malheurs se précipitent; il ne s'agit pas de prévenir un désordre à venir, mais un désordre du jour.

Au moment où je vous parle, messieurs, une nouvelle moisson de victimes humaines tombe peut-être sous le fer des Turcs. Une poignée de chrétiens héroïques se défend encore au milieu des ruines de Missolonghi, à la vue de l'Europe chrétienne insensible à tant de courage et à tant de malheurs. Et qui peut pénétrer les desseins de la Providence? J'ai lu hier, messieurs, une lettre d'un enfant de quinze ans, datée des remparts de Missolonghi. « Mon cher « compère, écrit-il dans sa naïveté à un de ses ca- « marades à Zante, j'ai été blessé trois fois; mais je « suis moi et mes compagnons assez guéri pour avoir « repris nos fusils. Si nous avions des vivres, nous « braverions des ennemis trois fois plus nombreux. « Ibrahim est sous nos murs; il nous a fait faire des « propositions et des menaces; nous avons tout re- « poussé. Ibrahim a des officiers françois avec lui : « qu'avons-nous fait aux François pour nous traiter « ainsi ? »

Messieurs, ce jeune homme sera-t-il pris, transporté par des chrétiens aux marchés d'Alexandrie ? S'il doit encore nous demander ce qu'il a fait aux François, que notre amendement soit là pour satisfaire à l'interrogation de son désespoir, au cri de sa misère pour que nous puissions lui répondre : « Non, ce n'est pas le pavillon de saint Louis qui « protége votre esclavage, il voudroit plutôt couvrir « vos nobles blessures ! »

Pairs de France, ministres du roi très-chrétien, si nous ne pouvons pas par nos armes secourir la malheureuse Grèce, séparons-nous du moins par nos lois des crimes qui s'y commettent : donnons un noble exemple qui préparera peut-être en Europe les voies à une politique plus élevée, plus humaine, plus conforme à la religion, et plus digne d'un siècle éclairé ; et c'est à vous, messieurs, c'est à la France qu'on devra cette noble initiative !

ITINÉRAIRE
DE
PARIS A JÉRUSALEM
ET DE
JÉRUSALEM A PARIS.

PRÉFACE

DE LA PREMIÈRE ÉDITION.

Si je disois que cet *Itinéraire* n'étoit point destiné à voir le jour, que je le donne au public à regret et comme malgré moi, je dirois la vérité, et vraisemblablement on ne me croiroit pas.

Je n'ai point fait mon voyage pour l'écrire; j'avois un autre dessein : ce dessein je l'ai rempli dans *les Martyrs*. J'allois chercher des images; voilà tout.

Je n'ai pu voir Sparte, Athènes, Jérusalem, sans faire quelques réflexions. Ces réflexions ne pouvoient entrer dans le sujet d'une épopée; elles sont restées sur mon journal de route : je les publie aujourd'hui, dans ce que j'appelle *Itinéraire de Paris à Jérusalem*, faute d'avoir trouvé un titre plus convenable à mon sujet.

Je prie donc le lecteur de regarder cet *Itinéraire* moins comme un voyage que comme des Mémoires d'une année de ma vie. Je ne marche point sur les traces des Chardin, des Tavernier, des Chandler, des Mungo Parck, des Humboldt : je n'ai point la prétention d'avoir connu des peuples chez lesquels je n'ai fait que passer. Un moment suffit au peintre de paysage pour crayonner un arbre, prendre une vue, dessiner une ruine; mais des années entières sont trop courtes pour étudier les mœurs des hommes, et pour approfondir les sciences et les arts.

Toutefois je sais respecter le public, et l'on auroit tort de penser que je livre au jour un ouvrage qui ne m'a coûté ni soins, ni recherches, ni travail : on verra que j'ai scrupuleusement rempli mes devoirs d'écrivain. Quand je n'aurois fait que donner une description détaillée des ruines de Lacédémone, découvrir un nouveau tombeau à Mycènes, indiquer les ports de Carthage, je mériterois encore la bienveillance des voyageurs.

J'avois commencé à mettre en latin les deux Mémoires de l'Introduction, destinés à une académie étrangère ; il est juste que ma patrie ait la préférence.

Cependant, je dois prévenir le lecteur que cette Introduction est d'une extrême aridité. Elle n'offre qu'une suite de dates et de faits dépouillés de tout ornement : on peut la passer sans inconvénient, pour éviter l'ennui attaché à ces espèces de tables chronologiques.

Dans un ouvrage du genre de cet *Itinéraire*, j'ai dû souvent passer des réflexions les plus graves aux récits les plus familiers : tantôt m'abandonnant à mes rêveries sur les ruines de la Grèce, tantôt revenant aux soins du voyageur, mon style a suivi nécessairement le mouvement de ma pensée et de ma fortune. Tous les lecteurs ne s'attacheront donc pas aux mêmes endroits : les uns ne chercheront que mes sentiments ; les autres n'aimeront que mes aventures ; ceux-ci me sauront gré des détails positifs que j'ai donnés sur beaucoup d'objets ; ceux-là s'ennuieront de la critique des arts, de l'étude des monuments, des digressions historiques. Au reste, c'est l'homme, beaucoup plus que l'auteur, que l'on verra partout ; je parle éternellement de moi, et j'en parlois en sûreté, puisque je ne comptois point publier ces Mémoires. Mais, comme je n'ai rien dans le cœur que je craigne de montrer au dehors, je n'ai rien retranché de mes notes originales. Enfin, j'aurai atteint le but que je me propose, si l'on sent d'un bout à l'autre de cet ouvrage une parfaite sincérité. Un voyageur est une espèce d'historien : son devoir est de raconter fidèlement ce qu'il a vu ou ce qu'il a entendu dire; il ne doit rien inventer; mais aussi il ne doit rien omettre; et, quelles que soient ses opinions particulières, elles ne doivent jamais l'aveugler au point de taire ou de dénaturer la vérité.

Je n'ai point chargé cet *Itinéraire* de notes; j'ai seulement réuni, à la fin du troisième volume, trois opuscules qui éclaircissent mes propres travaux [1] :

1° L'*Itinéraire latin de Bordeaux à Jérusalem :* il trace le chemin que suivirent, depuis, les croisés, et c'est pour ainsi dire le premier pèlerinage à Jérusalem. Cet *Itinéraire* ne se trouvoit jusqu'ici que dans les livres connus des seuls savants;

2° La dissertation de d'Anville sur l'ancienne Jérusalem : dissertation très rare, et que le savant M. de Sainte-Croix regardoit, avec raison, comme le chef-d'œuvre de l'auteur;

3° Un Mémoire inédit sur Tunis.

J'ai reçu beaucoup de marques d'intérêt durant le cours de mon voyage. M. le général Sébastiani, MM. Vial, Fauvel, Drovetti, Saint-Marcel, Caffe, Devoise, etc., trouveront leurs noms cités avec honneur dans cet *Itinéraire :* rien n'est doux comme de publier les services qu'on a reçus.

La même raison m'engage à parler de quelques autres personnes à qui je dois aussi beaucoup de reconnaissance.

M. Boissonade s'est condamné, pour m'obliger, à la chose la plus ennuyeuse et la plus pénible qu'il y ait au monde : il a revu les épreuves des *Martyrs* et de

---

[1] Dans la troisième édition, on a rejeté en notes, à la fin de chaque volume, les longues citations qui se trouvoient insérées dans le texte.

l'*Itinéraire*. J'ai cédé à toutes ses observations, dictées par le goût le plus délicat, par la critique la plus éclairée et la plus saine. Si j'ai admiré sa rare complaisance, il a pu connoître ma docilité.

M. Guizot, qui possède aussi ces connoissances que l'on avoit toujours autrefois avant d'oser prendre la plume, s'est empressé de me donner les renseignements qui pouvoient m'être utiles. J'ai trouvé en lui cette politesse et cette noblesse de caractère qui font aimer et respecter le talent.

Enfin, des savants distingués ont bien voulu éclaircir mes doutes et me faire part de leurs lumières : j'ai consulté MM. Malte-Brun et Langlès. Je ne pouvois mieux m'adresser pour tout ce qui concerne la géographie et les langues anciennes et modernes de l'Orient.

Comme mille raisons peuvent m'arrêter dans la carrière littéraire au point où je suis parvenu, je veux payer ici toutes mes dettes. Des gens de lettres ont mis en vers plusieurs morceaux de mes ouvrages; j'avoue que je n'ai connu qu'assez tard le grand nombre d'obligations que j'avois aux muses sous ce rapport. Je ne sais comment, par exemple, une pièce charmante, intitulée *le Voyage du Poëte*, a pu si long-temps m'échapper. L'auteur de ce petit poëme, M. de Saint-Victor, a bien voulu embellir mes descriptions sauvages, et répéter sur sa lyre une partie de ma chanson du désert. J'aurois dû l'en remercier plus tôt. Si donc quelques écrivains ont été justement choqués de mon silence, quand ils me faisoient l'honneur de perfectionner mes ébauches, ils verront ici la réparation de mes torts. Je n'ai jamais l'intention de blesser personne, encore moins les hommes de talent, qui me font jouir d'une partie de leur gloire en empruntant quelque chose à mes écrits. Je ne veux point me brouiller avec les neuf Sœurs, même au moment où je les abandonne. Eh !

comment n'aimerois-je pas ces nobles et généreuses immortelles! Elles seules ne sont pas devenues mes ennemies lorsque j'ai obtenu quelques succès ; elles seules encore, sans s'étonner d'une vaine rumeur, ont opposé leur opinion au déchaînement de la malveillance. Si je ne puis faire vivre Cymodocée, elle aura du moins la gloire d'avoir été chantée par un des plus grands poëtes de nos jours, et par l'homme qui, de l'aveu de tous, juge et apprécie le mieux les ouvrages des autres [1].

Quant aux censeurs qui, jusqu'à présent, ont parlé de mes ouvrages, plusieurs m'ont traité avec une indulgence dont je conserve la reconnoissance la plus vive : je tâcherai, d'ailleurs, dans tous les cas et dans tous les temps, de mériter les éloges, de profiter des critiques, et de pardonner aux injures.

PRÉFACE

DE LA TROISIÈME ÉDITION.

J'ai revu le style de cet *Itinéraire* avec une attention scrupuleuse, et j'ai, selon ma coutume, écouté les conseils de la critique. On a paru désapprouver généralement les citations intercalées dans le texte ; je les ai rejetées à la fin de chaque volume : débarrassé de ces richesses étrangères, le récit marchera peut-être avec plus de rapidité.

Dans les deux premières éditions de l'*Itinéraire*, j'a-

[1] M. de Fontanes.

vois rappelé, à propos de Carthage, un livre italien que je ne connoissois pas. Le vrai titre de ce livre est : *Ragguaglio dell Viaggio compendioso di un dilettante antiquario, sorpreso da corsari; condotto in Barberia, e felicemente ripatriato. Milano*, 1805. On m'a prêté cet ouvrage : je n'ai pu découvrir distinctement si son auteur, le père Caroni, est de mon opinion touchant la position des ports de Carthage; cependant, ils sont placés sur la carte du *Ragguaglio* là où je voudrois les placer. Il paroît donc que le père Caroni a suivi, comme moi, le sentiment de M. Humbert, officier du génie hollandois, qui commande à la Goulette. Tout ce que dit d'ailleurs l'antiquaire italien sur les ruines de la patrie d'Annibal est extrêmement intéressant : les lecteurs, en achetant le *Ragguaglio*, auront le double plaisir de lire un bon ouvrage et de faire une bonne action, car le père Caroni, qui a été esclave à Tunis, veut consacrer le prix de la vente de son livre à la délivrance de ses compagnons d'infortune; c'est mettre noblement à profit la science et le malheur : le *non ignara mali, miseris succurrere disco*, est particulièrement inspiré par le sol de Carthage.

L'*Itinéraire* semble avoir été reçu du public avec indulgence : on m'a fait cependant quelques objections auxquelles je me crois obligé de répondre.

On m'a reproché d'avoir pris mal à propos le *Sousoughirli* pour le Granique, et cela uniquement pour avoir le plaisir de faire le portrait d'Alexandre. En vérité, j'aurois pu dire du conquérant macédonien ce qu'en dit Montesquieu : *Parlons-en tout à notre aise*. Les occasions ne me manquoient pas; et, par exemple, il eût été assez naturel de parler d'Alexandre à propos d'Alexandrie.

Mais comment un critique, qui s'est d'ailleurs exprimé avec décence sur mon ouvrage, a-t-il pu s'imaginer qu'aux risques de faire rire à mes dépens l'Europe savante, j'avois été de mon propre chef trouver le Granique dans le *Sousoughirli*? N'étoit-il pas naturel de penser que je m'appuyois sur de grandes autorités ? Ces autorités étoient d'autant plus faciles à découvrir, qu'elles sont indiquées dans le texte. Spon et Tournefort jouissent, comme voyageurs, de l'estime universelle; or, ce sont eux qui sont les coupables, s'il y a des coupables ici. Voici d'abord le passage de Spon.

« Nous continuâmes notre marché le lendemain jus-
« qu'à midi dans cette belle plaine de la Mysie; puis
« nous vînmes à de petites collines. Le soir nous pas-
« sâmes le Granique sur un pont de bois à piles de
« pierres, quoiqu'on l'eût pu aisément guéer, n'y ayant
« pas de l'eau jusqu'aux sangles des chevaux. C'est cette
« rivière que le passage d'Alexandre-le-Grand a rendue
« si fameuse, et qui fut le premier théâtre de sa gloire
« lorsqu'il marchoit contre Darius. Elle est presque à
« sec en été; mais quelquefois elle se déborde étrange-
« ment par les pluies. Son fond n'est que sablon et gra-
« vier; et les Turcs, qui ne sont pas soigneux de tenir
« les embouchures de rivières nettes, ont laissé presque
« combler celle du Granique, ce qui empêche qu'elle
« ne soit navigable. Au village de *Sousoughirli*, qui n'en
« est qu'à une mousquetade, il y a un grand kan ou
« kiervansera, c'est-à-dire une hôtellerie à la mode du
« pays, de quoi M. Tavernier nous donne une longue et
« exacte description dans ses Voyages d'Asie......
« . . . .
« Ayant quitté le village des Buffles d'eau, car c'est
« ce que signifie en turc *Sousoughirli*, nous allâmes en-
« core le long du Granique pendant plus d'une heure ;
« et, à six milles de là, M. le docteur Pierelin nous fit
« remarquer de l'autre côté de l'eau, assez loin de notre
« chemin, les masures d'un château qu'on croit avoir été

« bâti par Alexandre, après qu'il eut passé la rivière[1]. »

Il est, je pense, assez clair que Spon prend comme moi la rivière du village de *Sousoughirli* ou des Buffles d'eau pour le Granique.

Tournefort est encore plus précis :

« Ce Granique, dont on n'oubliera jamais le nom tant
« qu'on parlera d'Alexandre, coule du sud-est au nord,
« et ensuite vers le nord-ouest, avant que de tomber
« dans la mer; ses bords sont fort élevés du côté qui
« regarde le couchant. Ainsi les troupes de Darius
« avoient un grand avantage, si elles en avoient su pro-
« fiter. Cette rivière, si fameuse par la première ba-
« taille que le plus grand capitaine de l'antiquité gagna
« sur ses bords, s'appelle à présent *Sousoughirli*, qui
« est le nom d'un village où elle passe; et *Sousoughirli*
« veut dire *le village des Buffles d'eau.* »

Je pourrois joindre à ces autorités celle de Paul Lucas (*Voyage de Turquie en Asie*, liv. II, pag. 131); je pourrois renvoyer le critique au grand *Dictionnaire de La Martinière*, au mot *Granique*, tom. III, pag. 160; à l'*Encyclopédie*, au même mot *Granique*, tom. VII, pag. 858; enfin à l'auteur de l'*Examen critique des historiens d'Alexandre*, pag. 239 de la deuxième édition : il verroit dans tous ces ouvrages que le Granique est aujourd'hui le *Sousou* ou le *Samsou*, ou le *Sousoughirli*, c'est-à-dire que La Martinière, les encyclopédistes et le savant M. de Sainte-Croix s'en sont rapportés à l'autorité de Spon, de Wheler, de Paul Lucas et de Tournefort. La même autorité est reconnue, dans l'*Abrégé de l'Histoire générale des Voyages,* par La Harpe, tom. XXIX, pag. 86. Quand un chétif voyageur comme moi a derrière lui des voyageurs tels que Spon, Wheler, Paul Lucas et Tournefort, il est hors d'atteinte, surtout

---

[1] *Voyage d'Italie, de Dalmatie, de Grèce et du Levant,* par S. Spon et G. Wheler, tom. I, pag. 285-86-87, édition de Lyon, 1678.

lorsque leur opinion a été adoptée par des savants aussi distingués que ceux que je viens de nommer.

Mais Spon, Wheler, Tournefort, Paul Lucas, sont tombés dans une méprise, et cette méprise a entraîné celle de La Martinière, des encyclopédistes, de M. de Sainte-Croix et de M. de La Harpe. C'est une autre question : ce n'est pas à moi à m'ériger en maître, et à relever les erreurs de ces hommes célèbres ; il me suffit d'être à l'abri sous leur autorité : je consens à avoir tort avec eux.

Je ne sais si je dois parler d'une autre petite chicane qu'on m'a faite au sujet de *Kirkagach* : j'avois avancé que le nom de cette ville n'existe sur aucune carte ; on a répondu que ce nom se trouve sur une carte de l'Anglois Arowsmith, carte presque inconnue en France : cette querelle ne peut pas être bien sérieuse.

Enfin, on a cru que je me vantois d'avoir découvert le premier les ruines de Sparte. Ceci m'humilie un peu ; car il est clair qu'on a pris à la lettre le conseil que je donne dans la Préface de ma première édition, de ne point lire l'*Introduction à l'Itinéraire* ; mais pourtant il restoit assez de choses sur ce sujet dans le corps même de l'ouvrage, pour prouver aux critiques que je ne me vantois de rien. Je cite dans l'Introduction et dans l'*Itinéraire* tous les voyageurs qui ont vu Sparte avant moi, ou qui ont parlé de ses ruines. Giambetti, en 1465 ; Giraud et Vernon, en 1676 ; Fourmont, en 1726 ; Leroi, en 1758 ; Riedsel, en 1773 ; Villoison et Fauvel, vers l'an 1780 ; Scrofani, en 1794, et Pouqueville, en 1798. Qu'on lise dans l'*Itinéraire* les pages 75-76-77 du premier volume, où je traite des diverses opinions touchant les ruines de Sparte, et l'on verra s'il est possible de parler de soi-même avec moins de prétention. Comme il m'a paru néanmoins que quelques phrases, relatives à mes très foibles travaux, n'étoient pas assez modestes, je me suis empressé de les supprimer ou de les adoucir dans cette troisième édition [1].

Cette bonne foi, à laquelle j'attache un grand prix, se fait sentir, du moins je l'espère, d'un bout à l'autre de mon voyage. Je pourrois citer en faveur de la sincérité de mes récits plusieurs témoignages d'un grand poids ; mais je me contenterai de mettre sous les yeux du lecteur une preuve tout-à-fait inattendue de la conscience avec laquelle l'*Itinéraire* est écrit : j'avoue que cette preuve m'est extrêmement agréable.

S'il y a quelque chose qui puisse paroître singulier dans ma relation, c'est sans doute la rencontre que je fis du père Clément à Bethléem. Lorsqu'au retour de mon voyage on imprima dans le Mercure un ou deux fragments de l'*Itinéraire*, les critiques, en louant beau-

---

[1] Au reste, je ne sais pourquoi je m'attache si sérieusement à me justifier sur quelques points d'érudition : il est très bon sans doute que je ne me sois pas trompé ; mais quand cela me seroit arrivé, on n'auroit encore rien à me dire : j'ai déclaré que je n'avois aucune prétention, ni comme savant, ni même comme voyageur. Mon *Itinéraire* est la course rapide d'un homme qui va voir le ciel, la terre et l'eau, et qui revient à ses foyers avec quelques images nouvelles dans la tête, et quelques sentiments de plus dans le cœur : qu'on lise attentivement ma première préface, et qu'on ne me demande pas ce que je n'ai pu ni voulu donner. Après tout, cependant, je réponds de l'exactitude des faits. J'ai peut-être commis quelques erreurs de mémoire, mais je crois pouvoir dire que je ne suis tombé dans aucune faute essentielle. Voici, par exemple, une inadvertance assez singulière qu'on veut bien me faire connoitre à l'instant : en parlant de l'épisode d'Herminie et du vieillard dans la *Jérusalem délivrée*, je prouve que la scène doit être placée au bord du Jourdain, mais j'ajoute que le poëte ne le dit pas ; et cependant le poëte dit formellement :

Giunse (*Erminia*) del bel *Giordano* a' le chiare acque.

N'ayant pas été instruit assez tôt de cette erreur, elle est restée dans cette présente édition ; mais il suffit au lecteur qu'elle soit indiquée ici.

coup trop mon style, eurent l'air de penser que mon imagination avoit fait tous les frais de l'histoire du père Clément. La lettre suivante fera voir si ce soupçon étoit bien fondé. La personne qui me fait l'honneur de m'écrire m'est tout-à-fait inconnue :

A MONSIEUR
Monsieur DE CHATEAUBRIAND,
AUTEUR DES MARTYRS
ET DE L'ITINÉRAIRE DE PARIS A JÉRUSALEM ET DE JÉRUSALEM A PARIS.
A PARIS.

Au Pérai, 20 juin.

« En lisant votre *Voyage de Paris à Jérusalem*, monsieur, j'ai vu,
« avec une augmentation d'intérêt, la rencontre que vous avez
« faite du père Clément à Bethléem. Je le connois beaucoup : il a
« été mon aumônier avant la révolution. J'ai été en correspon-
« dance avec lui pendant son séjour en Portugal, et il m'annonça
« son voyage à la Terre-Sainte. J'ai été extrêmement touchée de
« l'idée qu'il a été oublié dans sa patrie ; mon mari et moi avons
« conservé pour lui toute la considération que méritent ses vertus
« et sa piété. Nous serions enchantés qu'il voulût revenir demeu-
« rer avec nous ; nous lui offrons le même sort qu'il avoit autre-
« fois, et de plus la certitude de ne jamais nous quitter. Je croirois
« amener la bénédiction sur ma maison si je le décidois à y ren-
« trer. Il auroit la plus parfaite liberté pour tous ses exercices de
« piété ; il nous connoît, nous n'avons point changé. J'aurois le
« bonheur d'avoir tous les jours la messe d'un saint homme. Je
« voudrois, monsieur, lui faire toutes mes propositions, mais
« j'ignore comment les lui faire passer. Oserai-je vous demander
« si vous n'auriez pas conservé quelque relation dans ce pays, ou
« si vous connoîtriez quelque moyen de lui faire passer ma lettre ?
« Connoissant vos principes religieux, monsieur, j'espère que vous
« me pardonnerez, si je suis indiscrète, en faveur du motif qui
« me conduit.

« J'ai l'honneur d'être, monsieur, votre très humble et obéis-
« sante servante.

« Belin de Nan. »

« A Madame de Nan, en son château du Pérai, près Vaas, par
« Château-du-Loir, département de la Sarthe. »

J'ai répondu à madame Belin de Nan, et, par une seconde lettre, elle m'a permis d'imprimer celle que je donne ici. J'ai écrit aussi au père Clément à Bethléem, pour lui faire part des propositions de madame Belin.

Enfin, j'ai eu le bonheur de recevoir sous mon toit quelques-unes des personnes qui m'ont donné si généreusement l'hospitalité pendant mon voyage, en particulier M. Devoise, consul de France à Tunis : ce fut lui qui me recueillit à mon arrivée d'Égypte. Mais j'ai de la peine à me consoler de n'avoir pas rencontré un des pères de Terre-Sainte, qui a passé à Paris, et qui m'a demandé plusieurs fois. J'ai lieu de croire que c'étoit le père Munos : j'aurois tâché de le recevoir avec un cœur *limpido e bianco*, comme il me reçut à Jaffa, et je lui aurois demandé à mon tour :

Sed tibi qui cursum venti, quæ fata dedere?

J'oubliois de dire que j'ai reçu, trop tard pour en faire usage, des renseignements sur quelques nouveaux voyageurs en Grèce, dont les journaux ont annoncé le retour ; j'ai lu aussi, à la suite d'un ouvrage traduit de l'allemand, sur l'Espagne moderne, un excellent morceau intitulé : *les Espagnols du quatorzième siècle*. J'ai trouvé dans ce précis des choses extrêmement curieuses sur l'expédition des Catalans en Grèce, et sur le duché d'Athènes, où régnoit alors un prince françois de la maison de Brienne. Montaner, compagnon d'armes des héros catalans, écrivit lui-même l'histoire de leur conquête. Je ne connois point son ouvrage, cité souvent par l'auteur allemand : il m'auroit été très utile pour corriger quelques erreurs, ou pour ajouter quelques faits à l'Introduction de l'*Itinéraire*.

INTRODUCTION.

PREMIER MÉMOIRE.

Je diviserai cette introduction en deux mémoires : dans le premier, je prendrai l'histoire de Sparte et d'Athènes à peu près au siècle d'Auguste, et je la conduirai jusqu'à nos jours. Dans le second, j'examinerai l'authenticité des traditions religieuses à Jérusalem.

Spon, Wheler, Fanelli, Chandler et Leroi ont, il est vrai, parlé du sort de la Grèce dans le moyen-âge; mais le tableau tracé par ces savants hommes est bien loin d'être complet. Ils se sont contentés des faits généraux, sans se fatiguer à débrouiller la *Byzantine;* ils ont ignoré l'existence de quelques Voyages au Levant : en profitant de leurs travaux, je tâcherai de suppléer à ce qu'ils ont omis.

Quant à l'histoire de Jérusalem, elle ne présente aucune obscurité dans les siècles barbares; jamais on ne perd de vue la ville sainte. Mais lorsque les pèlerins vous disent : « Nous nous rendîmes au tombeau de Jésus-Christ, nous « entrâmes dans la grotte où le Sauveur du monde répan- « dit une sueur de sang, etc., etc., » un lecteur peu crédule pourroit s'imaginer que les pèlerins sont trompés par des traditions incertaines : or, c'est un point de critique que je me propose de discuter dans le second mémoire de cette Introduction.

Je viens à l'histoire de Sparte et d'Athènes :

Lorsque les Romains commencèrent à se montrer dans l'Orient, Athènes se déclara leur ennemie, et Sparte embrassa leur fortune. Sylla brûla le Pirée et Munychie; il saccagea la ville de Cécrops, et fit un si grand massacre des citoyens, que le sang, dit Plutarque, remplit tout le Céramique, et regorgea par les ports. _{Av. J.-C. 87. Plut. in. Syll.; Appian.}

Dans les guerres civiles de Rome, les Athéniens suivirent le parti de Pompée, qui leur sembloit être celui de la xcviij INTRODUCTION.

<small>Av. J.-C. 47.
Cæs. de Bell.
civil.; Dion.;
Appian.;Plut.
in Vit. Brut.</small> liberté : les Lacédémoniens s'attachèrent à la destinée de César. Celui-ci refusa de se venger d'Athènes. Sparte, fidèle à la mémoire de César, combattit contre Brutus à la bataille de Philippes ; Brutus avoit promis le pillage de
<small>Av. J.-C. 44.
Av. J.-C. 41.</small> Lacédémone à ses soldats, en cas qu'il obtînt la victoire.
<small>Plut. in Ant.</small> Les Athéniens élevèrent des statues à Brutus, s'unirent à
<small>Av. J.-C. 21.
Vell.-Pat.</small> Antoine et furent punis par Auguste. Quatre ans avant la
<small>De J.-C. 10.
Suet. in Aug.</small> mort de ce prince, ils se révoltèrent contre lui.
<small>De J.-C. 25.
Tac. Ann.
lib. 4.</small> Athènes demeura libre pendant le règne de Tibère. Sparte vint plaider et perdre à Rome une petite cause contre les Messéniens, autrefois ses esclaves. Il s'agissoit de la possession du temple de Diane-Limnatide : précisément cette Diane dont la fête donna naissance aux guerres messéniaques.

<small>De Sit. orb.
lib. 9.</small> Si l'on fait vivre Strabon sous Tibère, la description de Sparte et d'Athènes par ce géographe se rapportera au temps dont nous parlons.

<small>De J.-C. 18.
Tacit. Annal.
lib. 2.</small> Lorsque Germanicus passa chez les Athéniens, par respect pour leur ancienne gloire, il se dépouilla des marques de la puissance, et marcha précédé d'un seul licteur.

<small>De J.-C. 56.
De Sit. orb.
lib. 2.</small> Pomponius Méla écrivoit vers le temps de l'empereur Claude. Il se contente de nommer Athènes en décrivant la côte de l'Attique.

<small>De J.-C. 67.
Xiph. in Ner.</small> Néron visita la Grèce ; mais il n'entra ni dans Athènes ni dans Lacédémone.

<small>De J.-C. 79.
Dio.</small> Vespasien réduisit l'Achaïe en province romaine, et lui donna pour gouverneur un proconsul. Pline l'ancien, aimé de Vespasien et de Titus, parla sous ces princes de divers monuments de la Grèce.

<small>De J.-C. 91.
Philostr. in
Vit Apol. Ty.</small> Apollonius de Tyane, pendant le règne de Domitien, trouva les lois de Lycurgue en vigueur à Lacédémone.
<small>De J.-C. 97.
Eutr. Vict.
Dio.</small> Nerva favorisa les Athéniens. Les monuments d'Hérode-Atticus et le voyage de Pausanias sont à peu près de cette époque.

<small>De J.-C. 115.
Plin. jun. l. 8.
c. 24.</small> Pline le jeune, sous Trajan, exhorte Maxime, proconsul d'Achaïe, à gouverner Athènes et la Grèce avec équité.
<small>De J.-C. 134.
Dio.; Spart.;
Euseb.</small> Adrien rétablit les monuments d'Athènes, acheva le temple de Jupiter-Olympien, bâtit une nouvelle ville auprès

INTRODUCTION. xcix

de l'ancienne, et fit refleurir dans la Grèce les sciences, les lettres et les arts. De J.-C. 134.

Antonin et Marc-Aurèle comblèrent Athènes de bienfaits. Le dernier s'attacha surtout à rendre à l'Académie son ancienne splendeur : il multiplia les professeurs de philosophie, d'éloquence et de droit civil, et en porta le nombre jusqu'à treize : deux platoniciens, deux péripatéticiens, deux stoïciens, deux épicuriens, deux rhéteurs, deux professeurs de droit civil, et un préfet de la jeunesse. Lucien, qui vivoit alors, dit qu'Athènes étoit remplie de longues barbes, de manteaux, de bâtons et de besaces. De J.-C. 176. Capitol.; Dio.

Le *Polyhistor* de Solin parut vers la fin de ce siècle. Solin décrit plusieurs monuments de la Grèce. Il n'a pas copié Pline le naturaliste aussi servilement qu'on s'est plu à le répéter.

Sévère priva Athènes d'une partie de ses priviléges, pour la punir de s'être déclarée en faveur de Pescennius Niger. De J.-C. 194. Herodian Spart.; Dio.

Sparte, tombée dans l'obscurité, tandis qu'Athènes attiroit encore les regards du monde, mérita la honteuse estime de Caracalla : ce prince avoit dans son armée un bataillon de Lacédémoniens, et une garde de Spartiates auprès de sa personne. De J.-C. 214. Herodian.

Les Scythes, ayant envahi la Macédoine, au temps de l'empereur Gallien, mirent le siége devant Thessalonique. Les Athéniens effrayés se hâtèrent de relever les murs que Sylla avoit abattus. De J.-C. 260. Trebell.; Zou.

Quelques années après, les Hérules pillèrent Sparte, Corinthe et Argos. Athènes fut sauvée par la bravoure d'un de ses citoyens nommé *Dexippe*, également connu dans les lettres et dans les armes. De J.-C. 261. Trebell.

L'archontat fut aboli à cette époque, le stratége, inspecteur de l'*agora* ou du marché, devint le premier magistrat d'Athènes. Chand. Trav.

Les Goths prirent cette ville sous le règne de Charles II. Ils voulurent brûler les bibliothèques ; mais un des Barbares s'y opposa : « Conservons, dit-il, ces livres qui ren- De J.-C. 269. Zou.

De J.-C. 269.	« dent les Grecs si faciles à vaincre, et qui leur ôtent l'a-«mour de la gloire. » Cléodème, Athénien échappé au malheur de sa patrie, rassembla des soldats, fondit sur les Goths, en tua un grand nombre, et dispersa le reste : il prouva aux Goths que la science n'exclut pas le courage.
De J.-C. 323. Liban.; Or.; Zon.	Athènes se remit promptement de ce désastre; car on la voit peu de temps après offrir des honneurs à Constantin et en recevoir des grâces. Ce prince donna au gouverneur de l'Attique le titre de grand-duc : titre qui, se fixant dans une famille, devint héréditaire, et finit par transformer la république de Solon en une principauté gothique. Pite, évêque d'Athènes, parut au concile de Nicée.
De J.-C. 337. Eunape; Zon. in Const.	Constance, successeur de Constantin, après la mort de ses frères Constantin et Constant, fit présent de plusieurs îles à la ville d'Athènes.
De J.-C. 354. Zos. lib. 3; Jul. Ep. Ad. Athen.;Greg.; Cyr.; Bas.; Chrys. Oper. ap. Bibl. Pat.	Julien, élevé parmi les philosophes du Portique, ne s'éloigna d'Athènes qu'en versant des larmes. Les Grégoire, les Cyrille, les Basile, les Chrysostome, puisèrent leur sainte éloquence dans la patrie de Démosthènes.
De J.-C. 377. Zos. lib. 4; Chandl. Inscript. ant.	Sous le règne du grand Théodose, les Goths ravagèrent l'Épire et la Thessalie. Ils se préparoient à passer dans la Grèce; mais ils en furent écartés par Théodore, général des Achéens. Athènes reconnoissante éleva une statue à son libérateur.
De J.-C. 395. Zos. lib. 5.	Honorius et Arcadius tenoient les rênes de l'empire lorsque Alaric pénétra dans la Grèce. Zosime raconte que le conquérant aperçut, en approchant d'Athènes, Minerve qui le menaçoit du haut de la citadelle, et Achille qui se tenoit debout devant les remparts. Si l'on en croit le même historien, Alaric ne saccagea point une ville que protégeoient les héros et les dieux. Mais ce récit a bien l'air
Syn. ep. Op. omn. a Pet. edit.	d'une fable. Synésius, plus près de l'événement que Zosime, compare Athènes incendiée par les Goths à une victime que la flamme a dévorée, et dont il ne reste plus que
Chandl. Trav.	les ossements. On croit que le Jupiter de Phidias périt dans cette invasion des Barbares.

Corinthe, Argos, les villes de l'Arcadie, de l'Élide et de la Laconie, éprouvèrent le sort d'Athènes : « Sparte, si fameuse, dit encore Zosime, ne put être sauvée; ses citoyens « l'abandonnèrent, et ses chefs la trahirent : ses chefs, vils « ministres des tyrans injustes et débauchés qui gouver- « noient l'État. » De J.-C. 390.
Zos. lib. 5.

Stilicon, en venant chasser Alaric du Péloponèse, acheva de désoler cet infortuné pays.

Athénaïs, fille de Léonce-le-Philosophe, connue sous le nom d'*Eudoxie*, étoit née à Athènes, et elle épousa Théodose le jeune [1]. De J.-C. 433.
Zon. in Th. 11.

Pendant que Léonce tenoit les rênes de l'empire d'Orient, Genséric se jeta de nouveau sur l'Achaïe. Procope ne nous dit point quel fut le sort de Sparte et d'Athènes dans cette nouvelle invasion. De J.-C. 450.
Procop. de
Bell. Vand.
l. 1. cap. 5.

Le même historien fait ainsi la peinture des ravages des Barbares, dans son *Histoire secrète* : «Depuis que Justinien « gouverne l'empire, la Thrace, la Chersonèse, la *Grèce*, et « tout le pays qui s'étend entre Constantinople et le golfe « d'Ionie, ont été ravagés chaque année par les Antes, les « Slavons et les Huns. Plus de deux cent mille Romains ont « été tués ou faits prisonniers à chaque invasion des Bar- « bares, et les pays que j'ai nommés sont devenus sembla- « bles aux déserts de la Scythie. » De J.-C. 527.
Proc. cap. 18.

Justinien fit réparer les murailles d'Athènes et élever des tours sur l'isthme de Corinthe. Dans la liste des villes que ce prince embellit et fortifia, Procope ne cite point Lacédémone. On remarque auprès des empereurs d'Orient une garde laconienne ou tzaconienne, selon la pro- Procop. de
AEdif. lib. 4.
cap. 2.

---

[1] On n'a pas fait attention à l'ordre chronologique, et l'on place mal à propos le mariage d'Eudoxie avant la prise d'Athènes par Alaric. Zonare dit qu'Eudoxie, chassée par ses frères, Valérius et Genèse, avoit été obligée de fuir à Constantinople. Valérius et Genèse vivoient paisiblement dans leur patrie, et Eudoxie les fit élever aux dignités de l'empire. Toute cette histoire du mariage et de la famille d'Eudoxie ne prouveroit-elle pas qu'Athènes ne souffrit pas autant du passage d'Alaric que le dit Synésius, et que Zosime pourroit bien avoir raison, du moins pour le fait?

nonciation alors introduite. Cette garde, armée de piques, portoit une espèce de cuirasse ornée de figures de lion ; le soldat étoit vêtu d'une casaque de drap, et couvroit sa tête d'un capuchon. Le chef de cette milice s'appeloit *Stratopedarcha*.

<small>De J.-C. 527.
Cod. Curop.
ap. Byz.
Script.</small>

L'empire d'Orient avoit été divisé en gouvernements appelés *Thémata*. Lacédémone devint l'apanage des frères ou des fils aînés de l'empereur. Les princes de Sparte prenoient le titre de *Despotes*, leurs femmes s'appeloient *Despœnes*, et le gouvernement *Despotat*. Le despote résidoit à Sparte ou à Corinthe [1].

Ici commence le long silence de l'histoire sur le pays le plus fameux de l'univers. Spon et Chandler perdent Athènes de vue pendant sept cents ans : «Soit, dit Spon, à cause «du défaut de l'histoire, qui est courte et obscure dans «ces siècles-là, ou que la fortune lui eût accordé ce long «repos.» Cependant on découvre dans le cours de ces siècles quelques traces de Sparte et d'Athènes.

<small>Spon. Voy.
tom. 2.</small>

Nous retrouvons d'abord le nom d'Athènes dans Théophylacte Simocate, historien de l'empereur Maurice. Il parle des muses *qui brillent à Athènes dans leurs plus superbes habits*, ce qui prouve que, vers l'an 590, Athènes étoit encore le séjour des muses.

<small>De J.-C. 590.
Theoph. l. 8.
cap. 12. ap.
Byz. Script.</small>

L'Anonyme de Ravenne, écrivain goth qui vivoit vraisemblablement au septième siècle, nomme trois fois Athènes dans sa Géographie ; encore n'avons-nous de cette géographie qu'un extrait mal fait par Galatéus.

<small>De J.-C. 650.
Raven. Anon.
lib. 4 et 6.</small>

Sous Michel III, les Esclavons se répandirent dans la Grèce. Théoctiste les battit et les poussa jusqu'au fond du Péloponèse. Deux hordes de ces peuples, les Ézérites et les Milinges, se cantonnèrent à l'orient et à l'occident du Taygète, qui se nommoit dès lors *Pentadactyle*. Quoi qu'en dise Constantin Porphyrogénète, ces Esclavons sont les ancêtres des Maniottes, et ceux-ci ne sont point les

<small>De J.-C. 846.
Const. Porph.
de Adm. Imp.</small>

---

[1] Ce titre de despote n'étoit pas cependant particulier à la principauté de Sparte ; et l'on trouve des despotes d'Orient, de Thessalie, qui jettent une grande confusion dans l'histoire.

descendants des anciens Spartiates, comme on le soutient aujourd'hui, sans savoir que ce n'est qu'une opinion ridicule de Constantin Porphyrogénète ¹. Ce sont sans doute ces Esclavons qui changèrent le nom d'Amyclée en celui de Sclabochorion. De J.-C. 846.

Nous lisons dans Léon-le-Grammairien, que les habitants de la Grèce ne pouvant plus supporter les injustices de Chasès, fils de Job et préfet d'Achaïe, le lapidèrent dans une église d'Athènes, pendant le règne de Constantin VII. De J.-C. 915. Leo. Vit. Const. cap. 2.

Sous Alexis Comnène, quelque temps avant les Croisades, nous voyons les Turcs ravager les îles de l'Archipel et toutes *les côtes de l'Occident.* De J.-C. 1081. Leo. Ann. Comn. lib. 7.

Dans un combat entre les Pisans et les Grecs, un comte, natif du *Péloponèse,* signala son courage vers l'an 1085 : ainsi le Péloponèse ne portoit point encore le nom de *Morée.* De J.-C. 1085. Ann. Comn. lib. 11. cap. 9.

Les guerres d'Alexis Comnène, de Robert et de Boëmond eurent pour théâtre l'Épire et la Thessalie, et ne nous apprennent rien de la Grèce proprement dite. Les premiers Croisés passèrent aussi à Constantinople, sans pénétrer dans l'Achaïe. Mais, sous le règne de Manuel Comnène, successeur d'Alexis, les rois de Sicile, les Vénitiens, les Pisans et les autres peuples occidentaux se précipitèrent sur le Péloponèse et sur l'Attique. Roger Ier, roi de Sicile, transporta à Palerme les artisans d'Athènes, habiles dans la culture de la soie. C'est à peu près à cette époque que le Péloponèse changea son nom en celui de Morée; du moins je trouve ce nom employé par l'historien Nicétas. Il est probable que les vers à soie venant à se multiplier dans l'Orient, on fut obligé de multiplier les mûriers : le Péloponèse prit son nouveau nom de l'arbre qui faisoit sa nouvelle richesse. De J.-C. 1085. et seq. Ann. Comn. lib. 4-5, etc.; Glycas.

De J.-C. 1130

Nicet. Hist. Bald. cap. 1.

Roger s'empara de Corfou, de Thèbes et de Corinthe, De J.-C. 1140. Nicet. Man. Comn. lib. 2. cap. 1.

---

¹ L'opinion de Paw, qui fait descendre les Maniottes, non des Spartiates, mais des Laconiens affranchis par les Romains, n'est fondée sur aucune vraisemblance historique.

De J.-C. 1140.	et eut la hardiesse, dit Nicétas, d'attaquer les villes les plus avancées dans le pays. Mais, selon les historiens de Venise, les Vénitiens secoururent l'empereur d'Orient, battirent Roger, et l'empêchèrent de prendre Corinthe.
Coron. p. 17.	Ce fut en raison de ce service qu'ils prétendirent, deux siècles après, avoir des droits sur Corinthe et sur le Péloponèse.
De J.-C. 1170. Itin. Benj. Tudel.	Il faut rapporter à l'an 1170 le voyage de Benjamin de Tudèle en Grèce : il traversa Patras, Corinthe et Thèbes. Il trouva dans cette dernière ville deux mille Juifs qui travailloient aux étoffes de soie, et s'occupoient de la teinture en pourpre.
	Eustache étoit alors évêque de Thessalonique. Les lettres étoient donc encore cultivées avec succès dans leur patrie, puisque cet Eustache est le célèbre commentateur d'Homère.
De J.-C. 1204. Nic. in Bald.; Ville-Hard. cap. 136 et s.	Les François, ayant à leur tête Boniface, marquis de Mont-Ferrat, et Baudouin, comte de Flandre; les Vénitiens, sous la conduite de Dandolo, chassèrent Alexis de Constantinople, et rétablirent Isaac l'Ange sur le trône. Ils s'emparèrent bientôt de la couronne pour leur propre compte. Baudouin, comte de Flandre, eut l'empire, et le marquis de Mont-Ferrat fut déclaré roi de Thessalonique.
Nic. in Bald. cap. 3.	Dans ce temps-là, un petit tyran de la Morée, appelé Sgure, et natif de Napolie de Romanie, vint mettre le siége devant Athènes : il en fut repoussé par l'archevêque Michel Acominat Choniate, frère de l'historien Nicétas. Cet archevêque avoit composé un poëme dans lequel il comparoit l'Athènes de Périclès à l'Athènes du douzième siècle. Il reste encore quelques vers de ce poëme manuscrit, in-4°, n° 963, pag. 116, à la Bibliothèque royale.
Nic. in Bald. cap. 4.	Quelque temps après, Athènes ouvrit ses portes au marquis de Mont-Ferrat; Boniface donna l'investiture de la seigneurie de Thèbes et d'Athènes à Othon de la Roche; les successeurs d'Othon prirent le titre de ducs d'Athènes et de grands-sires de Thèbes. Au rapport de Nicétas, le marquis de Mont-Ferrat porta ses armes jusqu'au fond de la Morée; il se saisit d'Argos et de Corinthe, mais il ne put

s'emparer du château de cette dernière ville, où Léon Sgure se renferma. De J.-C. 1204.

Tandis que Boniface poursuivoit ses succès, un coup de vent amenoit d'autres François à Modon. Geoffroi de Ville-Hardouin, qui les commandoit, et qui revenoit de la Terre-Sainte, se rendit auprès du marquis de Mont-Ferrat, alors occupé au siége de Napoli. Geoffroi, bien reçu de Boniface, entreprit avec Guillaume de Champlite la conquête de la Morée. Le succès répondit aux espérances; toutes les villes se rendirent aux deux chevaliers, à l'exception de Lacédémone, où règnoit un tyran nommé *Léon Chamarète*. Peu de temps après, la Morée fut remise aux Vénitiens; elle leur appartenoit, d'après le traité général conclu à Constantinople entre les Croisés. Le corsaire génois, Léon de Scutrano, se rendit maître un moment de Coron et de Modon; mais il en fut bientôt chassé par les Vénitiens. Ville-Hard. cap. 173 et seq.; Ducang. Hist. Const. lib. 1.

Nic. in Bald. cap. 9.

Coronel.; Giac. Died. Stor. del. Rep. Ven.

Guillaume de Champlite prit le titre de prince d'Achaïe. A la mort de Guillaume, Geoffroi de Ville-Hardouin hérita des biens de son ami, et devint prince d'Achaïe et de Morée. De J.-C. 1210. Ducang. Histor. Const. lib. 2.

La naissance de l'empire ottoman se rapporte à peu près au temps dont nous parlons. Soliman Shah sortit des solitudes des Tartares-Oguziens, vers l'an 1214, et s'avança vers l'Asie-Mineure. Démétrius Cantémir, qui nous a donné l'histoire des Turcs d'après les auteurs originaux, mérite plus de confiance que Paul Jove et les auteurs grecs, qui confondent souvent les Sarrasins avec les Turcs. De J.-C. 1214. Cantem. Hist. de l'emp. ot. liv. 1.

Le marquis de Mont-Ferrat ayant été tué, sa veuve fut déclarée régente du royaume de Thessalonique. Athènes, lasse apparemment d'obéir à Othon de la Roche ou à ses descendants, voulut se donner aux Vénitiens; mais elle fut traversée dans ce dessein par Magaduce, tyran de Morée; ainsi la Morée avoit vraisemblablement secoué le joug de Ville-Hardouin ou des Vénitiens. Ce nouveau tyran, Magaduce, avoit sous lui d'autres tyrans; car, outre Léon Sgure, déjà nommé, on trouve un Étienne Died. Stor. del. Rep. lib. 5.

INTRODUCTION.

De J.-C. 1214. pêcheur, *Signore di molti stati nella Morea*, dit Giacomo Diedo.

Théodore Lascaris reconquit sur les Francs une partie de la Morée. La lutte entre les empereurs latins d'Orient et les empereurs grecs retirés en Asie dura cinquante-sept années : Guillaume de Ville-Hardouin, successeur de Geof-

De J.-C. 1259.
Pachym. l. 1, 3 et 5 ;
Ducang. Hist. Const. lib. 5.

froi, étoit devenu prince d'Achaïe ; il tomba entre les mains de ce Michel Paléologue, empereur grec, qui rentra dans Constantinople au mois d'août de l'année 1261. Pour obtenir sa liberté, Guillaume céda à Michel les places qu'il possédoit en Morée; il les avoit conquises sur les Vénitiens et sur les petits princes qui s'élevoient et disparoissoient tour à tour : ces places étoient Monembasie, Maïna, Hiérace et Misitra. C'est la première fois qu'on lit ce nom de Misitra : Pachymère l'écrit sans réflexion, sans étonnement, et presque sans y penser : comme si cette Misitra, petite seigneurie d'un gentilhomme françois, n'étoit pas l'héritière de Lacédémone.

Nous avons vu un peu plus haut Lacédémone paroître sous son ancien nom, lorsqu'elle étoit gouvernée par Léon Chamarète : Misitra fut donc, pendant quelque temps, contemporaine de Lacédémone.

Guillaume céda encore à l'empereur Michel, Anaplion et Argos ; la contrée de Ciusterne demeura en contestation. Guillaume est ce même prince de Morée dont parle

Joinv. Hist. de saint Louis. Ducang. Annot.

le sire de Joinville :

Lors vint. . . . .
Avec mainte armeure dorée,
Celui qui prince est de la Morée.

Died. Stor. della Rep. de Ven. lib. 6.
Pachym. lib. 2.

Diedo le nomme Guillaume *Ville*, en retranchant ainsi la moitié du nom.

Pachymère nomme, vers ce temps-là, un certain Théodose, moine de Morée, qui, dit l'historien, étoit issu *de la race des princes de ce pays :* nous voyons aussi l'une des sœurs de Jean, héritier du trône de Constantinople, épouser Mathieu de Valincourt, *François venu de Morée*.

Michel fit équiper une flotte, et reprit les îles de Naxos, de Paros, de Céos, de Caryste et d'Orée; il s'empara en même temps de Lacédémone, différente ainsi de Misitra, cédée à l'empereur pour la rançon du prince d'Achaïe : on voit des Lacédémoniens servir sur la flotte de Michel ; ils avoient, disent les historiens, été transférés de leur pays à Constantinople, en considération de leur valeur.

De J.-C. 1263.

Pachym. lib. 3.

Pachym. lib. 3.

L'empereur fit ensuite la guerre à Jean Ducas Sebastocrator, qui s'étoit soulevé contre l'empire ; ce Jean Ducas étoit fils naturel de Michel, despote d'Occident. Michel l'assiégea dans la ville de Duras. Jean trouva le moyen de s'enfuir à Thèbes, où régnoit un prince, sire Jean, que Pachymère appelle *grand-seigneur de Thèbes*, et qui étoit peut-être un descendant d'Othon de la Roche. Ce sire Jean fit épouser à son frère Guillaume la fille de Jean, bâtard du despote d'Occident.

De J.-C. 1269
Pachym. lib. 4.

Six ans après, un prince issu de *l'illustre famille des princes de Morée*, disputa à Veccus le patriarcat de Constantinople.

De J.-C. 1275.
Pachym. lib. 5.

Jean, prince de Thèbes, mourut ; son frère Guillaume fut son héritier, Guillaume devint aussi, par sa femme, petite-fille du despote d'Occident, prince d'une partie de la Morée ; car le despote d'Occident, en dépit des Vénitiens et du prince d'Achaïe, s'étoit emparé de cette belle province.

Andronic, après la mort de Michel son père, monta sur le trône d'Orient. Nicéphore, despote d'Occident, et fils de ce Michel, despote, qui avoit conquis la Morée, suivit Michel empereur dans la tombe ; il laissa pour héritier un fils nommé *Thomas*, et une fille appelée *Itamur*. Celle-ci épousa Philippe, petit-fils de Charles, roi de Naples : elle lui apporta en mariage plusieurs villes, et une grande étendue de pays. Il est donc probable que les Siciliens eurent alors quelques possessions en Morée.

De J.-C. 1295.
Pachym, l. 9.

Vers ce temps-là, je trouve une princesse d'Achaïe, veuve et fort avancée en âge, qu'Andronic vouloit marier à son fils Jean, despote, cette princesse étoit peut-être la fille ou même la femme de Guillaume, prince d'A-

De J.-C. 1300.
Pachym. l. 11.

De J.-C. 1300.	chaïe, que nous avons vu faire la guerre à Michel, père d'Andronic.
De J.-C. 1305. Pachym. l. 11.	Quelques années après, un tremblement de terre ébranla Modon et plusieurs autres villes de la Morée.
De J.-C. 1312. Pachym. l. 11.	Athènes vit alors arriver de l'Occident de nouveaux maîtres. Des Catalans, cherchant aventure sous la conduite de Ximenès, de Roger et de Bérenger, vinrent offrir leurs services à l'empereur d'Orient. Mécontents d'Andronic, ils tournèrent leurs armes contre l'empire. Ils ravagèrent l'Achaïe, et mirent Athènes au nombre de leurs conquêtes.
Pac. notiz. del duc. d'Ath.; Farnel. Aten. Attic.; Spon, t. 1; Chandl. t. 2.	C'est alors et non pas plus tôt qu'on y voit régner Delves, prince de la maison d'Aragon. L'histoire ne dit point s'il trouva les héritiers d'Othon de la Roche en possession de l'Attique et de la Béotie.
Cant. Hist. de l'emp. ot. l. 2.	L'invasion de la Morée par Amurat, fils d'Orcan, doit être placée sous la même date : on ignore quel en fut le succès [1].
De J.-C. 1336. Cantac. lib. 3. cap. 11.	Les empereurs Jean Paléologue et Jean Cantacuzène voulurent porter la guerre dans l'Achaïe. Ils étoient invités par l'évêque de Coronée et par Jean Sidère, gouverneur
De J.-C. 1342. Cantac. lib. 3. cap. 71.	de plusieurs villes. Le grand-duc Apocauque, qui s'étoit révolté contre l'empereur, pilla la Morée, et y mit tout à feu et à sang.
De J.-C. 1370. Pac. Notiz. del duc. d'Ath. Fanell. Ath. Att. Mart. Crus. lib. 2, etc.	Reinier Acciajuoli, Florentin, chassa les Catalans d'Athènes. Il gouverna cette ville pendant quelque temps; et, n'ayant point d'héritiers légitimes, il la laissa par testament à la république de Venise; mais Antoine, son fils naturel, qu'il avoit établi à Thèbes, enleva Athènes aux Vénitiens.
De J.-C. 1390. jusqu'à 1400. Auct. supr. cit.	Antoine, prince de l'Attique et de la Béotie, eut pour successeur un de ses parents nommé *Nérius*. Celui-ci fut chassé de ses États par son frère Antoine II, et il ne rentra dans sa principauté qu'après la mort de l'usurpateur.
	Bajazet faisoit alors trembler l'Europe et l'Asie; il menaçoit de se jeter sur la Grèce. Mais je ne vois nulle part qu'il

---

[1] On voit quelques traces de cette invasion dans CANTACUZÈNE, l. 1, c. 39.

se soit emparé d'Athènes, comme le disent Spon et Chandler, qui ont d'ailleurs confondu l'ordre des temps en faisant arriver les Catalans dans l'Attique après le prétendu passage de Bajazet.

<small>De J.-C. 1390. jusqu'à 1400.</small>

Quoi qu'il en soit, la frayeur que ce prince répandit en Europe produisit un des événements les plus singuliers de l'histoire. Théodore Porphyrogène, despote de Sparte, étoit frère d'Andronic et d'Emmanuel, tour à tour empereurs de Constantinople. Bajazet menaçoit la Morée d'une invasion : Théodore, ne croyant pas pouvoir défendre sa principauté, voulut la vendre aux chevaliers de Rhodes. Philibert de Naillac, prieur d'Aquitaine et grand-maître de Rhodes, acheta, au nom de son ordre, le despotat de Sparte. Il y envoya deux chevaliers françois, Raymond de Leytoure, prieur de Toulouse, et Élie du Fossé, commandeur de Sainte-Maixance, prendre possession de la patrie de Lycurgue. Le traité fut rompu, parce que Bajazet, obligé de repasser en Asie, tomba entre les mains de Tamerlan. Les deux chevaliers, qui s'étoient déjà établis à Corinthe, rendirent cette ville, et Théodore remit de son côté l'argent qu'il avoit reçu pour le prix de Lacédémone.

<small>De J.-C. 1400. Hist. des Ch. de Malte. La Guillot. Lacéd. anc. et mod.</small>

Le successeur de Théodore fut un autre Théodore, neveu du premier, et fils de l'empereur Emmanuel. Théodore II épousa une Italienne de la maison de Malatesta. Les chefs de cette illustre maison prirent dans la suite, à cause de cette alliance, le titre de ducs de Sparte.

<small>De J.-C. 1410. Mart. Crus. Turc.-Græc. lib. 2; Guill. Lac. anc. et mod.</small>

Théodore laissa à son frère Constantin, surnommé *Dragazès*, la principauté de la Laconie. Ce Constantin, qui monta sur le trône de Constantinople, fut le dernier empereur d'Orient.

Tandis qu'il n'étoit encore que prince de Lacédémone, Amurat II envahit la Morée, et se rendit maître d'Athènes. Mais cette ville retourna promptement sous la domination de la famille Reinier Acciajuoli.

<small>De J.-C. 1420. Cantem. Hist. ott. lib. 2.</small>

L'empire d'Orient n'existoit plus, et les derniers restes de la grandeur romaine venoient de s'évanouir ; Mahomet II étoit entré à Constantinople. Toutefois la Grèce, menacée d'un prochain esclavage, ne portoit point en-

<small>De J.-C. 1444. Cantem. Hist. ott.; Mart. Crus. Turco-Græc. lib. 1.</small>

core les chaînes qu'elle se hâta de demander aux musulmans. Francus, fils du second Antoine, appela Mahomet II à Athènes, pour dépouiller la veuve de Nérius [1]. Le sultan, qui faisoit servir ces querelles intestines à l'accroissement de sa puissance, favorisa le parti de Francus, et relégua la veuve de Nérius à Mégare. Francus la fit empoisonner. Cette malheureuse princesse avoit un jeune fils, qui porta à son tour ses plaintes à Mahomet. Celui-ci, vengeur intéressé du crime, ôta l'Attique à Francus, et ne lui laissa que la Béotie. Ce fut en 1455 qu'Athènes passa sous le joug des Barbares. On dit que Mahomet parut enchanté de la ville, qu'il ne ravagea point, et qu'il visita avec soin la citadelle. Il exempta de toute imposition le couvent de Cyriani, situé sur le mont Hymette, parce que les clefs d'Athènes lui furent présentées par l'abbé de ce couvent. Francus Acciajuoli fut mis à mort quelque temps après, pour avoir conspiré contre le sultan.

Il ne nous reste plus à connoître que le sort de Sparte ou plutôt de Misitra. J'ai dit qu'elle étoit gouvernée par Constantin, surnommé *Dragazès*. Ce prince, étant allé prendre à Constantinople la couronne qu'il perdit avec la vie, partagea la Morée entre ses deux frères, Démétrius et Thomas. Démétrius s'établit à Misitra, et Thomas à Corinthe. Les deux frères se firent la guerre, et eurent recours à Mahomet, meurtrier de leur famille et destructeur de leur empire. Les Turcs chassèrent d'abord Thomas de Corinthe. Il s'enfuit à Rome, en emportant le chef de saint André, qu'il enleva à la ville de Patras. Mahomet vint alors à Misitra; il engagea le gouverneur à lui remettre la citadelle. Ce malheureux se laissa séduire; il se livra aux mains du sultan, qui le fit scier par le milieu du corps. Démétrius fut exilé à Andrinople, et sa fille devint la femme de Mahomet. Ce conquérant estima et craignit assez cette jeune princesse pour ne pas l'admettre à sa couche.

---

[1] On ignore le temps de la mort de Nérius.

INTRODUCTION. cxj

Trois ans après cet événement, Sigismond Malatesta, prince de Rimini, vint mettre le siége devant Misitra ; il emporta la ville, mais il ne put prendre le château, et il se retira en Italie. De J.-C. 1463. Guill. Lacéd. anc. et mod.

Les Vénitiens descendirent au Pirée en 1464, surprirent Athènes, la pillèrent, et se réfugièrent en Eubée avec leur butin. De J.-C. 1464. Chandl. Trav.

Sous le règne de Soliman Ier, ils ravagèrent la Morée et s'emparèrent de Coron; ils en furent peu après chassés par les Turcs. De J.-C. 1555. Cantem. Hist. ot. l. 3; Coron. Desc. de la M.

Ils conquirent de nouveau Athènes et toute la Morée, en 1688; ils reperdirent la première presque aussitôt, mais ils gardèrent la seconde jusqu'à l'an 1715, qu'elle retourna au pouvoir des musulmans. Catherine II, en soulevant le Péloponèse, fit faire à ce malheureux pays un dernier et inutile effort en faveur de la liberté. De J.-C. 1688. Auct. supr. cit.
De J.-C. 1770. Choiseul. Voy. de la Gr

Je n'ai point voulu mêler aux dates historiques les dates des voyages en Grèce. Je n'ai cité que celui de Benjamin de Tudèle : il remonte à une si haute antiquité, et il nous apprend si peu de choses, qu'il pouvoit être compris sans inconvénient dans la suite des faits et annales. Nous venons donc maintenant à la chronologie des voyages et des ouvrages géographiques.

Aussitôt qu'Athènes, esclave des musulmans, disparoit dans l'histoire moderne, nous voyons commencer pour cette ville un autre ordre d'illustration plus digne de son ancienne renommée : en cessant d'être le patrimoine de quelques princes obscurs, elle reprit, pour ainsi dire, son antique empire, et appela tous les arts à ses vénérables ruines. Dès l'an 1465, Francesco Giambetti dessina quelques monuments d'Athènes. Le manuscrit de cet architecte étoit en vélin, et se voyoit à la bibliothèque Barberini, à Rome. Il contenoit, entre autres choses curieuses, le dessin de la tour des Vents, à Athènes, et celui des masures de Lacédémone, à quatre ou cinq milles de Misitra. Spon observe à ce sujet que Misitra n'est point sur l'emplacement de Sparte, comme l'avoit avancé Guillet, d'après Sophianus, Niger et Ortelius. Spon ajoute : « J'estime le De J.-C. 1465. Francesco Giambetti.

De J.-C. 1465. « manuscrit de Giambetti d'autant plus curieux, que les « dessins en ont été tirés avant que les Turcs se fussent « rendus maîtres de la Grèce, et eussent ruiné plusieurs « beaux monuments qui étoient alors en leur entier. » L'observation est juste quant aux monuments, mais elle est fausse quant aux dates : les Turcs étoient maîtres de la Grèce en 1465.

De J.-C. 1550. Gerbel. Nicolas Gerbel publia à Bâle, en 1550, son ouvrage intitulé : *Pro declaratione picturæ, sive descriptionis Græciæ Sophiani libri septem*. Cette description, excellente pour le temps, est claire, est courte, et pourtant substantielle. Gerbel ne parle guère que de l'ancienne Grèce; quant à Athènes moderne, il dit : *Æneas Silvius Athenas hodie parvi oppiduli speciem gerere dicit, cujus munitissimam adhuc arcem Florentinus quidam Mahometi tradiderit, ut nimis vere Ovidius dixerit :*

Quid Pandionæ restant, nisi nomen, Athenæ?

O rerum humanarum miserabiles vices! O tragicam humanæ potentiæ permutationem! Civitas olim muris, novalibus, ædificiis, armis, opibus, viris, prudentia atque omni sapientia florentissima, in oppidulum, seu potius vicum, reducta est. Olim libera, et suis legibus vivens; nunc immanissimis belluis, servitutis jugo obstricta. Proficiscere Athenas, et pro magnificentissimis operibus, videto rudera et lamentabiles ruinas. Noli, noli nimium fidere viribus tuis; sed in eum confidito qui dicit : Ego Dominus Deus vester.

Cette apostrophe d'un vieux et respectable savant, aux ruines d'Athènes, est très touchante : nous ne saurions avoir trop de reconnoissance pour les hommes qui nous ont ouvert les routes de la belle antiquité.

De J.-C. 1554. Dupinet. Dupinet soutenoit qu'Athènes n'étoit plus qu'une petite bourgade, exposée aux ravages des renards et des loups.

De J.-C. 1557. Laurenberg. Laurenberg, dans sa *Description d'Athènes*, s'écrie : *Fuit quondam Græcia, fuerunt Athenæ : nunc neque in Græcia Athenæ, neque in ipsa Græcia Græcia est.*

INTRODUCTION. cxiij

Ortelius, surnommé *le Ptolémée* de son temps, donna De J.-C. 1578.
Ortelius. quelques nouveaux renseignements sur la Grèce dans son *Theatrum orbis terrarum*, et dans sa *Synonima Geographia*, réimprimée sous le titre de *Thesaurus Geographicus;* mais il confond mal à propos Sparte et Misitra : il croyoit aussi qu'il n'y avoit plus à Athènes qu'un château et quelques chaumières : *Nunc casulæ tantum supersunt quædam*.

Martin Crusius, professeur de grec et de latin à l'uni- De J.-C. 1584.
Crusius
ou Kraus. versité de Tubinge, vers la fin du seizième siècle, s'informa diligemment du sort du Péloponèse et de l'Attique. Ses huit livres, intitulés *Turco-Græcia*, rendent compte de l'état de la Grèce depuis l'année 1444 jusqu'au temps où Crusius écrivoit. Le premier livre contient l'histoire politique, et le second l'histoire ecclésiastique de cet intéressant pays : les six autres livres sont composés de lettres adressées à différentes personnes par des Grecs modernes. Deux de ces lettres contiennent quelques détails sur Athènes, qui méritent d'être connus.

ΤΩι ΣΟΦΩι ΚΑΙ ΑΡΙΣΤΩι, κτλ. Zygomalas.

Au docte Martin Crusius, professeur des lettres grecques et latines
à l'Université de Tubinge, et très cher en J.-C.

....

«Moi, qui suis né à Nauplia, ville du Péloponèse peu
«éloignée d'Athènes, j'ai souvent vu cette dernière ville.
«J'ai recherché avec soin les choses qu'elle renferme, l'A-
«réopage, l'antique Académie, le Lycée d'Aristote, enfin
«le Panthéon. Cet édifice est le plus élevé, et surpasse tous
«les autres en beauté. On y voit en dehors, sculptée tout
«autour, l'histoire des Grecs et des dieux. On remarque
«surtout, au-dessus de la porte principale, des chevaux
«qui paroissent vivants et qu'on croiroit entendre hennir[1].
«On dit qu'ils sont l'ouvrage de Praxitèle : l'âme et le génie
«de l'homme ont passé dans la pierre. Il y a dans ce lieu

---

[1] Φρυασσομένους ἀνδρομέαν σάρκα : je n'entends pas cela. La version latine donne : *Tanquam frementes in carnem humanum*. Spon, qui

De J.-C. 1584. «plusieurs autres choses dignes d'être vues. Je ne parle
«point de la colline opposée, sur laquelle florissent des
«simples de toute espèce, utiles à la médecine¹, colline
«que j'appelle le jardin d'Adonis. Je ne parle pas non plus
«de la douceur de l'air, de la bonté des eaux et des autres
«agréments d'Athènes : d'où il arrive que ses habitants,
«tombés maintenant dans la barbarie, conservent toutefois
«quelques souvenirs de ce qu'ils ont été. On les reconnoît
«à la pureté de leur langage : comme des sirènes, ils char-
«ment ceux qui les écoutent par la variété de leurs ac-
«cents... Mais pourquoi parlerois-je davantage d'Athènes ?
«la peau de l'animal reste ; l'animal lui-même a péri.

« Constantinople, 1575.

«A jamais votre ami,

«Théodore ZYGOMALAS,
« Protonotaire de la grande église de Constantinople. »

Cette lettre fourmille d'erreurs ; mais elle est précieuse à cause de l'ancienneté de sa date. Zygomalas fit connoitre l'existence du temple de Minerve que l'on croyoit détruit, et qu'il appelle mal à propos *le Panthéon*.

traduit une partie de ce passage, s'en est tenu à la version latine, tout aussi obscure pour moi que l'original. Spon dit : Qui semblent vouloir *se repaître de chair humaine*. Je n'ai osé admettre ce sens, qui me paroit bizarre, à moins qu'on ne dise que Zygomalas fait ici allusion aux juments de Diomède.

Telle étoit cette note dans la première édition. Je m'empresse d'y ajouter l'observation que je dois aux recherches de M. Boissonade :
« Les mots φρυασσομένους ἀνδρομέαν σάρκα, cités dans la note, sont
« pris de l'épigramme 18ᵉ d'Appollonidas (*Anal.*, t. II, p. 136) :

Ξεῖνον ὁπηνίκα θαῦμα κατείδομεν Ἀσὶς ἅπασα
Πῶλον ἐπ' ἀνδρομέαν σάρκα φρυασσόμενον,
Φρηΐκὶς φάτνης πολιὸς λόγος εἰς ἐμὸν ὄμμα
Ἤλυθέ· διζήμαι δεύτερον Ἡρακλέα.

« Il ne peut plus y avoir de doute sur l'intention de Zygomalas,
« et il a évidemment fait allusion aux chevaux de Diomède. »

¹ Apparemment le mont Hymette.

INTRODUCTION.   cxv

La seconde lettre, écrite à Crusius par un certain Ca- De J.-C. 1584.
basilas de la ville d'Acarnanie, ajoute quelque chose aux Cabasilas.
renseignements du protonotaire.

« Athènes étoit composée autrefois de trois parties éga-
« lement peuplées. Aujourd'hui la première partie, située
« dans un lieu élevé, comprend la citadelle et un temple
« dédié au Dieu Inconnu : cette première partie est habitée
« par les Turcs. Entre celle-ci et la troisième se trouve la
« seconde partie où sont réunis les chrétiens. Après cette
« seconde partie vient la troisième, sur la porte de laquelle
« on lit cette inscription :

C'EST ICI ATHÈNES,
L'ANCIENNE VILLE DE THÉSÉE.

« On voit dans cette dernière partie un palais revêtu de
« grands marbres et soutenu par des colonnes. On y voit
« encore des maisons habitées. La ville entière peut avoir
« six ou sept milles de tour; elle compte environ douze
« mille citoyens.

« Siméon CABASILAS,
« De la ville d'Acarnanie. »

On peut remarquer quatre choses importantes dans cette description : 1º Le Parthénon avoit été dédié par les chrétiens au Dieu Inconnu de saint Paul. Spon chicane mal à propos Guillet sur cette dédicace; Deshayes l'a citée dans son *Voyage*. 2º Le temple de Jupiter-Olympien (le palais revêtu de marbre) existoit en grande partie du temps de Cabasilas : tous les autres voyageurs n'en ont vu que les ruines. 3º Athènes étoit divisée comme elle l'est encore aujourd'hui; mais elle contenoit douze mille habitants, et elle n'en a plus que huit mille. On voyoit plusieurs maisons vers le temple de Jupiter-Olympien : cette partie de la ville est maintenant déserte. 4º Enfin la porte avec l'inscription,

C'EST ICI ATHÈNES,
L'ANCIENNE VILLE DE THÉSÉE,

h.

De J.-C. 1584. a subsisté jusqu'à nos jours. On lit sur l'autre face de cette porte, du côté de l'Hadrianopolis, ou de l'*Athenæ novæ* :

C'EST ICI LA VILLE D'ADRIEN,
ET NON PAS LA VILLE DE THÉSÉE.

Belon. —Avant l'apparition de l'ouvrage de Martin Crusius, Belon avoit publié (1555) ses *Observations de plusieurs singularités et choses mémorables trouvées en Grèce*. Je n'ai point cité son ouvrage, parce que le savant botaniste n'a parcouru que les îles de l'Archipel, le mont Athos, et une petite partie de la Thrace et de la Macédoine.

De J.-C. 1625. Deshayes. —D'Anville, en les commentant, a rendu célèbres les travaux de Deshayes à Jérusalem; mais on ignore généralement que Deshayes est le premier voyageur moderne qui nous ait parlé de la Grèce proprement dite : son ambassade en Palestine a fait oublier sa course à Athènes. Il visita cette ville entre l'année 1621 et l'année 1630. Les amateurs de l'antiquité seront bien aises de trouver ici le passage original du premier Voyage à Athènes; car les lettres de Zygomalas et de Cabasilas ne peuvent pas être appelées des Voyages.

«De Mégare jusques à Athènes il n'y a qu'une petite «journée, qui nous dura moins que si nous n'eussions mar-«ché que deux lieues : il n'y a jardin en bois de haute «futaie qui contente davantage la vue que fait ce chemin. «L'on va par une grande plaine toute remplie d'oliviers et «d'orangers, ayant la mer à main droite, et les collines à «main gauche, d'où partent tant de beaux ruisseaux, qu'il «semble que la nature se soit efforcée à rendre ce pays «aussi délicieux.

«La ville d'Athènes est située sur la pente et aux envi-«rons d'un rocher, qui est assis dans une plaine; laquelle «est bornée par la mer qu'elle a au midi, et par les «montagnes agréables qui l'enferment du côté du sep-«tentrion. Elle n'est pas la moitié si grande qu'elle étoit «autrefois, ainsi que l'on peut voir par les ruines, à qui «le temps a fait moins de mal que la barbarie des na-

«tions qui ont tant de fois pillé et saccagé cette ville. Les
«bâtiments anciens qui y restent témoignent la magnifi-
«cence de ceux qui les ont faits; car le marbre n'y est
«point épargné, non plus que les colonnes et les pilastres.
«Sur le haut du rocher est le château, dont les Turcs se
«servent encore aujourd'hui. Entre plusieurs anciens bà-
«timents, il y a un temple qui est aussi entier et aussi
«peu offensé de l'injure du temps comme s'il ne venoit
«que d'être fait; l'ordre et la structure en sont admirables.
«Sa forme est ovale, et par dehors, aussi bien que par
«dedans; il est soutenu par trois rangs de colonnes de
«marbre, garnies de leurs bases et chapiteaux : derrière
«chaque colonne, il y a un pilastre qui en suit l'ordon-
«nance et la proportion. Les chrétiens du pays disent que
«ce temple est celui-là même qui étoit dédié au Dieu In-
«connu, dans lequel saint Paul prêcha : à présent il sert
«de mosquée, et les Turcs y vont faire leurs oraisons.
«Cette ville jouit d'un air fort doux, et les astres les plus
«malfaisants se dépouillent de leurs mauvaises influences
«quand ils regardent cette contrée : ce que l'on peut con-
«noître aisément, tant par la fertilité du pays que par
«les marbres et les pierres qui, depuis un si long-temps
«qu'elles sont exposées à l'air, ne sont aucunement ron-
«gées ni endommagées. L'on dort à la campagne, la tête
«découverte, sans en recevoir nulle incommodité ; enfin,
«l'air qu'on y respire est si agréable et si tempéré, que
«l'on y reconnoît beaucoup de changements lorsque l'on
«s'en éloigne. Quant aux habitants du pays, ce sont tous
«Grecs, qui sont cruellement et barbarement traités par
«les Turcs qui y demeurent, encore qu'ils soient en petit
«nombre. Il y a un cadi qui rend la justice, un prevôt ap-
«pelé *soubachy*, et quelques janissaires que l'on y envoie
«de la Porte, de trois mois en trois mois. Tous ces officiers
«firent beaucoup d'honneur au sieur Deshayes lorsque
«nous y passâmes, et le défrayèrent aux dépens du grand-
«seigneur.

«En sortant d'Athènes on traverse cette grande plaine
«qui est toute remplie d'oliviers, et arrosée de plusieurs

« ruisseaux qui en augmentent la fertilité. Après avoir
« marché une bonne heure, on arrive sur la marine, où
« il y a un grand port fort excellent, qui étoit autrefois
« fermé par une chaîne : ceux du pays l'appellent le port
« *Lion*, à cause d'un grand lion de pierre que l'on y voit
« encore aujourd'hui ; mais les anciens le nommoient le
« port du *Pirée*. C'étoit en ce lieu que les Athéniens assem-
« bloient leurs flottes, et qu'ils s'embarquoient ordinaire-
« ment. »

L'ignorance du secrétaire de Deshayes (car ce n'est pas Deshayes lui-même qui écrit) est singulière ; mais on voit de quelle admiration profonde on étoit saisi à l'aspect des monuments d'Athènes, lorsque le plus beau de ces monuments existoit encore dans toute sa gloire.

L'établissement de nos consuls dans l'Attique précède le passage de Deshayes de quelques années.

J'ai cru d'abord que Stochove avoit vu Athènes en 1630 ; mais en conférant son texte avec celui de Deshayes, je me suis convaincu que le gentilhomme flamand n'avoit fait que copier l'ambassadeur françois.

Le père Antoine Pacifique donna, en 1636, à Venise, sa *Description de la Morée*, ouvrage sans méthode, où Sparte est prise pour Misitra.

Quelques années après, nous voyons arriver en Grèce ces missionnaires qui portoient dans tous les pays le nom, la gloire et l'amour de la France. Les jésuites de Paris s'établirent à Athènes vers l'an 1645 ; les capucins s'y fixèrent en 1658, et en 1669 le père Simon acheta la *Lanterne de Démosthènes*, qui devint l'hospice des étrangers.

De Monceaux parcourut la Grèce en 1668 : nous avons l'extrait de son Voyage, imprimé à la suite du Voyage de Bruyn. Il a décrit des antiquités, surtout dans la Morée, dont il ne reste aucune trace. De Monceaux voyageoit avec Laisné par ordre de Louis XIV.

Au milieu des œuvres de la charité, nos missionnaires ne négligeoient point les travaux qui pouvoient être honorables à leur patrie : le père Babin, jésuite, donna,

INTRODUCTION.

en 1672, une *Relation de l'état présent de la ville d'A-* Dè J.-C. 1672.
thènes : Spon en fut l'éditeur; on n'avoit rien vu jusqu'alors Le P. Babin.
d'aussi complet et d'aussi détaillé sur les antiquités d'Athènes.

L'ambassadeur de France à la Porte, M. de Nointel, De J.-C. 1674.
passa à Athènes dans l'année 1674 : il étoit accompagné Nointel et Galland.
du savant orientaliste Galland. Il fit dessiner les bas-reliefs
du Parthénon. Ces bas-reliefs ont péri, et l'on est trop
heureux d'avoir aujourd'hui les cartons du marquis de
Nointel : ils sont pourtant demeurés inédits, à l'exception
de celui qui représente les frontons du temple de Minerve [1].

Guillet publia en 1675, sous le nom de son prétendu Guillet ou
frère La Guilletière, l'*Athènes ancienne et moderne.* Cet ou- LaGuilletière.
vrage, qui n'est qu'un roman, fit naître une grande querelle parmi les antiquaires. Spon découvrit les mensonges
de Guillet : celui-ci se fâcha, et écrivit une lettre en forme
de dialogue contre les Voyages du médecin lyonnais. Spon
ne garda plus de ménagements; il prouva que Guillet ou
La Guilletière n'avoit jamais mis le pied à Athènes; qu'il
avoit composé sa rapsodie sur des mémoires demandés à
nos missionnaires, et produisit une liste de questions envoyées par Guillet à un capucin de Patras : enfin, il donna
un catalogue de cent douze erreurs plus ou moins grossières, échappées à l'auteur d'*Athènes ancienne et moderne,*
dans le cours de son roman.

Guillet ou La Guilletière ne mérite donc aucune confiance comme voyageur; mais son ouvrage, à l'époque où
il le publia, ne manquoit pas d'un certain mérite. Guillet
fit usage des renseignements qu'il obtint des pères Simon
et Barnabé, l'un et l'autre missionnaires à Athènes; et il
cite un monument, le *Phanari tou Diogenis,* qui n'existoit
déjà plus du temps de Spon.

Le Voyage de Spon et de Wheler, exécuté dans les an- De J.-C. 1676.
nées 1675 et 1676, parut en 1678. Spon et Wheler.

---

[1] On peut le voir dans l'Atlas des nouvelles éditions du *Voyage d'Anacharsis.*

De J.-C. 1676. Tout le monde connoît le mérite de cet ouvrage, où l'art et l'antiquité sont traités avec une critique jusqu'alors ignorée. Le style de Spon est lourd et incorrect ; mais il a cette candeur et cette démarche aisée qui caractérisent les écrits de ce siècle.

Winchelsey. Le comte de Winchelsey, ambassadeur de la cour de Londres, visita Athènes dans cette même année 1676, et fit transporter en Angleterre quelques fragments de sculpture.

Guillet ou La Guilletière. Tandis que toutes les recherches se dirigeoient vers l'Attique, la Laconie étoit oubliée. Guillet, encouragé par le débit de ses premiers mensonges, donna, en 1676, *Lacédémone ancienne et moderne*. Meursius avoit publié ses différents traités, *de Populis Atticæ, de Festis Græcorum, etc., etc.*; et il fournissoit ainsi une érudition toute préparée à quiconque vouloit parler de la Grèce. Le second ouvrage de Guillet est rempli de bévues énormes sur les localités de Sparte. L'auteur veut absolument que Misitra soit Lacédémone, et c'est lui qui a accrédité cette grande erreur. «Cependant, dit Spon, Misitra n'est point sur le plan de «Sparte, comme je le sais de M. Giraud, de M. Vernon, et «d'autres, etc.»

Giraud. Giraud étoit consul de France à Athènes depuis dix-huit ans, lorsque Spon voyageoit en Grèce. Il savoit le turc, le grec vulgaire et le grec littéral. Il avoit commencé une description de la Morée; mais comme il passa au service de la Grande-Bretagne, il est probable que ses manuscrits seront tombés entre les mains de ses derniers maîtres.

Vernon. Il ne reste de Vernon [1], voyageur anglois, qu'une lettre imprimée dans les *Philosophical Transactions*, 24 avril 1676. Vernon trace rapidement le tableau de ses courses en Grèce :

«Sparte, dit-il, est un lieu désert : Misitra, qui en est «éloignée de quatre milles, est habitée. On voit à Sparte

---

[1] Spon écrit presque toujours *Vernhum*. Cette orthographe n'est point angloise : c'est une faute de Spon.

« presque toutes les murailles des tours et des fondements De J.-C. 1676.
« de temples, avec plusieurs colonnes démolies aussi bien
« que leurs chapiteaux. Il y reste encore un théâtre tout
« entier. Elle a eu autrefois cinq milles de tour, et elle est
« située à un demi-quart de lieue de la rivière Eurotas [1]. »

On doit observer que Guillet indique dans la préface de
son dernier ouvrage plusieurs mémoires manuscrits sur
Lacédémone : « Les moins défectueux, dit-il, sont entre
« les mains de M. Saint-Challier, secrétaire de l'ambassade
« de France en Piémont. »

Nous voici arrivés à une autre époque de l'histoire de
la ville d'Athènes. Les voyageurs que nous avons cités
jusqu'à présent avoient vu dans toute leur intégrité quelques-uns des plus beaux monuments de Périclès : Pococke, Chandler, Leroi, n'en ont plus admiré que les
ruines. En 1687, tandis que Louis XIV faisoit élever la co- De J.-C. 1687.
lonnade du Louvre, les Vénitiens renversoient le temple
de Minerve. Je parlerai dans l'*Itinéraire* de ce déplorable
événement, fruit des victoires de Koningsmarck et de Morosini.

Cette même année 1687 vit paroître à Venise la *Notizia* Pierre
del Ducato d'Atene, de Pierre Pacifique : mince ouvrage, Pacifique.
sans critique et sans recherches.

Le père Coronelli, dans sa *Description géographique de* De J.-C. 1688.
la Morée reconquise par les Vénitiens, a montré du savoir : Coronelli.
mais il n'apprend rien de nouveau, et il ne faudroit pas suivre aveuglément ses citations et ses cartes. Les petits faits
d'armes vantés par Coronelli font un contraste assez piquant avec les lieux célèbres qui en sont le théâtre. Cependant on remarque parmi les héros de cette conquête un
prince de Turenne, qui combattit près de Pylos, dit Coronelli, avec cette bravoure naturelle à tous ceux de sa
maison. Coronelli confond Sparte avec Misitra.

L'*Atene Antica* de Fanelli prend l'histoire d'Athènes à Fanelli.
son origine, et la mène jusqu'à l'époque où l'auteur écrivoit son ouvrage. Cet ouvrage est peu de chose, considéré

---

[1] Je me sers de la traduction de Spon, n'ayant point l'original.

De J.-C. 1688. sous le rapport des antiquités; mais on y trouve des détails curieux sur le siége d'Athènes par les Vénitiens, en 1687, et un plan de cette ville dont Chandler paroît avoir fait usage.

De J.-C. 1704. Paul Lucas jouit d'une assez grande renommée parmi
Paul Lucas. les voyageurs, et je m'en étonne. Ce n'est pas qu'il n'amuse par ses fables : les combats qu'il rend lui tout seul contre cinquante voleurs, les grands ossements qu'il rencontre à chaque pas, les villes de géants qu'il découvre, les trois ou quatre mille pyramides qu'il trouve sur un grand chemin, et que personne n'avoit jamais vues, sont des contes divertissants; mais du reste il estropie toutes les inscriptions qu'il rapporte : ses plagiats sont continuels, et sa description de Jérusalem est copiée mot à mot de celle de Deshayes; enfin il parle d'Athènes comme s'il ne l'avoit jamais vue : ce qu'il en dit est un des contes les plus insignes que jamais voyageur se soit permis de débiter.

« Ses ruines, comme on le peut juger, sont la partie la
« plus remarquable. En effet, quoique les maisons y soient
« en grand nombre, et que l'air y soit admirable, il n'y a
« presque point d'habitants. Il y a une commodité qu'on ne
« trouve point ailleurs : y demeure qui veut, et les maisons
« s'y donnent sans que l'on en paie aucun loyer. Au reste,
« si cette ville célèbre est de toutes les anciennes celle qui
« a consacré le plus de monuments à la postérité, on peut
« dire que la bonté de son climat en a aussi conservé plus
« qu'en aucun autre endroit du monde, au moins de ceux
« que j'ai vus. Il semble qu'ailleurs on se soit fait un plaisir
« de tout renverser, et la guerre a causé presque partout
« des ravages qui, en ruinant les peuples, ont défiguré
« tout ce qu'ils avoient de beau. Athènes seule, soit par le
« hasard, soit par le respect que l'on devoit naturellement
« avoir pour une ville qui avoit été le siége des sciences, et
« à laquelle tout le monde avoit obligation; Athènes, dis-
« je, a été seule épargnée dans la destruction universelle :
« on y rencontre partout des marbres d'une beauté et
« d'une grandeur surprenantes; ils y ont été prodigués, et

INTRODUCTION. cxxiij

« l'on y trouve à chaque pas des colonnes de granit et de De J.-C. 1704.
« jaspe. »

Athènes est fort peuplée ; les maisons ne s'y donnent point ; on n'y rencontre point à chaque pas des colonnes de granit et de jaspe ; enfin, dix-sept ans avant l'année 1704, les monuments de cette ville célèbre avoient été renversés par les Vénitiens. Ce qu'il y a de plus étrange, c'est qu'on possédoit déjà les dessins de M. de Nointel et le voyage de Spon, lorsque Paul Lucas imprima cette relation, digne des *Mille et une Nuits*.

La *Relation du Voyage du sieur* Pellegrin *dans le royaume* De J.-C. 1718.
de Morée est de 1718. L'auteur paroît avoir été un homme Pellegrin.
de petite éducation, et d'une science encore moins grande ; son misérable pamphlet de cent quatre-vingt-deux pages est un recueil d'anecdotes galantes, de chansons et de mauvais vers. Les Vénitiens étoient restés maîtres de la Morée depuis l'an 1685 ; ils la perdirent en 1715. Pellegrin a tracé l'histoire de cette dernière conquête des Turcs : c'est la seule chose intéressante de sa relation.

L'abbé Fourmont alla, par ordre de Louis XV, chercher De J.-C. 1728.
au Levant des inscriptions et des manuscrits. Je citerai Fourmont.
dans l'*Itinéraire* quelques-unes des découvertes faites à Sparte par ce savant antiquaire. Son voyage est resté manuscrit, et l'on n'en connoît que des fragments : il seroit bien à désirer qu'on le publiât ; car nous n'avons rien de complet sur les monuments du Péloponèse.

Pococke visita Athènes en revenant de l'Égypte ; il a dé- De J.-C. 1739.
crit les monuments de l'Attique avec cette exactitude qui Pococke.
fait connoître les arts sans les faire aimer.

Wood, Hawkins et Bouveric faisoient alors leur beau De J.-C. 1740.
voyage en l'honneur d'Homère. Wood, Hawkins et Bouveric.

Le premier voyage pittoresque de la Grèce est celui de
Leroi. Chandler accuse l'artiste françois de manquer de De J.-C. 1758.
vérité dans quelques dessins ; moi-même je trouve dans Leroi.
ses dessins des ornements superflus : les coupes et les plans de Leroi n'ont pas la scrupuleuse fidélité de ceux de Stuart ; mais, à tout prendre, son ouvrage est un monument honorable pour la France. Leroi avoit vu Lacédémone,

De J.-C. 1758. qu'il distingue fort bien de Misitra, et dont il reconnut le théâtre et le *dromos*.

De J.-C. 1759. Sayer. Je ne sais si les *Ruins of Athens*, de Robert Sayer ne sont point une traduction angloise et une nouvelle gravure des planches de Leroi; j'avoue également mon ignorance sur le travail de Pars, dont Chandler fait souvent l'éloge.

Pars.

De J.-C. 1761. Stuart. L'an 1761, Stuart enrichit sa patrie de l'ouvrage si connu sous le titre de *Antiquities of Athens*: c'est un grand travail, utile surtout aux artistes, et exécuté avec cette rigueur de mesures dont on se pique aujourd'hui; mais l'effet général des tableaux n'est pas bon; la vérité qui se trouve dans les détails manque dans l'ensemble : le crayon et le burin britanniques n'ont point assez de netteté pour rendre les lignes si pures des monuments de Périclès; il y a toujours quelque chose de vague et de mou dans les compositions angloises. Quand la scène est placée sous le ciel de Londres, ce style vaporeux a son agrément; mais il gâte les paysages éclatants de la Grèce.

De J.-C. 1764. Chandler. Le *Voyage* de Chandler, qui suivit de près les *Antiquités* de Stuart, pourroit dispenser de tous les autres. Le docteur anglois a déployé dans son travail une rare fidélité, une érudition facile et pourtant profonde, une critique saine, un jugement exquis. Je ne lui ferai qu'un reproche, c'est de parler souvent de Wheler, et de n'écrire le nom de Spon qu'avec une répugnance marquée. Spon vaut bien la peine qu'on parle de lui, quand on cite le compagnon de ses travaux. Chandler, comme savant et voyageur, auroit dû oublier qu'il étoit Anglois. Il a donné en 1805 un dernier ouvrage sur Athènes, que je n'ai pu me procurer.

De J.-C 1773. Riedesel. Riedesel parcourut le Péloponèse et l'Attique dans l'année 1773 : il a rempli son petit ouvrage de beaucoup de grandes réflexions sur les mœurs, les lois, la religion des Grecs et des Turcs : le baron allemand voyageoit dans la Morée trois ans après l'expédition des Russes. Une foule de monuments avoient péri à Sparte, à Argos, à Mégalopolis, par une suite de cette invasion, comme les antiquités

INTRODUCTION.   cxxv

d'Athènes ont dû leur dernière destruction à l'expédition   De J.-C. 1773.
des Vénitiens.

    Le premier volume du magnifique ouvrage de M. de   De J.-C. 1778.
Choiseul parut au commencement de l'année 1778. Je ci-   Choiseul;
terai souvent cet ouvrage, avec les éloges qu'il mérite,   Chabert.
dans le cours de mon *Itinéraire*. J'observe ici seulement
que M. de Choiseul n'a point encore donné les monuments
de l'Attique et du Péloponèse. L'auteur étoit à Athènes
en 1784 : ce fut, je crois, la même année que M. de Chabert détermina la latitude et la longitude du temple de
Minerve.

    Les recherches de MM. Foucherot et Fauvel commen-   De J.-C. 1780.
cent vers l'année 1780, et se prolongent dans les années   Foucherot
suivantes. Les Mémoires du dernier voyageur font connoi-   et Fauvel.
tre des lieux et des antiquités jusqu'alors ignorés. M. Fauvel a été mon hôte à Athènes, et je parlerai ailleurs de ses
travaux.

    Notre grand helléniste d'Ansse de Villoison parcourut la   Villoison.
Grèce à peu près à cette époque : nous n'avons point joui
du fruit de ses études.

    M. Lechevalier passa quelques moments à Athènes dans   De J.-C. 1785.
l'année 1785.   Lechevalier.

    Le voyage de M. Scrofani porte le cachet du siècle,   De J.-C. 1794.
c'est-à-dire qu'il est philosophique, politique, économi-   Scrofani.
que, etc. Il est nul pour l'étude de l'antiquité; mais les
observations de l'auteur sur le sol de la Morée, sur sa
population, sur son commerce, sont excellentes et nouvelles.

    Au temps du voyage de M. Scrofani, deux Anglois mon-
tèrent à la cime la plus élevée du Taygète.

    En 1797, MM. Dixo et Nicolo Stephanopoli furent en-   De J.-C. 1797.
voyés à la république de Maïna par le gouvernement fran-   Dixo et Nicolo
çois. Ces voyageurs font un grand éloge de cette républi-   Stephanopoli.
que, sur laquelle on a tant discouru. J'ai le malheur de
regarder les Maniottes comme un assemblage de brigands,
Sclavons d'origine, qui ne sont pas plus les descendants
des anciens Spartiates que les Druses ne sont les descendants du comte de Dreux : je ne puis donc partager l'en-

De J.-C. 1797. thousiasme de ceux qui voient dans ces pirates du Taygète les vertueux héritiers de la liberté lacédémonienne.

Le meilleur guide pour la Morée seroit certainement
De J.-C. 1798. M. Pouqueville, s'il avoit pu voir tous les lieux qu'il a dé-
Pouqueville. crits. Malheureusement il étoit prisonnier à Tripolizza.

Alors l'ambassadeur d'Angleterre à Constantinople, lord
Lord Elgin; Elgin, faisoit faire en Grèce les travaux et les ravages que
Swinton; j'aurai occasion de louer et de déplorer. Peu de temps
Hawkins. après lui, ses compatriotes Swinton et Hawkins visitèrent Athènes, Sparte et Olympie.

De J.-C. 1805. Les *Fragments pour servir à la connoissance de la Grèce*
Bartholdi. *actuelle* terminoient la liste de tous ces Voyages, avant la
De J.-C. 1808. publication des *Lettres sur la Morée*, par M. Castellan.
Castellan.

Résumons maintenant en peu de mots l'histoire des monuments d'Athènes. Le Parthénon, le temple de la Victoire, une grande partie du temple de Jupiter-Olympien, un autre monument appelé par Guillet la *Lanterne de Diogène*, furent vus dans toute leur beauté par Zygomalas, Cabasilas et Deshayes.

De Monceaux, le marquis de Nointel, Galland, le père Babin, Spon et Wheler, admirèrent encore le Parthénon dans son entier; mais la lanterne de Diogène avoit disparu; et le temple de la Victoire avoit sauté en l'air par l'explosion d'un magasin de poudre[1]; il n'en restoit plus que le fronton.

Pococke, Leroi, Stuart, Chandler, trouvèrent le Parthénon à moitié détruit par les bombes des Vénitiens, et le fronton du temple de la Victoire abattu. Depuis ce temps les ruines ont toujours été croissant. Je dirai comment lord Elgin les a augmentées.

L'Europe savante se console avec les dessins du marquis de Nointel, les *Voyages pittoresques* de Leroi et de Stuart. M. Fauvel a moulé deux cariatides du Pandroséum et quelques bas-reliefs du temple de Minerve; une métope du même temple est entre les mains de M. de Choiseul; lord Elgin en a enlevé plusieurs autres qui ont péri dans un

---

[1] Cet accident arriva en 1656.

naufrage à Cérigo; MM. Swinton et Hawkins possèdent un trophée de bronze trouvé à Olympie; la statue mutilée de Cérès-Éleusine est aussi en Angleterre; enfin, nous avons, en *terre cuite*, le monument choragique de Lysicrates. C'est une chose triste à remarquer, que les peuples civilisés de l'Europe ont fait plus de mal aux monuments d'Athènes, dans l'espace de cent cinquante ans, que tous les Barbares ensemble dans une longue suite de siècles: il est dur de penser qu'Alaric et Mahomet II avoient respecté le Parthénon, et qu'il a été renversé par Morosini et lord Elgin.

SECOND MÉMOIRE.

J'ai dit que je me proposois d'examiner, dans ce second Mémoire, l'authenticité des traditions chrétiennes à Jérusalem. Quant à l'histoire de cette ville, comme elle ne présente aucune obscurité, elle n'a pas besoin d'explications préliminaires.

Les traditions de la Terre-Sainte tirent leur certitude de trois sources: de l'histoire, de la religion, des lieux ou des localités. Considérons-les d'abord sous le rapport de l'histoire.

Jésus-Christ, accompagné de ses apôtres, accomplit à Jérusalem les mystères de la Passion. Les quatre évangiles sont les premiers documents qui nous retracent les actions du Fils de l'Homme. Les actes de Pilate, conservés à Rome du temps de Tertullien [1], attestoient le principal fait de cette histoire, savoir, le crucifiement de Jésus de Nazareth.

Le Rédempteur expire: Joseph d'Arimathie obtient le corps sacré, et le fait ensevelir dans un tombeau au pied du Calvaire. Le Messie ressuscite le troisième jour, se montre à ses apôtres et à ses disciples, leur donne ses instruc-

[1] *Apolog. advers. Gent.*

tions, puis retourne à la droite de son Père. Dès lors l'Église commence à Jérusalem.

On croira aisément que les premiers apôtres et les parents du Sauveur, selon la chair, qui composoient cette première Église du monde, n'ignoroient rien de la vie et de la mort de Jésus-Christ. Il est essentiel de remarquer que le Golgotha étoit hors de la ville, ainsi que la montagne des Oliviers ; d'où il résultoit que les apôtres pouvoient plus facilement prier aux lieux sanctifiés par le divin Maître.

La connoissance de ces lieux ne fut pas long-temps renfermée dans un petit cercle de disciples : saint Pierre, en deux prédications, convertit huit mille personnes à Jérusalem [1] ; Jacques, frère du Sauveur, fut élu premier évêque de cette Église, l'an 35 de notre ère [2] ; il eut pour successeur Siméon, cousin de Jésus-Christ [3]. On trouve ensuite une série de treize évêques de race juive, occupant un espace de cent vingt-trois ans, depuis Tibère jusqu'au règne d'Adrien. Voici le nom de ces évêques : Juste, Zachée, Tobie, Benjamin, Jean, Mathias, Philippe, Senèque, Juste II, Lévi, Ephre, Joseph et Jude [4].

Si les premiers chrétiens de Judée consacrèrent des monuments à leur culte, n'est-il pas probable qu'ils les élevèrent de préférence aux endroits qu'avoient illustrés quelques miracles ? Et comment douter qu'il y eût dès lors des sanctuaires en Palestine, lorsque les fidèles en possédoient à Rome même et dans toutes les provinces de l'empire ? Quand saint Paul et les autres apôtres donnent des conseils et des lois aux Églises d'Europe et d'Asie, à qui s'adressent-ils, si ce n'est à des congrégations de fidèles, remplissant une commune enceinte sous la direction d'un pasteur ? N'est-ce pas même ce qu'implique le mot *ecclesia*, qui, dans le grec, signifie également *assem-*

---

[1] *Act. Apost.*, cap. 2 et 4.
[2] Eus., *Hist. eccl.*, lib. II, cap. 2.
[3] *Idem.*, lib. III, cap. 11-33.
[4] *Idem.*, lib. III, cap. 35 ; et lib. IV, cap. 5.

blée et *lieu d'assemblée?* Saint-Cyrille le prend dans ce dernier sens [1].

L'élection des sept diacres [2], l'an 33 de notre ère, le premier concile tenu l'an 50 [3], annoncent que les apôtres avoient dans la Ville sainte des lieux particuliers de réunion. On peut même croire que le Saint-Sépulcre fut honoré dès la naissance du christianisme, sous le nom de *Martyrion* ou du *Témoignage*, μαρτύριον. Du moins saint Cyrille, évêque de Jérusalem, prêchant en 347 dans l'église du Calvaire, dit : « Ce temple ne porte pas le nom d'*église*, « comme les autres, mais il est appelé μαρτύριον, *témoignage*, « comme le prophète l'avoit prédit [4]. » De J.-C. 35. De J.-C. 50.

Au commencement des troubles de la Judée, sous l'empereur Vespasien, les chrétiens de Jérusalem se retirèrent à Pella [5], et aussitôt que la ville eut été renversée, ils revinrent habiter parmi ses ruines. Dans un espace de quelques mois [6] ils n'avoient pu oublier la position de leurs sanctuaires, qui, se trouvant d'ailleurs hors de l'enceinte des murs, ne durent pas souffrir beaucoup du siége. Siméon, successeur de Jacques, gouvernoit l'Église de Judée lorsque Jérusalem fut prise, puisque nous voyons ce même Siméon, à l'âge de cent vingt années, recevoir la couronne du martyre pendant le règne de Trajan [7]. Les autres évêques que j'ai nommés, et qui nous conduisent au temps d'Adrien, s'établirent sur les débris de la cité sainte, et ils en conservèrent les traditions chrétiennes. De J.-C. 70. De J.-C. 117.

Que les lieux sacrés fussent généralement connus au siècle d'Adrien, c'est ce que l'on prouve par un fait sans réplique. Cet empereur, en rétablissant Jérusalem, éleva une statue à Vénus sur le mont du Calvaire, et une statue à Jupiter sur le Saint-Sépulcre. La grotte de Bethléem De J.-C. 137.

---

[1] *Catéch.* XVIII.   [2] *Act. Apost.*, cap. 6.   [3] *Idem*, cap. 15.
[4] S. Cyr., *Cat.* XVI, *Illum.*   [5] Eus., *Hist. eccl.*, lib. III, cap. 5.
[6] Titus parut devant Jérusalem vers le temps de la fête de Pâques de l'année 70, et la ville fut prise au mois de septembre de la même année.
[7] Eus., *Hist. ecclés.*, lib. III, cap. 33.

De J.-C. 137. fut livrée au culte d'Adonis [1]. La folie de l'idolâtrie publia ainsi, par ses profanations imprudentes, cette folie de la Croix qu'elle avoit tant d'intérêt à cacher. La foi faisoit des progrès si rapides en Palestine, avant la dernière sédition des Juifs, que Barcochebas, chef de cette sédition, avoit persécuté les chrétiens pour les obliger à renoncer à leur culte [2].

A peine l'Église juive de Jérusalem fut-elle dispersée par Adrien, l'an 137 de Jésus-Christ, que nous voyons commencer l'Église des Gentils dans la Ville sainte. Marc en fut le premier évêque, et Eusèbe nous donne la liste de ses successeurs, jusqu'au temps de Dioclétien. Ce fu-

De J.-C. 162. rent: Cassien, Publius, Maxime, Julien, Caïus, Symma-
Sous Comm.
De J.-C. 211. que, Caïus II, Julien II, Capiton, Valens, Dolichien, Nar-
Sous Sévère. cisse, le trentième après les apôtres [3], Dius, Germanion,
De J.-C. 217. Gordius [4], Alexandre [5], Mazabane [6], Hymenée [7], Zabdas,
Sous Carac.
De J.-C. 251. Hermon [8], dernier évêque avant la persécution de Dio-
Sous Gallus.
Sous Macrin. clétien.
De J.-C. 284. Cependant Adrien, si zélé pour ses dieux, ne persécuta point les chrétiens, excepté ceux de Jérusalem, qu'il regarda sans doute comme des Juifs, et qui étoient en effet de nation israélite. On croit qu'il fut touché des apologies de Quadrat et d'Aristide [9]. Il écrivit même à Minucius

De J.-C. 126. Fundanus, gouverneur d'Asie, une lettre dans laquelle il défend de punir les fidèles sans sujet [10].

Il est probable que les Gentils convertis à la foi vécurent en paix dans Ælia, ou la nouvelle Jérusalem, jusqu'au règne de Dioclétien : cela devient évident par le catalogue des évêques de cette église que j'ai donné plus

De J.-C. 162. haut. Lorsque Narcisse occupoit la chaire épiscopale, les
Sous Comm.

---

[1] Hieron, *Epist. ad Paul.*; Ruff.; Sozom., *Hist. eccl.*, lib. II, c. 1 ; Socrat., *Hist. eccl.*, lib. I, cap. 17; Sev., lib. II; Niceph., lib. XVIII.
[2] Eus., lib. IV, cap. 8.   [3] *Idem*, lib. V, cap. 12.
[4] *Idem*, lib. VI, cap. 10.   [5] *Idem*, lib. VI, cap. 10 à 11.
[6] *Idem*, lib. VII, cap. 5.   [7] *Idem*, liv. VII, cap. 28.
[8] *Id.*, l. VII, c. 31.   [9] Tillem., *Persèc. sous Adr.*; Eus., l. IV, c. 3.
[10] Eus., lib. IV, cap. 8.

diacres manquèrent d'huile à la fête de Pâques : Narcisse <small>De J. C. 162.</small>
fit à cette occasion un miracle ¹. Les chrétiens, à cette
époque, célébroient donc publiquement leurs mystères à
Jérusalem; il y avoit donc des autels consacrés à leur
culte.

Alexandre, autre évêque d'Ælia, sous le règne de l'empereur Sévère, fonda une bibliothèque dans son diocèse ² :
or, cela suppose paix, loisirs et prospérité ; des proscrits
n'ouvrent point une école publique de philosophie.

Si les fidèles n'avoient plus alors, pour célébrer leurs
fêtes, la jouissance du Calvaire, du Saint-Sépulcre et de
Bethléem, ils ne pouvoient toutefois perdre la mémoire
de ces sanctuaires : les idoles leur en marquoient la place.
Bien plus, les païens même espéroient que le temple de
Vénus, élevé au sommet du Calvaire, n'empêcheroit pas
les chrétiens de visiter cette colline sacrée ; car ils se réjouissoient dans la pensée que les Nazaréens, en venant
prier au Golgotha, auroient l'air d'adorer la fille de Jupiter ³. C'est une démonstration frappante de la connoissance entière que l'Église de Jérusalem avoit des saints
lieux.

Il y a des auteurs qui vont plus loin, et qui prétendent
qu'avant la persécution de Dioclétien, les chrétiens de la
Judée étoient rentrés en possession du Saint-Sépulcre ⁴. Il
est certain que saint Cyrille, en parlant de l'église du Saint-
Sépulcre, dit positivement : « Il n'y a pas long-temps que <small>De J.-C. 326.</small>
« Bethléem étoit un lieu champêtre, et que la montagne du <small>Sous Const.</small>
« Calvaire étoit un jardin dont on voit encore les traces ⁵. »
Qu'étoient donc devenus les édifices profanes? Tout porte
à croire que les païens, en trop petit nombre à Jérusalem
pour se soutenir contre la foule croissante des fidèles,
abandonnèrent peu à peu les temples d'Adrien. Si l'Église
encore persécutée n'osa relever ses autels au Grand-Tombeau, elle eut du moins la consolation de l'adorer sans

---

¹ Eus., lib. vi, cap. 9.   ² *Idem*, lib. vi, c. 20.
³ Sozom., lib. ii, cap. 1.   ⁴ *Epitom. Bell. Sacr.*, t. vi.
⁵ *Cateches.*, xii et xiv.

i.

obstacle et d'y voir tomber en ruines les monuments de l'idolâtrie.

Nous voici parvenus à l'époque où les saints lieux commencent à briller d'un éclat qui ne s'effacera plus. Constantin, ayant fait monter la religion sur le trône, écrivit à Macaire, évêque de Jérusalem. Il lui ordonna de décorer le tombeau du Sauveur d'une superbe basilique [1]. Hélène, mère de l'empereur, se transporta en Palestine, et fit elle-même chercher le Saint-Sépulcre. Il avoit été caché sous la fondation des édifices d'Adrien. Un Juif, apparemment chrétien, qui, selon Sozomène, *avoit gardé des Mémoires de ses pères,* indiqua la place où devoit se trouver le tombeau. Hélène eut la gloire de rendre à la religion le monument sacré. Elle découvrit encore trois croix, dont l'une se fit reconnoître à des miracles pour la croix du Rédempteur [2]. Non-seulement on bâtit une magnifique église auprès du Saint-Sépulcre, mais Hélène en fit encore élever deux autres : l'une sur la crèche du Messie à Bethléem, l'autre sur la montagne des Oliviers en mémoire de l'Ascension du Seigneur [3]. Des chapelles, des oratoires, des autels marquèrent peu à peu tous les endroits consacrés par les actions du Fils de l'Homme : les traditions orales furent écrites et mises à l'abri de l'infidélité de la mémoire.

En effet Eusèbe, dans son *Histoire de l'Église,* dans sa *Vie de Constantin,* et dans son *Onomasticum urbium et locorum sacræ Scripturæ,* nous décrit à peu près les saints lieux tels que nous les voyons aujourd'hui. Il parle du Saint-Sépulcre, du Calvaire, de Bethléem, de la montagne des Oliviers, de la grotte où Jésus-Christ révéla les mystères aux apôtres [4]. Après lui vient saint Cyrille, que j'ai déjà cité plusieurs fois : il nous montre les stations sacrées telles qu'elles étoient avant et après les travaux de Constantin et de sainte Hélène ; Socrate, Sozomène, Théodoret, Évagre, donnent ensuite la succession de plusieurs évêques de-

---

[1] Eus., *in Const.,* lib. III, cap. 25-43 ; Socr., lib. I, cap. 9.
[2] Socr., cap. 17 ; Sozom., lib. II, cap. 1.
[3] Eus., *in Const.,* lib. III, cap. 43. [4] *Ibid.*

INTRODUCTION. cxxxiij

puis Constantin jusqu'à Justinien : Macaire [1], Maxime [2], Cyrille [3], Herennius, Héraclius, Hilaire [4], Jean [5], Salluste, Martyrius, Élie, Pierre, Macaire II [6], et Jean [7], quatrième du nom.

De J.-C. 528. Sous Const.
De J.-C. 561. Sous Julien.
De J.-C. 384. Sous Valent., Théodose et Arcadius.
De J.-C. 476. Sous Justin.
De J-C. 579. Sous Tib. II.
De J.-C 385.

Saint Jérôme, retiré à Bethléem vers l'an 385, nous a laissé en divers endroits de ses ouvrages le tableau le plus complet des lieux saints [8]. « Il seroit trop long, dit-il dans « une de ses lettres [9], de parcourir tous les âges depuis l'As-« cension du Seigneur jusqu'au temps où nous vivons, pour « raconter combien d'évêques, combien de martyrs, com-« bien de docteurs sont venus à Jérusalem; car ils auroient « cru avoir moins de piété et de science, s'ils n'eussent « adoré Jésus-Christ dans les lieux mêmes où l'Évangile « commença à briller du haut de la Croix. »

Saint Jérôme assure dans la même lettre qu'il venoit à Jérusalem des pèlerins de l'Inde, de l'Éthiopie, de la Bretagne et de l'Hibernie [10]; qu'on les entendoit chanter dans des langues diverses les louanges de Jésus-Christ autour de son tombeau. Il dit qu'on envoyoit de toutes parts des aumônes au Calvaire; il nomme les principaux lieux de dévotion de la Palestine, et il ajoute que, dans la seule ville de Jérusalem, il y avoit tant de sanctuaires qu'on ne pouvoit les parcourir dans un seul jour. Cette lettre est adressée à Marcelle, et censée écrite par sainte Paule et sainte Eustochie, quoique des manuscrits l'attribuent à saint Jérôme. Je demande si les fidèles qui, depuis les temps apostoliques jusqu'à la fin du quatrième siècle, avoient visité le tombeau du Sauveur, je demande s'ils ignoroient la place de ce tombeau?

Le même Père de l'Église, dans sa lettre à Eustochie sur la mort de Paule, décrit ainsi les stations où la sainte dame romaine s'arrêta : De J.-C. 404.

---

[1] Socr., lib. I, cap. 17. [2] Idem, lib. II, cap. 24; Soz., l. II, c. 20.
[3] Idem, lib. III, cap. 20. [4] Sozom., lib. IV, cap. 30.
[5] Idem, lib. VII, cap. 14. [6] Évagr., lib. IV, cap. 37.
[7] Évagr., lib. V, cap. 14.
[8] Epist., XXII, etc. De situ et nom. loc. hebraic., etc.
[9] Epist. ad Marcel. [10] Epist., XXII.

De J.-C. 404. « Elle se prosterna, dit-il, devant la Croix au sommet
« du Calvaire; elle embrassa au Saint-Sépulcre la pierre
« que l'ange avoit dérangée lorsqu'il ouvrit le tombeau, et
« baisa surtout avec respect l'endroit touché par le corps
« de Jésus-Christ. Elle vit sur la montagne de Sion la co-
« lonne où le Sauveur avoit été attaché et battu de verges :
« cette colonne soutenoit alors le portique d'une église.
« Elle se fit conduire au lieu où les disciples étoient rassem-
« blés lorsque le Saint-Esprit descendit sur eux. Elle se
« rendit ensuite à Bethléem, et s'arrêta en passant au sé-
« pulcre de Rachel. Elle adora la crèche du Messie, et il
« lui sembloit y voir encore les mages et les pasteurs. A
« Bethphagé elle trouva le monument de Lazare et la mai-
« son de Marthe et de Marie. A Sychar elle admira une église
« bâtie sur le puits de Jacob, où Jésus-Christ parla à la Sa-
« maritaine; enfin elle trouva à Samarie le tombeau de saint
« Jean-Baptiste [1]. »

Cette lettre est de l'an 404; il y a par conséquent 1406 ans qu'elle est écrite. On peut lire toutes les relations de « la Terre-Sainte depuis le *Voyage d'Arculfe* jusqu'à mon *Itinéraire*, et l'on verra que les pèlerins ont constamment retrouvé et décrit les lieux marqués par saint Jérôme. Certes, voilà du moins une belle et imposante antiquité.

Une preuve que les pèlerinages à Jérusalem avoient précédé le temps même de saint Jérôme, comme le dit très bien le savant docteur, se tire de l'*Itinéraire de Bordeaux à Jérusalem*. Cet *Itinéraire*, selon les meilleurs critiques, fut composé en 333, pour l'usage des pèlerins des Gaules [2]. Mannert [3] pense que c'étoit un tableau de route pour quelque personne chargée d'une mission du prince : il est bien plus naturel de supposer que cet *Itinéraire* avoit un but général; cela est d'autant plus probable que les lieux saints y sont décrits.

Il est certain que saint Grégoire de Nysse blâme déjà

---

[1] *Epist. ad Eustoch.*
[2] Voy. Wess., *Præf. in Itin.*, pag. 5, 37, 47; Bergier, *Chem. de l'Emp.* On trouvera l'*Itinéraire* à la fin de cet ouvrage.
[3] *Geog.* 1.

INTRODUCTION.   cxxxv

l'abus des pèlerinages à Jérusalem [1]. Lui-même avoit visité les saints lieux en 379; il nomme en particulier le Calvaire, le Saint-Sépulcre, la montagne des Oliviers et Bethléem. Nous avons ce Voyage parmi les œuvres du saint évêque, sous le titre de *Iter Hierosolymæ*. Saint Jérôme cherche aussi à détourner saint Paulin du pèlerinage de Terre-Sainte [2].   De J.-C. 404.   De J.-C. 379.

Ce n'étoient pas seulement les prêtres, les solitaires, les évêques, les docteurs, qui se rendoient de toutes parts en Palestine à l'époque dont nous parlons; c'étoient des dames illustres, et jusqu'à des princesses et des impératrices: j'ai déjà nommé sainte Paule et sainte Eustochie; il faut compter encore les deux Mélanie [3]. Le monastère de Bethléem se remplit des plus grandes familles de Rome, qui fuyoient devant Alaric. Cinquante ans auparavant, Eutropie, veuve de Maximien Hercule, avoit fait le voyage des saints lieux et détruit les restes de l'idolâtrie qui se montroient encore à la foire du Térébinthe, près d'Hébron.   De J.-C. 404.

Le siècle qui suivit celui de saint Jérôme ne nous laisse point perdre de vue le Calvaire : c'étoit alors que Théodoret écrivoit son *Histoire ecclésiastique*, où nous retrouvons souvent la chrétienne Sion. Nous l'apercevons mieux encore dans la *Vie des Solitaires*, par le même auteur. Saint Pierre, anachorète, accomplit le voyage sacré [4]. Théodoret passa lui-même en Palestine, où il contempla avec étonnement les ruines du Temple [5]. Les deux pèlerinages de l'impératrice Eudoxie, femme de Théodose-le-Jeune, sont de ce siècle. Elle fit bâtir des monastères à Jérusalem, et y finit ses jours dans la retraite [6].   De J.-C. 430.   De J.-C. 450.

Le commencement du sixième siècle nous fournit l'*Itinéraire* d'Antonin de Plaisance; il décrit toutes les stations, comme saint Jérôme. Je remarque dans ce Voyage   De J.-C. 500.

---

[1] *Epist. ad Ambros.*   [2] *Epist. ad Paulin.*   [3] *Epist.* xxii.
[4] *Hist. relig.*, cap. 6.   [5] *Serm.* ii. *De Fine et Judicio.*
[6] Evagr., cap. 20; Zonar., *in Theod.* ii, *sub fin.* C'est cette illustre Athénienne dont nous avons parlé dans le premier Mémoire de l'Introduction.

De J.-C. 500. un *cimetière des Pèlerins*, à la porte de Jérusalem, ce qui indique assez l'affluence de ces pieux voyageurs. L'auteur trouva la Palestine couverte d'églises et de monastères. Il dit que le Saint-Sépulcre étoit orné de pierreries, de joyaux, de couronnes d'or, de bracelets et de colliers [1].

De J.-C. 573. Le premier historien de notre monarchie, Grégoire de Tours, nous parle aussi dans ce siècle des pèlerinages à Jérusalem. Un de ses diacres étoit allé en Terre-Sainte, et, avec quatre autres voyageurs, ce diacre avoit vu une étoile miraculeuse à Bethléem [2]. Il y avoit alors à Jérusalem, selon le même historien, un grand monastère où l'on recevoit les voyageurs [3] : c'est sans doute ce même hospice que Brocard retrouva deux cents ans après.

De J.-C. 593. Ce fut encore dans ce même siècle que Justinien éleva l'évêque de Jérusalem à la dignité patriarcale. L'empereur renvoya au Saint-Sépulcre les vases sacrés que Titus avoit enlevés du Temple. Ces vases, tombés en 455 dans les mains de Genseric, furent retrouvés à Carthage par Bélisaire [4].

De J.-C. 600.

Cosroës prit Jérusalem en 613; Héraclius rapporta au tombeau de Jésus-Christ la vraie Croix que le roi des Perses avoit enlevée. Vingt-un ans après, Omar s'empara de la cité sainte, qui demeura sous le joug des Sarrasins jusqu'au temps de Godefroy de Bouillon. On verra dans l'*Itinéraire* l'histoire de l'église du Saint-Sépulcre pendant ces siècles de calamités. Elle fut sauvée par la constance invincible des fidèles de la Judée : jamais ils ne l'abandonnèrent ; et les pèlerins, rivalisant de zèle avec eux, ne cessèrent point d'accourir au saint rivage.

De J.-C. 615.
De J.-C. 636.

Quelques années après la conquête d'Omar, Arculfe visita la Palestine. Adamannus, abbé de Jona en Angleterre, écrivit, d'après le récit de l'évêque françois, une relation de la Terre-Sainte. Cette relation curieuse nous a été conservée. Séranius la publia à Ingolstadt, en 1619, sous ce titre : *De Locis Terræ Sanctæ lib. III*. On en trouve

---

[1] *Itin. de Loc. Terr.-Sanct. quos peramb. Ant. Plac.*
[2] Greg. Tur., *de Martyr.*, lib. i, cap. 10.   [3] *Idem*, cap. 11.
[4] Procop., *Bell. Vandall.* lib. xi.

un extrait dans les OEuvres du vénérable Bède : *De Situ* De J.-C. 636.
Hierusalem et Locorum Sanctorum liber. Mabillon a transporté l'ouvrage d'Adamannus dans sa grande collection, *Acta SS. Ordin. S. Benedicti II.* 514.

Arculfe décrit les lieux saints tels qu'ils étoient du temps de saint Jérôme, et tels que nous les voyons aujourd'hui. Il parle de la basilique du Saint-Sépulcre comme d'un monument de forme ronde : il trouva des églises et des oratoires à Béthanie, sur la montagne des Oliviers, dans le jardin du même nom, et dans celui de Gethsémani, etc. Il admira la superbe église de Bethléem, etc. C'est exactement tout ce que l'on montre de nos jours ; et pourtant ce voyage est à peu près de l'an 690, si l'on fait mourir Ada- De J.-C. 690. mannus au mois d'octobre de l'année 704 [1]. Au reste, du temps de saint Arculfe, Jérusalem s'appeloit encore *Ælia.*

Nous avons, au huitième siècle, deux relations du voyage De J.-C. 700. à Jérusalem, de saint Guillebaud [2] : toujours description De J.-C. 765. des mêmes lieux, toujours même fidélité de traditions. Ces relations sont courtes, mais les stations essentielles sont marquées. Le savant Guillaume Cave [3] indique un manuscrit du vénérable Bède, *in Bibliotheca Gualtari Copi, cod.* 169, sous le titre de *Libellus de Sanctis Locis.* Bède naquit en 672, et mourut en 732. Quel que soit ce petit livre sur les lieux saints, il faut le rapporter au huitième siècle.

Sous le règne de Charlemagne, au commencement du De J.-C. 800. neuvième siècle, le calife Haroun-al-Raschid céda à l'empereur françois la propriété du Saint-Sépulcre. Charles envoyoit des aumônes en Palestine, puisqu'un de ses Capitulaires reste avec cet énoncé : *De Eleemosyna mittenda ad Jerusalem.* Le patriarche de Jérusalem avoit réclamé la protection du monarque d'Occident. Éginard ajoute que Charlemagne protégeoit les chrétiens d'outre-mer [4]. A cette

---

[1] GUILL. CAV., *Script. Eccles. Hist. litter.*, pag. 328.
[2] *Canisii Thesaur. Monument. Eccles. et Hist. seu Lect. Antiq.*; A. S. BARN., tom. II, pag. 1 ; MABIL. II, 372.
[3] GUILL. CAV,, *Script. Eccles. Hist. litter.*, pag. 336.
[4] *In Vit. Car. Mag.*

INTRODUCTION.

De J.-C. 800. époque les pèlerins latins possédoient un hospice au nord du Temple de Salomon, près du couvent de Sainte-Marie, et Charlemagne avoit fait don à cet hospice d'une bibliothèque. Nous apprenons ces particularités de Bernard le

De J.-C. 870. moine, qui se trouvoit en Palestine vers l'an 870. Sa relation, fort détaillée, donne toutes les positions des lieux saints [1].

De J.-C. 900. Élie, troisième du nom, patriarche de Jérusalem, écrivit
De J.-C. 905. à Charles-le-Gros au commencement du dixième siècle. Il lui demandoit des secours pour le rétablissement des églises de Judée : «Nous n'entrerons point, dit-il, dans le «récit de nos maux ; ils vous sont assez connus par les pè-«lerins qui viennent tous les jours visiter les saints lieux, «et qui retournent dans leur patrie [2].»

De J.-C. 1000. Le onzième siècle, qui finit par les Croisades, nous donne plusieurs voyageurs en Terre-Sainte. Oldéric, évêque d'Orléans, fut témoin de la cérémonie du feu sacré au Saint-Sépulcre [3]. Il est vrai que la *Chronique* de Glaber doit être lue avec précaution; mais ici il s'agit d'un fait et non d'un point de critique. Allatius, *in Symmictis sive Opusculis, etc.*, nous a conservé l'*Itinéraire de Jérusalem* du Grec Eugisippe. La plupart des lieux saints y sont décrits, et ce récit est conforme à tout ce que nous connoissons. Guillaume-le-Conquérant envoya dans le cours de ce siècle

De J.-C. 1099. des aumônes considérables en Palestine. Enfin, le voyage de Pierre l'Ermite, qui eut un si grand résultat, et les Croisades elles-mêmes prouvent à quel point le monde étoit occupé de cette religion lointaine où s'opéra le mystère du salut.

De J.-C. 1100. Jérusalem demeura entre les mains des princes françois l'espace de quatre-vingt-huit ans; et durant cette période les historiens de la collection *Gesta Dei per Francos* ne nous laissent rien ignorer de la Terre-Sainte. Benjamin de

De J.-C. 1173. Tudèle passa en Judée vers l'an 1173.

---

[1] Mabill., *Act. SS. Ord. S. Ben.*, sect. III, part. 2.
[2] *Archerii Spicileg.*, tom. II, edit. à Barr.
[3] *Glab. Chron.*, lib. IV *apud Duch. Hist. Franc.*

INTRODUCTION.   cxxxix

Lorsque Saladin eut repris Jérusalem sur les Croisés, les Syriens rachetèrent par une somme considérable l'église du Saint-Sépulcre [1] ; et malgré les dangers de l'entreprise, les pèlerins continuèrent à visiter la Palestine. De J.-C. 1187.

Phocas, en 1208 [2], Willebrand d'Oldenbourg, en 1211, Jacob Vetraco ou de Vetri en 1231 [3], Brocard, religieux dominicain, en 1283 [4], reconnurent et consignèrent dans leurs voyages tout ce qu'on avoit dit avant eux sur les lieux saints. De J.-C. 1200.

Pour le quatorzième siècle, nous avons Ludolphe [5], Maudeville [6] et Sanuto [7]. De J.-C. 1300.

Pour le quinzième, Breidenbach [8], Tuchor [9], Langi [10]. De J.-C. 1400.

Pour le seizième, Heyter [11], Salignac [12], Pascha [13]. etc. De J.-C. 1500.

Pour le dix-septième, Cotovic, Nau, et cent autres. De J.-C. 1600.

Pour le dix-huitième, Maundrell, Pococke, Shaw et Hasselquist [14]. De J.-C. 1700.

Ces voyages, qui se multiplient à l'infini, se répètent tous les uns les autres, et confirment les traditions de Jérusalem de la manière la plus invariable et la plus frappante.

Quel étonnant corps de preuves en effet! les apôtres ont vu Jésus-Christ; ils connoissent les lieux honorés par les pas du Fils de l'Homme; ils transmettent la tradition à la première église chrétienne de Judée; la succession des évêques s'établit, et garde soigneusement cette tradition sacrée. Eusèbe paroît, et l'histoire des saints lieux com-

---

[1] *San. Le Secret. Fid. Cruc. sup. Terr.-Sanct.* 11.
[2] *Itin. Hieros. ap. Allat. Symmict.*   [3] *Lib. de Terr.-Sanct.*
[4] *Descript. Urb. Jerus. et Loc. Terr.-Sanct. exact.*
[5] *De Terr.-Sanct. et Itin. Hierosol.*
[6] *Descript. Jerusalem. Loc. Sacr.*   [7] *Lib. Secret., etc.* Vid. supra.
[8] *Opus transmar. Peregrinat. ad Sepulchr. Dom. in Hieros.*
[9] Raise-Besch. Zum. Heil. Grab.
[10] *Hierosolym. Urb. Templique.*   [11] *Lib. Hist. Partium Orient., etc.*
[12] *Itin. Hieros. et Terr.-Sanct.,* etc.
[13] *Peregrinatio cum exact. Descript. Jerus.,* etc.
[14] Je ne cite plus, et j'ai peut-être déjà trop cité ; on verra dans l'*Itinéraire* une foule d'autres voyageurs que j'omets ici.

mence; Socrate, Sozomène, Théodoret, Évagre, saint Jérôme, la continuent. Les pèlerins accourent de toutes parts. Depuis ce moment jusqu'à nos jours une suite de voyages non interrompue nous donne, pendant quatorze siècles, et les mêmes faits et les mêmes descriptions. Quelle tradition fut jamais appuyée d'un aussi grand nombre de témoignages? Si l'on doute ici, il faut renoncer à croire quelque chose : encore ai-je négligé tout ce que j'aurois pu tirer des Croisades. J'ajouterai à tant de preuves historiques quelques considérations sur la nature des traditions religieuses, et sur le local de Jérusalem.

Il est certain que les souvenirs religieux ne se perdent pas aussi facilement que les souvenirs purement historiques : ceux-ci ne sont confiés en général qu'à la mémoire d'un petit nombre d'hommes instruits qui peuvent oublier la vérité ou la déguiser selon leurs passions; ceux-là sont livrés à tout un peuple qui les transmet machinalement à ses fils. Si le principe de la religion est sévère, comme dans le christianisme; si la moindre déviation d'un fait ou d'une idée devient une hérésie, il est probable que tout ce qui touche cette religion se conservera d'âge en âge avec une rigoureuse exactitude.

Je sais qu'à la longue une piété exagérée, un zèle mal entendu, une ignorance attachée aux temps et aux classes inférieures de la société, peuvent surcharger un culte de traditions qui ne tiennent pas contre la critique, mais le fond des choses reste toujours. Dix-huit siècles, qui tous indiquent aux mêmes lieux les mêmes faits et les mêmes monuments, ne peuvent tromper. Si quelques objets de dévotion se sont trop multipliés à Jérusalem, ce n'est pas une raison de rejeter le tout comme une imposture. N'oublions pas d'ailleurs que le christianisme fut persécuté dans son berceau, et qu'il a presque toujours continué de souffrir à Jérusalem : or, l'on sait quelle fidélité règne parmi des hommes qui gémissent ensemble : tout devient sacré alors, et la dépouille d'un martyr est conservée avec plus de respect que la couronne d'un monarque. L'enfant qui peut à peine parler connoît déjà cette dépouille; porté la nuit, dans les bras de sa mère, à de périlleux autels, il entend des chants, il voit des pleurs qui gravent à jamais dans sa tendre mémoire des objets qu'il n'oubliera plus ; et, quand il ne devroit encore montrer que la joie, l'ouverture de cœur et la légèreté de son âge, il apprend à devenir grave, discret et prudent : le malheur est une vieillesse prématurée.

Je trouve dans Eusèbe une preuve remarquable de cette vénération pour une relique sainte. Il rapporte que, de son temps, les chrétiens de la Judée conservoient encore la chaise de saint Jacques, frère du Sauveur, et premier évêque de Jérusalem. Gibbon lui-même n'a pu s'empêcher de reconnoitre l'authenticité des traditions religieuses en Palestine : « *They fixed (Christians)*, dit-il, *by unquestionable « tradition, the scene of each memorable event.* » — « Ils fixè« rent (les chrétiens), par une tradition non douteuse, la « scène de chaque événement mémorable [1] ; » aveu d'un poids considérable dans la bouche d'un écrivain aussi instruit que l'historien anglois, et d'un homme en même temps si peu favorable à la religion.

Enfin les traditions de lieux ne s'altèrent pas comme celle des faits, parce que la face de la terre ne change pas aussi facilement que celle de la société. C'est ce que remarque très bien d'Anville, dans son excellente *Dissertation sur l'ancienne Jérusalem :* « Les circonstances locales, dit-il, « et dont la nature même décide, ne prennent aucune part « aux changements que le temps et la fureur des hommes « ont pu apporter à la ville de Jérusalem [2]. » Aussi d'Anville retrouve-t-il avec une sagacité merveilleuse tout le plan de l'ancienne Jérusalem dans la nouvelle.

Le théâtre de la Passion, à l'étendre depuis la montagne des Oliviers jusqu'au Calvaire, n'occupe pas plus d'une lieue de terrain; et voyez combien de choses faciles à signaler dans ce petit espace ! C'est d'abord une montagne

---

[1] Gibb., tom. iv, pag. 101.

[2] D'Anv., *Dissert. sur l'anc. Jérus.*, pag. 4. On peut voir cette Dissertation à la fin de cet *Itinéraire*.

appelée *la montagne des Oliviers*, qui domine la ville et le Temple à l'orient; cette montagne est là, et n'a pas changé: c'est un torrent de Cédron; et ce torrent est encore le seul qui passe à Jérusalem : c'est un lieu élevé à la porte de l'ancienne cité, où l'on mettoit à mort les criminels; or, ce lieu élevé est aisé à retrouver entre le mont Sion et la porte Judicielle, dont il existe encore quelques vestiges. On ne peut méconnoître Sion, puisqu'elle étoit encore la plus haute colline de la ville. «Nous sommes, dit notre grand «géographe, assurés des limites de cette ville dans la par- «tie que Sion occupoit. C'est le côté qui s'avance le plus «vers le midi ; et non-seulement on est fixé de manière à «ne pouvoir s'étendre plus loin de ce côté-là, mais encore «l'espace de l'emplacement que Jérusalem peut y prendre «en largeur se trouve déterminé, d'une part par la pente «ou l'escarpement de Sion qui regarde le couchant, et de «l'autre par son extrémité opposée vers Cédron [1].»

Tout ce raisonnement est excellent, et on diroit que d'Anville l'a fait d'après l'inspection des lieux.

Le Golgotha étoit donc une petite croupe de la montagne de Sion, à l'orient de cette montagne et à l'occident de la porte de la ville : cette éminence, qui porte maintenant l'église de la Résurrection, se distingue parfaitement encore. On sait que Jésus-Christ fut enseveli dans un jardin au bas du Calvaire : or, ce jardin et la maison qui en dépendoit ne pouvoient disparoître au pied du Golgotha, monticule dont la base n'est pas assez large pour qu'on y perde un monument.

La montagne des Oliviers et le torrent de Cédron donnent ensuite la vallée de Josaphat : celle-ci détermine la position du Temple sur le mont Moria. Le Temple fournit la porte Triomphale et la maison d'Hérode, que Josèphe place à l'orient, au bas de la ville et près du Temple. Le Prétoire de Pilate touchoit presque à la tour Antonia, et on connoît les fondements de cette tour. Ainsi le Tribunal de Pilate et le Calvaire étant trouvés, on place aisément la

---

[1] D'Anv., *Dissert. sur l'anc. Jérus.*, pag. 4.

dernière scène de la Passion sur le chemin qui conduit de l'un à l'autre; surtout ayant encore pour témoin un fragment de la porte Judicielle. Ce chemin est cette *Via dolorosa* si célèbre dans toutes les relations des pèlerins.

Les actions de Jésus-Christ hors de la cité sainte ne sont pas indiquées par les lieux avec moins de certitude. Le jardin des Oliviers, de l'autre côté de la vallée de Josaphat et du torrent de Cédron, est visiblement aujourd'hui dans la position que lui donne l'Évangile.

Je pourrois ajouter beaucoup de faits, de conjectures et de réflexions à tout ce que je viens de dire; mais il est temps de mettre un terme à cette Introduction, déjà trop longue. Quiconque examinera avec candeur les raisons déduites dans ce Mémoire conviendra que, s'il y a quelque chose de prouvé sur la terre, c'est l'authenticité des traditions chrétiennes à Jérusalem.

ITINÉRAIRE

DE

PARIS A JÉRUSALEM

ET DE

JÉRUSALEM A PARIS.

PREMIÈRE PARTIE.

VOYAGE DE LA GRÈCE.

J'avois arrêté le plan des *Martyrs* : la plupart des livres de cet ouvrage étoient ébauchés; je ne crus pas devoir y mettre la dernière main avant d'avoir vu le pays où ma scène étoit placée : d'autres ont leurs ressources en eux-mêmes; moi j'ai besoin de suppléer à ce qui me manque par toutes sortes de travaux. Ainsi, quand on ne trouvera pas dans cet *Itinéraire* la description de tels ou tels lieux célèbres, il faudra la chercher dans les *Martyrs*.

Au principal motif qui me faisoit, après tant de courses, quitter de nouveau la France, se joignoient d'autres considérations : un voyage en Orient complétoit le cercle des études que je m'étois toujours promis d'achever. J'avois contemplé dans les déserts de l'Amérique les monuments de la nature : parmi les monuments des hommes, je ne connoissois encore que deux sortes d'antiquités, l'antiquité celtique et l'antiquité romaine ; il me restoit à parcourir les ruines d'Athènes, de Memphis et de Carthage. Je voulois aussi accomplir le pèlerinage de Jérusalem :

. . . . Qui devoto
Il gran Sepolcro adora, e scioglie il voto.

Il peut paroître étrange aujourd'hui de parler de vœux et de pèlerinages ; mais sur ce point je suis sans pudeur, et je me suis rangé depuis long-temps dans la classe des superstitieux et des foibles. Je serai peut-être le dernier François sorti de mon pays pour voyager en Terre-Sainte, avec les idées, le but et les sentiments d'un ancien pèlerin. Mais si je n'ai point les vertus qui brillèrent jadis dans les sires de Coucy, de Nesles, de Chastillon, de Montfort, du moins la foi me reste : à cette marque je pourrois encore me faire reconnoître des antiques Croisés.

« Et quant je voulus partir et me mettre à la voye, « dit le sire de Joinville, je envoyé querir l'abbé de « Cheminon, pour me reconcilier à lui. Et me bailla « et ceignit mon escherpe, et me mit mon bourdon « en la main. Et tantôt je m'en pars de Jonville, « sans ce que rentrasse onques puis au chastel, jus- « ques au retour du veage d'outre-mer. Et m'en allay « premier à de saints veages, qui estoient illeques « près..... tout à pié deschaux, et en lange. Et ainsi « que je allois de Bleicourt à Saint-Urban, qu'il me

« falloit passer auprès du chastel de Jonville, je n'osé
« onques tourner la face devers Jonville, de paeur
« d'avoir trop grant regret, et que le cueur me at-
« tendrist. »

En quittant de nouveau ma patrie, le 13 juillet
1806, je ne craignis point de tourner la tête comme
le sénéchal de Champagne : presque étranger dans
mon pays, je n'abandonnois après moi ni château
ni chaumière.

De Paris à Milan, je connoissois la route. A Milan, je pris le chemin de Venise : je vis partout, à
peu près comme dans le Milanais, un marais fertile
et monotone. Je m'arrêtai quelques instants aux
monuments de Vérone, de Vicence et de Padoue.
J'arrivai à Venise le 23; j'examinai pendant cinq
jours les restes de sa grandeur passée : on me montra quelques bons tableaux du Tintoret, de Paul
Véronèse et de son frère, du Bassan et du Titien. Je
cherchai dans une église déserte le tombeau de ce
dernier peintre, et j'eus quelque peine à le trouver :
la même chose m'étoit arrivée à Rome pour le tombeau du Tasse. Après tout, les cendres d'un poëte
religieux et infortuné ne sont pas trop mal placées
dans un ermitage : le chantre de la *Jérusalem* semble
s'être réfugié dans cette sépulture ignorée, comme
pour échapper aux persécutions des hommes; il
remplit le monde de sa renommée, et repose lui
même inconnu sous l'oranger de saint Onuphre.

Je quittai Venise le 28, et je m'embarquai à dix
heures du soir pour me rendre en terre ferme. Le
vent du sud-est souffloit assez pour enfler la voile,

pas assez pour troubler la mer. A mesure que la barque s'éloignoit, je voyois s'enfoncer sous l'horizon les lumières de Venise, et je distinguois, comme des taches sur les flots, les différentes ombres des îles dont la plage est semée. Ces îles, au lieu d'être couvertes de forts et de bastions, sont occupées par des églises et des monastères. Les cloches des hospices et des lazarets se faisoient entendre, et ne rappeloient que des idées de calme et de secours au milieu de l'empire des tempêtes et des dangers. Nous nous approchâmes assez d'une de ces retraites, pour entrevoir des moines qui regardoient passer notre gondole; ils avoient l'air de vieux nautoniers rentrés au port après de longues traverses : peut-être bénissoient-ils le voyageur, car ils se souvenoient d'avoir été comme lui étrangers dans la terre d'Égypte : « *Fuistis enim et vos advenæ in terra Ægypti.* »

J'arrivai avant le lever du jour en terre ferme, et je pris un chariot de poste pour me conduire à Trieste. Je ne me détournai point de mon chemin pour voir Aquilée; je ne fus point tenté de visiter la brèche par où des Goths et des Huns pénétrèrent dans la patrie d'Horace et de Virgile, ni de chercher les traces de ces armées qui exécutoient la vengeance de Dieu. J'entrai à Trieste le 29 à midi. Cette ville, régulièrement bâtie, est située sous un assez beau ciel, au pied d'une chaîne de montagnes stériles : elle ne possède aucun monument. Le dernier souffle de l'Italie vient expirer sur ce rivage où la barbarie commence.

M. Séguier, consul de France à Trieste, eut la bonté de me faire chercher un bâtiment; on en trouva un prêt à mettre à la voile pour Smyrne : le capitaine me prit à son bord avec mon domestique. Il fut convenu qu'il me jetteroit en passant sur les côtes de la Morée, que je traverserois par terre le Péloponèse; que le vaisseau m'attendroit quelques jours à la pointe de l'Attique, au bout desquels jours, si je ne paroissois point, il poursuivroit son voyage.

Nous appareillâmes le 1er août à une heure du matin. Nous eûmes les vents contraires en sortant du port. L'Istrie présentoit le long de la mer une terre basse, appuyée dans l'intérieur sur une chaîne de montagnes. La Méditerranée, placée au centre des pays civilisés, semée d'îles riantes, baignant des côtes plantées de myrtes, de palmiers et d'oliviers, donne sur-le-champ l'idée de cette mer où naquirent Apollon, les Néréides et Vénus, tandis que l'Océan, livré aux tempêtes, environné de terres inconnues, devoit être le berceau des fantômes de la Scandinavie, ou le domaine de ces peuples chrétiens qui se font une idée si imposante de la grandeur et de la toute-puissance de Dieu.

Le 2 à midi le vent devint favorable; mais les nuages qui s'assembloient au couchant nous annoncèrent un orage. Nous entendîmes les premiers coups de foudre sur les côtes de la Croatie. A trois heures on plia les voiles, et l'on suspendit une petite lumière dans la chambre du capitaine, devant une image de la sainte Vierge. J'ai fait remarquer ailleurs combien il est touchant ce culte qui soumet l'empire des mers à une foible femme. Des marins à terre peuvent devenir des esprits forts comme tout le monde; mais ce qui déconcerte la sagesse humaine, ce sont les périls : l'homme dans ce moment devient religieux, et le flambeau de la philosophie le rassure moins au milieu de la tempête, que la lampe allumée devant la Madone.

A sept heures du soir l'orage étoit dans toute sa force. Notre capitaine autrichien commença une prière au milieu des torrents de pluie et des coups de tonnerre. Nous priâmes pour l'empereur François II, pour nous et pour les mariniers « *sepolti in questo sacro mare.* » Les matelots, les uns debout et découverts, les autres prosternés sur des canons, répondoient au capitaine.

L'orage continua une partie de la nuit. Toutes les voiles étant pliées, et l'équipage retiré, je restai presque seul auprès du matelot qui tenoit la barre du gouvernail. J'avois ainsi passé autrefois des nuits entières sur des mers plus orageuses; mais j'étois jeune alors, et le bruit des vagues, la solitude de l'Océan, les vents, les écueils, les périls, étoient pour moi autant de jouissances. Je me suis aperçu, dans ce dernier voyage, que la face des objets a changé pour moi. Je sais ce que valent à présent toutes ces rêveries de la première jeunesse; et pourtant telle est l'inconséquence humaine, que je traversois encore les flots, que je me livrois encore à l'espérance, que j'allois encore recueillir des images, chercher des couleurs pour orner des tableaux qui devoient m'attirer peut-être des chagrins et des persécutions[1]. Je me promenois sur le gaillard d'arrière, et de temps en temps je venois crayonner une note à la lueur de la lampe qui éclairoit le compas du pilote. Ce matelot me regardoit avec étonnement ; il me prenoit, je crois, pour quelque officier de la marine françoise, occupé comme lui de la course du vaisseau : il ne savoit pas que ma boussole n'étoit pas aussi bonne que la sienne, et qu'il trouveroit le port plus sûrement que moi.

Le lendemain, 3 août, le vent s'étant fixé au nord-ouest, nous passâmes rapidement l'île de Pommo et celle de Pelagosa. Nous laissâmes à gauche les dernières îles de la Dalmatie, et nous découvrîmes à droite le mont Saint-Angelo, autrefois le mont Gargane, qui couvre Manfredonia, près des ruines de Sipontum, sur les côtes de l'Italie.

Le 4 nous tombâmes en calme : le mistral se leva au coucher du soleil, et nous continuâmes notre route. A deux heures, la nuit étant superbe, j'entendis un mousse chanter le commencement du septième chant de la *Jérusalem*.

<blockquote>Intanto Erminia infra l' ombrose piante, etc.</blockquote>

L'air étoit une espèce de récitatif très élevé dans l'intonation, et descendant aux notes les plus graves à la chute du vers. Ce tableau du bonheur champêtre, retracé par un matelot au milieu de la mer, me pa-

---

[1] Cette phrase se trouve dans mes notes originales exactement comme elle est ici ; je n'ai pas cru devoir la retrancher, quoiqu'elle ait l'air d'avoir été écrite après l'événement ; on sait ce qui m'est arrivé pour *les Martyrs*.

rut encore plus enchanteur. Les anciens, nos maîtres en tout, ont connu ces oppositions de mœurs : Théocrite a quelquefois placé ses bergers au bord des flots, et Virgile se plaît à rapprocher les délassements du laboureur des travaux du marinier :

> Invitat genialis hyems, curasque resolvit :
> Ceu pressæ cum jam portum tetigere carinæ,
> Puppibus et læti nautæ imposuere coronas.

Le 5, le vent souffla avec violence; il nous apporta un oiseau grisâtre, assez semblable à une alouette. On lui donna l'hospitalité. En général, ce qui forme contraste avec leur vie agitée, plaît aux marins; ils aiment tout ce qui se lie dans leur esprit aux souvenirs de la vie des champs, tels que les aboiements du chien, le chant du coq, le passage des oiseaux de terre. A onze heures du matin de la même journée, nous nous trouvâmes aux portes de l'Adriatique, c'est-à-dire entre le cap d'Otrante en Italie, et le cap de la Linguetta en Albanie.

J'étois là sur les frontières de l'antiquité grecque, et aux confins de l'antiquité latine. Pythagore, Alcibiade, Scipion, César, Pompée, Cicéron, Auguste, Horace, Virgile, avoient traversé cette mer. Quelles fortunes diverses tous ces personnages célèbres ne livrèrent-ils point à l'inconstance de ces mêmes flots! Et moi, voyageur obscur, passant sur la trace effacée des vaisseaux qui portèrent les grands hommes de la Grèce et de l'Italie, j'allois chercher les muses dans leur patrie; mais je ne suis pas Virgile, et les dieux n'habitent plus l'Olympe.

Nous avancions vers l'île de Fano. Elle porte, avec l'écueil de Merlère, le nom d'*Othonos* ou de *Calypso* dans quelques cartes anciennes. D'Anville semble l'indiquer sous ce nom, et M. Lechevalier s'appuie de l'autorité de ce géographe pour retrouver dans Fano le séjour où Ulysse pleura si longtemps sa patrie. Procope observe quelque part, dans son *Histoire mêlée*, que si l'on prend pour l'île de Calypso une des petites îles qui environnent Corfou, cela rendra probable le récit d'Homère. En effet, un bateau suffiroit alors pour passer de cette île à celle de Schérie (Corcyre ou Corfou); mais cela souffre de grandes difficultés. Ulysse part avec un vent favorable, et, après dix-huit jours de navigation, il aperçoit les terres de Schérie, qui s'élève comme un bouclier au-dessus des flots :

Εἴσατο δ' ὡς ὅτε ῥινὸν ἐν ἠεροειδέι πόντῳ.

Or, si Fano est l'île de Calypso, cette île touche à Schérie. Loin de mettre dix-huit jours entiers de navigation pour découvrir les côtes de Corfou, Ulysse devoit les voir de la forêt même où il bâtissoit son vaisseau. Pline, Ptolémée, Pomponius Méla, l'Anonyme de Ravenne, ne donnent sur ce point aucune lumière; mais on peut consulter Wood et les modernes, touchant la géographie d'Homère, qui placent tous, avec Strabon, l'île de Calypso sur la côte d'Afrique, dans la mer de Malte.

Au reste, je veux de tout mon cœur que Fano soit l'île enchantée de Calypso, quoique je n'y aie découvert qu'une petite masse de roches blanchâ-

tres : j'y planterai, si l'on veut, avec Homère, « une
« forêt desséchée par les feux du soleil, des pins et
« des aunes chargés du nid des corneilles marines ; »
ou bien, avec Fénelon, j'y trouverai des bois d'orangers et des « montagnes dont la figure bizarre forme
« un horizon à souhait pour le plaisir des yeux. »
Malheur à qui ne verroit pas la nature avec les
yeux de Fénelon et d'Homère !

Le vent étant tombé vers les huit heures du
soir, et la mer s'étant aplanie, le vaisseau demeura
immobile. Ce fut là que je jouis du premier coucher du soleil et de la première nuit dans le ciel
de la Grèce. Nous avions à gauche l'île de Fano,
et celle de Corcyre qui s'allongeoit à l'orient : on
découvroit par-dessus ces îles les hautes terres du
continent de l'Épire; les monts Acrocérauniens que
nous avions passés formoient au nord, derrière
nous, un cercle qui se terminoit à l'entrée de l'A-
driatique; à notre droite, c'est-à-dire à l'occident,
le soleil se couchoit par-delà les côtes d'Otrante ;
devant nous étoit la pleine mer qui s'étendoit jusqu'aux rivages de l'Afrique.

Les couleurs au couchant n'étoient point vives :
le soleil descendoit entre les nuages qu'il peignoit
de rose ; il s'enfonça sous l'horizon, et le crépuscule le remplaça pendant une demi-heure. Durant
le passage de ce court crépuscule, le ciel étoit blanc
au couchant, bleu pâle au zénith, et gris de perle
au levant. Les étoiles percèrent l'une après l'autre
cette admirable tenture : elles sembloient petites,
peu rayonnantes ; mais leur lumière étoit dorée, et

d'un éclat si doux, que je ne puis en donner une idée. Les horizons de la mer, légèrement vaporeux, se confondoient avec ceux du ciel. Au pied de l'île de Fano ou de Calypso on apercevoit une flamme allumée par des pêcheurs : avec un peu d'imagination j'aurois pu voir les Nymphes embrasant le vaisseau de Télémaque. Il n'auroit aussi tenu qu'à moi d'entendre Nausicaa folâtrer avec ses compagnes, ou Andromaque pleurer au bord du faux Simoïs, puisque j'entrevoyois au loin, dans la transparence des ombres, les montagnes de Schérie et de Buthrotum [1].

Prodigiosa veterum mendacia vatum.

Les climats influent plus ou moins sur le goût des peuples. En Grèce, par exemple, tout est suave, tout est adouci, tout est plein de calme dans la nature comme dans les écrits des anciens. On conçoit presque comment l'architecture du Parthénon a des proportions si heureuses, comment la sculpture antique est si peu tourmentée, si paisible, si simple, lorsqu'on a vu le ciel pur et les paysages gracieux d'Athènes, de Corinthe et de l'Ionie. Dans cette patrie des muses la nature ne conseille point les écarts; elle tend au contraire à ramener l'esprit à l'amour des choses uniformes et harmonieuses.

Le calme continua le 6, et j'eus tout le loisir de considérer Corfou, appelée tour à tour dans l'antiquité *Drepanum, Macria, Schérie, Corcyre, Éphise,*

---

[1] Voyez, pour les nuits de la Grèce, *les Martyrs*, livres I et XI.

Cassiopée, *Céraunia*, et même *Argos*. C'est dans cette ile qu'Ulysse fut jeté nu après son naufrage : plût à Dieu que la demeure d'Alcinoüs n'eût jamais été fameuse que par les fictions du malheur ! Je me rappelois malgré moi les troubles de Corcyre, que Thucydide a si éloquemment racontés. Il semble au reste qu'Homère, en chantant les jardins d'Alcinoüs, eût attaché quelque chose de poétique et de merveilleux aux destinées de Schérie : Aristote y vint expier dans l'exil les erreurs d'une passion que la philosophie ne surmonte pas toujours ; Alexandre, encore jeune, éloigné de la cour de Philippe, descendit dans cette île célèbre : les Corcyréens virent le premier pas de ce voyageur armé qui devoit visiter tous les peuples de la terre. Plusieurs citoyens de Corcyre remportèrent des couronnes aux jeux Olympiques : leurs noms furent immortalisés par les vers de Simonide et par les statues de Polyclète. Fidèle à sa double destinée, l'île des Phéaciens continua d'être sous les Romains le théâtre de la gloire et du malheur ; Caton, après la bataille de Pharsale, rencontra Cicéron à Corcyre : ce seroit un bien beau tableau à faire que celui de l'entrevue de ces deux Romains ! Quels hommes ! quelle douleur ! quels coups de fortune ! On verroit Caton voulant céder à Cicéron le commandement des dernières légions républicaines, parce que Cicéron avoit été consul : ils se séparent ensuite ; l'un va se déchirer les entrailles à Utique, et l'autre porter sa tête aux triumvirs. Peu de temps après, Antoine et Octavie célébrèrent à Corcyre ces noces fatales qui coûtèrent tant de larmes au monde; et à peine un demi-siècle s'étoit écoulé, qu'Agrippine vint étaler au même lieu les funérailles de Germanicus : comme si cette île devoit fournir à deux historiens rivaux de génie, dans deux langues rivales[1], le sujet du plus admirable de leurs tableaux.

Un autre ordre de choses et d'événements, d'hommes et de mœurs, ramène souvent le nom de *Corcyre* (alors Corfou) dans la *Byzantine*, dans les Histoires de Naples et de Venise et dans la collection *Gesta Dei per Francos*. Ce fut de Corfou que partit cette armée de Croisés qui mit un gentilhomme françois sur le trône de Constantinople. Mais si je parlois d'Apollidore, évêque de Corfou, qui se distingua par sa doctrine au concile de Nicée, de Georges et de saint Arsène, autres évêques de cette île devenue chrétienne; si je disois que l'église de Corfou fut la seule qui échappa à la persécution de Dioclétien; qu'Hélène, mère de Constantin, commença à Corfou son pèlerinage en Orient, j'aurois bien peur de faire sourire de pitié les esprits forts. Quel moyen de nommer saint Jason et saint Sosistrate, apôtres des Corcyréens, sous le règne de Claude, après avoir parlé d'Homère, d'Aristote, d'Alexandre, de Cicéron, de Caton, de Germanicus? et pourtant un martyr de l'indépendance est-il plus grand qu'un martyr de la vérité? Caton se dévouant à la liberté de Rome est-il plus héroïque que Sosistrate se laissant brûler

---

[1] Thucydide et Tacite.

dans un taureau d'airain, pour annoncer aux hommes qu'ils sont frères, qu'ils doivent s'aimer, se secourir et s'élever jusqu'à Dieu par la pratique des vertus ?

J'avois le temps de repasser dans mon esprit tous ces souvenirs à la vue des rivages de Corfou, devant lesquels nous étions arrêtés par un calme profond. Le lecteur désire peut-être qu'un bon vent me porte en Grèce et le débarrasse de mes digressions : c'est ce qui arriva le 7 au matin. La brise du nord-ouest se leva, et nous mîmes le cap sur Céfalonie. Le 8, nous avions à notre gauche Leucate, aujourd'hui Sainte-Maure, qui se confondoit avec un haut promontoire de l'île d'Ithaque et les terres basses de Céfalonie. On ne voit plus dans la patrie d'Ulysse ni la forêt du mont Nérée, ni les treize poiriers de Laërte : ceux-ci ont disparu, ainsi que ces deux poiriers, plus vénérables encore, que Henri IV donna pour ralliement à son armée, lorsqu'il combattit à Ivry. Je saluai de loin la chaumière d'Eumée et le tombeau du chien fidèle. On ne cite qu'un seul chien célèbre par son ingratitude : il s'appeloit *Math*, et son maître étoit, je crois, un roi d'Angleterre de la maison de Lancastre. L'histoire s'est plu à retenir le nom de ce chien ingrat comme elle conserve le nom d'un homme resté fidèle au malheur.

Le 9, nous longeâmes Céfalonie, et nous avancions rapidement vers Zante, *Nemorosa Zacynthos*. Les habitants de cette île passoient dans l'antiquité pour avoir une origine troyenne; ils prétendoient descendre de Zacynthus, fils de Dardanus, qui conduisit à Zacynthe une colonie. Ils fondèrent Sagonte, en Espagne; ils aimoient les arts et se plaisoient à entendre chanter les vers d'Homère; ils donnèrent souvent asile aux Romains proscrits; on veut même avoir retrouvé chez eux les cendres de Cicéron. Si Zante a réellement été le refuge des bannis, je lui voue volontiers un culte, et je souscris à ses noms d'*Isola d'oro*, de *Fior di Levante*. Ce nom de fleur me rappelle que l'hyacinthe étoit originaire de l'île de Zante, et que cette île reçut son nom de la plante qu'elle avoit portée : c'est ainsi que, pour louer une mère, dans l'antiquité, on joignoit quelquefois à son nom le nom de sa fille. Dans le moyen âge on trouve sur l'île de Zante une autre tradition assez peu connue. Robert Guiscard, duc de la Pouille, mourut à Zante en allant en Palestine. On lui avoit prédit qu'il *trépasseroit* à Jérusalem; d'où l'on a conclu que Zante portoit le nom de *Jérusalem* au quatorzième siècle, ou qu'il y avoit dans cette île quelque lieu appelé *Jérusalem*. Au reste, Zante est célèbre aujourd'hui par ses sources d'huile de pétrole comme elle l'étoit du temps d'Hérodote; et ses raisins rivalisent avec ceux de Corinthe.

Du pèlerin normand Robert Guiscard jusqu'à moi pèlerin breton, il y a bien quelques années; mais dans l'intervalle de nos deux voyages, le seigneur de Villamont, mon compatriote, passa à Zante. Il partit *de la duché de Bretagne*, en 1588, pour Jérusalem. « Bening lecteur, dit-il à la tête de son
« *Voyage*, tu recevras ce mien petit labeur, et sup-
« pléras (s'il te plaist) aux fautes qui s'y pourroient
« rencontrer; et le recevant d'aussi bon cœur que

« je te le présente, tu me donneras courage à l'ad-
« venir de n'estre chiche de ce que j'aurai plus ex-
« quis rapporté du temps et de l'occasion ; servant
« à la France selon mon désir. Adieu. »

Le seigneur de Villamont ne s'arrêta point à Zante. Il vint comme moi à la vue de cette île, et, comme moi, le vent du *ponent magistral* le poussa vers la Morée. J'attendois avec impatience le moment où je découvrirois les côtes de la Grèce; je les cherchois des yeux à l'horizon, et je les voyois dans tous les nuages. Le 10 au matin j'étois sur le pont avant le lever du soleil. Comme il sortoit de la mer, j'aperçus dans le lointain des montagnes confuses et élevées : c'étoient celles de l'Élide. Il faut que la gloire soit quelque chose de réel, puisqu'elle fait ainsi battre le cœur de celui qui n'en est que le juge. A dix heures, nous passâmes devant Navarin, l'ancienne Pylos, couverte par l'île de Sphacterie : noms également célèbres, l'un dans la fable, l'autre dans l'histoire. A midi nous jetâmes l'ancre devant Modon, autrefois Méthone en Messénie. A une heure j'étois descendu à terre, je foulois le sol de la Grèce, j'étois à dix lieues d'Olympie, à trente de Sparte, sur le chemin que suivit Télémaque pour aller demander des nouvelles d'Ulysse à Ménélas : il n'y avoit pas un mois que j'avois quitté Paris.

Notre vaisseau avoit mouillé à une demi-lieue de Modon, entre le canal formé par le continent et les îles Sapienza et Cabrera, autrefois OEnussæ. Vues de ce point, les côtes du Péloponèse vers Navarin paroissent sombres et arides. Derrière ces côtes s'élèvent, à quelque distance dans les terres, des montagnes qui semblent être d'un sable blanc recouvert d'une herbe flétrie : c'étoient là cependant les monts Égalées, au pied desquels Pylos étoit bâtie. Modon ne présente aux regards qu'une ville du moyen-âge, entourée de fortifications gothiques à moitié tombantes. Pas un bateau dans le port; pas un homme sur la rive : partout le silence, l'abandon et l'oubli.

Je m'embarquai dans la chaloupe du bâtiment avec le capitaine pour aller prendre langue à terre. Nous approchions de la côte, j'étois prêt à m'élancer sur un rivage désert, et à saluer la patrie des arts et du génie, lorsqu'on nous héla d'une des portes de la ville. Nous fûmes obligés de tourner la proue vers le château de Modon. Nous distinguâmes de loin, sur la pointe d'un rocher, des janissaires armés de toutes pièces, et des Turcs attirés par la curiosité. Aussitôt qu'ils furent à la portée de la voix, ils nous crièrent en italien : *Ben venuti!* Comme un véritable Grec, je fis attention à ce premier mot de bon augure entendu sur le rivage de la Messénie. Les Turcs se jetèrent dans l'eau pour tirer notre chaloupe à terre, et ils nous aidèrent à sauter sur le rocher. Ils parloient tous à la fois et faisoient mille questions au capitaine en grec et en italien. Nous entrâmes par la porte à demi ruinée de la ville. Nous pénétrâmes dans une rue, ou plutôt dans un véritable camp, qui me rappela sur-le-champ la belle expression de M. de Bonald : « Les Turcs sont « campés en Europe. » Il est incroyable à quel point cette expression est juste dans toute son étendue et sous tous ses rapports. Ces Tartares de Modon étoient assis devant leurs portes, les jambes croisées, sur des espèces d'échoppes ou de tables de bois, à l'ombre de méchantes toiles tendues d'une maison à l'autre. Ils fumoient leurs pipes, buvoient le café; et, contre l'idée que je m'étois formée de la taciturnité des Turcs, ils rioient, causoient ensemble et faisoient grand bruit.

Nous nous rendîmes chez l'aga, pauvre hère, juché sur une sorte de lit de camp, dans un hangar; il me reçut avec assez de cordialité. On lui expliqua l'objet de mon voyage. Il répondit qu'il me feroit donner des chevaux et un janissaire pour me rendre à Coron, auprès du consul françois M. Vial; que je pourrois aisément traverser la Morée parce que les chemins étoient libres, vu qu'on avoit coupé la tête à trois ou quatre cents brigands, et que rien n'empêchoit plus de voyager.

Voici l'histoire de ces trois ou quatre cents brigands. Il y avoit vers le mont Ithome une troupe d'une cinquantaine de voleurs qui infestoient les chemins. Le pacha de la Morée, Osman-Pacha, se transporta sur les lieux; il fit cerner les villages où les voleurs avoient coutume de se cantonner. Il eût été trop long et trop ennuyeux pour un Turc de distinguer l'innocent du coupable : on assomma comme des bêtes fauves tout ce qui se trouva dans la battue du pacha. Les brigands périrent, il est vrai, mais avec trois cents paysans grecs qui n'étoient pour rien dans cette affaire.

De la maison de l'aga nous allâmes à l'habitation du vice-consul d'Allemagne. La France n'avoit point alors d'agent à Modon. Il demeuroit dans la bourgade des Grecs, hors de la ville. Dans tous les lieux où le poste est militaire, les Grecs sont séparés des Turcs. Le vice-consul me confirma ce que m'avoit dit l'aga sur l'état de la Morée; il m'offrit l'hospitalité pour la nuit : je l'acceptai, et je retournai un moment au vaisseau, sur un caïque qui devoit ensuite me ramener au rivage.

Je laissai à bord Julien, mon domestique françois, que j'envoyai m'attendre avec le vaisseau à la pointe de l'Attique, ou à Smyrne si je manquois le passage du vaisseau. J'attachai autour de moi une ceinture qui renfermoit ce que je possédois en or; je m'armai de pied en cap, et je pris à mon service un Milanois, nommé *Joseph*, marchand d'étain à Smyrne : cet homme parloit un peu le grec moderne, et il consentit, pour une somme convenue, à me servir d'interprète. Je dis adieu au capitaine; et je descendis avec Joseph dans le caïque. Le vent étoit violent et contraire. Nous mîmes cinq heures pour gagner le port dont nous n'étions éloignés que d'une demi-lieue, et nous fûmes deux fois prêts de chavirer. Un vieux Turc, à barbe grise, les yeux vifs et enfoncés sous d'épais sourcils, montrant de longues dents extrêmement blanches, tantôt silencieux, tantôt poussant des cris sauvages, tenoit le gouvernail : il représentoit assez bien le Temps passant dans sa barque un voyageur aux rivages déserts de la Grèce. Le vice-consul m'attendoit sur la grève.

Nous allâmes loger au bourg des Grecs. Chemin faisant j'admirai des tombeaux turcs, qu'ombrageoient de grands cyprès au pied desquels la mer venoit se briser. J'aperçus parmi ces tombeaux des femmes enveloppées de voiles blancs, et semblables à des ombres : ce fut la seule chose qui me rappela un peu la patrie des muses. Le cimetière des chrétiens touche à celui des musulmans : il est délabré, sans pierres sépulcrales et sans arbres ; des melons d'eau qui végètent çà et là sur ces tombes abandonnées ressemblent, par leur forme et leur pâleur, à des crânes humains qu'on ne s'est pas donné la peine d'ensevelir. Rien n'est triste comme ces deux cimetières, où l'on remarque, jusque dans l'égalité et l'indépendance de la mort, la distinction du tyran et de l'esclave.

L'abbé Barthélemy a trouvé Méthone si peu intéressante dans l'antiquité, qu'il s'est contenté de faire mention de son puits d'eau bitumineuse. Sans gloire au milieu de toutes ces cités bâties par les dieux ou célébrées par les poëtes, Méthone ne se retrouve point dans les chants de Pindare, qui forment, avec les ouvrages d'Homère, les brillantes archives de la Grèce. Démosthène, haranguant pour les Mégalopolitains, et rappelant l'histoire de la Messénie, ne parle point de Méthone. Polybe, qui étoit de Mégalopolis, et qui donne de très bons conseils aux Messéniens, garde le même silence. Plutarque et Diogène-Laërce ne citent aucun héros, aucun philosophe de cette ville. Athénée, Aulu-Gelle et Macrobe ne rapportent rien de Méthone. Enfin Pline, Ptolémée,

Pomponius Méla et l'Anonyme de Ravenne ne font que la nommer dans le dénombrement des villes de la Messénie; mais Strabon et Pausanias veulent retrouver Méthone dans la Pédase d'Homère. Selon Pausanias, le nom de Méthone ou de Mothone lui vient d'une fille d'OEneus, compagnon de Diomède, ou d'un rocher qui ferme l'entrée du port. Méthone reparoît assez souvent dans l'histoire ancienne, mais jamais pour aucun fait important. Thucydide cite quelques corps d'hoplites de Méthone, dans la guerre du Péloponèse. On voit, par un fragment de Diodore de Sicile, que Brasidas défendit cette ville contre les Athéniens. Le même Diodore l'appelle une ville de la Laconie, parce que la Messénie étoit une conquête de Lacédémone; celle-ci envoya à Méthone une colonie de Naupliens, qui ne furent point chassés de leur nouvelle patrie lorsque Épaminondas rappela les Messéniens. Méthone suivit le sort de la Grèce quand celle-ci passa sous le joug des Romains. Trajan accorda des priviléges à Méthone. Le Péloponèse étant devenu l'apanage de l'empire d'Orient, Méthone subit les révolutions de la Morée, dévastée par Alaric, peut-être plus maltraitée par Stilicon, elle fut démembrée de l'empire grec en 1124 par les Vénitiens. Rendue à ses anciens maîtres l'année d'après, elle retomba au pouvoir des Vénitiens en 1204. Un corsaire génois l'enleva aux Vénitiens en 1208. Le doge Dandolo la reprit sur les Génois. Mahomet II l'enleva aux Vénitiens, ainsi que toute la Grèce, en 1498. Morosini la reconquit sur les Turcs en 1686, et les Turcs y entrèrent de nouveau en 1715. Trois ans après, Pellegrin passa dans cette ville, dont il nous a fait la description, en y mêlant la chronique scandaleuse de tous les consuls françois : ceci forme, depuis Homère jusqu'à nous, la suite de l'obscure histoire de Méthone. Pour ce qui regarde le sort de Modon pendant l'expédition des Russes en Morée, on peut consulter le premier volume du *Voyage* de M. de Choiseul, et l'*Histoire de Pologne* par Rulhière.

Le vice-consul Allemand, logé dans une méchante cahutte de plâtre, m'offrit de très bon cœur un souper composé de pastèques, de raisins et de pain noir : il ne faut pas être difficile sur des repas lorsqu'on est si près de Sparte. Je me retirai ensuite dans la chambre que l'on m'avoit préparée, mais sans pouvoir fermer les yeux. J'entendois les aboiements du chien de la Laconie et le bruit du vent de l'Élide; comment aurois-je pu dormir? Le 11, à trois heures du matin, la voix du janissaire de l'aga m'avertit qu'il falloit partir pour Coron.

Nous montâmes à cheval à l'instant. Je vais décrire l'ordre de la marche, parce qu'il a été le même dans tout le voyage.

A notre tête paroissoit le guide ou le postillon grec à cheval, tenant un autre cheval en laisse : ce second cheval devoit servir de remonte en cas qu'il arrivât quelque accident aux chevaux des voyageurs. Venoit ensuite le janissaire, le turban en tête, deux pistolets et un poignard à la ceinture, un sabre au côté, et un fouet à la main pour faire avancer les chevaux du guide. Je suivois, à peu près armé

comme le janissaire, portant de plus un fusil de
chasse; Joseph fermoit la marche. Ce Milanois étoit
un petit homme blond à gros ventre, le teint fleuri,
l'air affable; il étoit tout habillé de velours bleu;
deux longs pistolets d'arçon, passés dans une étroite
ceinture, relevoient sa veste d'une manière si gro-
tesque, que le janissaire ne pouvoit jamais le regarder sans rire. Mon équipage consistoit en un
tapis pour m'asseoir, une pipe, un poêlon à café et
quelques schalls pour m'envelopper la tête pendant
la nuit. Nous partions au signal donné par le guide;
nous grimpions au grand trot les montagnes, et
nous les descendions au galop à travers les préci-
pices : il faut prendre son parti ; les Turcs militaires
ne connoissent pas d'autre manière d'aller, et le
moindre signe de frayeur, ou même de prudence,
vous exposeroit à leur mépris. Vous êtes assis d'ailleurs sur des selles de mameloucks dont les étriers
larges et courts vous plient les jambes, vous rom-
pent les pieds, et déchirent les flancs de votre cheval. Au moindre faux mouvement, le pommeau élevé
de la selle vous crève la poitrine, et si vous vous
renversez en arrière, le haut rebord de la selle vous
brise les reins. On finit pourtant par trouver ces
selles utiles, à cause de la solidité qu'elles donnent à
cheval, surtout dans des courses aussi hasardeuses.

Les courses sont de huit à dix lieues avec les
mêmes chevaux : on leur laisse prendre haleine sans
manger à peu près à moitié chemin, on remonte
ensuite et l'on continue sa route. Le soir on arrive
quelquefois à un kan, masure abandonnée où l'on

dort parmi toutes sortes d'insectes et de reptiles
sur un plancher vermoulu. On ne vous doit rien
dans ce kan lorsque vous n'avez pas de firman de
poste : c'est à vous de vous procurer des vivres
comme vous pouvez. Mon janissaire alloit à la chasse
dans les villages; il rapportoit quelquefois des poulets que je m'obstinois à payer; nous les faisions
rôtir sur des branches vertes d'oliviers, ou bouillir
avec du riz pour en faire un pilau. Assis à terre
autour de ce festin, nous le déchirions avec nos
doigts; le repas fini, nous allions nous laver la barbe
et les mains au premier ruisseau. Voilà comme on
voyage aujourd'hui dans le pays d'Alcibiade et
d'Aspasie.

Il faisoit encore nuit quand nous quittâmes Modon; je croyois errer dans les déserts de l'Amérique :
même solitude, même silence. Nous traversâmes des
bois d'oliviers en nous dirigeant au midi. Au lever
de l'aurore nous nous trouvâmes sur les sommets
aplatis des montagnes les plus arides que j'aie jamais vues. Nous y marchâmes pendant deux heures.
Ces sommets labourés par les torrents avoient l'air
de guérets abandonnés; le jonc marin et une espèce
de bruyère épineuse et flétrie y croissoient par
touffes. De gros caïeux de lis de montagnes, dé-
chaussés par les pluies, paroissoient à la surface
de la terre. Nous découvrîmes la mer vers l'est,
à travers un bois d'oliviers clair semés; nous descendîmes ensuite dans une gorge de vallon où l'on
voyoit quelques champs d'orge et de coton. Nous
passâmes un torrent desséché : son lit étoit rempli

de lauriers-roses et de gatilliers (l'*agnus-castus*), arbuste à feuille longue, pâle et menue, dont la fleur lilas, un peu cotonneuse, s'allonge en forme de quenouille. Je cite ces deux arbustes parce qu'on les retrouve dans toute la Grèce, et qu'ils décorent presque seuls ces solitudes jadis si riantes et si parées, aujourd'hui si nues et si tristes. A propos de torrent desséché, je dois dire aussi que je n'ai vu dans la patrie de l'Ilissus, de l'Alphée et de l'Érymante, que trois fleuves dont l'urne ne fût pas tarie : le Pamisus, le Céphise et l'Eurotas. Il faut qu'on me pardonne encore l'espèce d'indifférence et presque d'impiété avec laquelle j'écrirai quelquefois les noms les plus célèbres ou les plus harmonieux. On se familiarise malgré soi en Grèce avec Thémistocle, Épaminondas, Sophocle, Platon, Thucydide, et il faut une grande religion pour ne pas franchir le Cythéron, le Ménale ou le Lycée comme on passe des monts vulgaires.

Au sortir du vallon dont je viens de parler, nous commençâmes à gravir de nouvelles montagnes : mon guide me répéta plusieurs fois des noms inconnus ; mais, à en juger par leur position, ces montagnes devoient faire une partie de la chaîne du mont Témathia. Nous ne tardâmes pas à entrer dans un bois d'oliviers, de lauriers-roses, d'esquines, d'agnus-castus et de cornouillers. Ce bois étoit dominé par des sommets rocailleux. Parvenus à cette dernière cime, nous découvrîmes le golfe de Messénie, bordé de toutes parts par des montagnes entre lesquelles l'Ithome se distinguoit par son isolement, et le Taygète par ses deux flèches aiguës : je saluai ces monts fameux par tout ce que je savois de beaux vers à leur louange.

Un peu au-dessous du sommet du Témathia, en descendant vers Coron, nous aperçûmes une misérable ferme grecque dont les habitants s'enfuirent à notre approche. A mesure que nous descendions, nous découvrions au-dessous de nous la rade et le port de Coron, où l'on voyoit quelques bâtiments à l'ancre ; la flotte du capitan-pacha étoit mouillée de l'autre côté du golfe, vers Calamate. En arrivant à la plaine qui est au pied des montagnes et qui s'étend jusqu'à la mer, nous laissâmes sur notre droite un village au centre duquel s'élevoit une espèce de château-fort : le tout, c'est-à-dire le village et le château, étoit comme environné d'un immense cimetière turc couvert de cyprès de tous les âges. Mon guide, en me montrant ces arbres, me les nommoit *parissos*. Un ancien habitant de la Messénie m'auroit autrefois conté l'histoire entière du jeune homme d'Amyclée, dont le Messénien d'aujourd'hui n'a retenu que la moitié du nom ; mais ce nom, tout défiguré qu'il est, prononcé sur les lieux, à la vue d'un cyprès et des sommets du Taygète, me fit un plaisir que les poëtes comprendront. J'avois une consolation en regardant les tombes des Turcs : elles me rappeloient que les barbares conquérants de la Grèce avoient aussi trouvé leur dernier jour dans cette terre ravagée par eux. Au reste, ces tombes étoient fort agréables : le laurier-rose y croissoit au pied des cyprès, qui ressembloient à de grands obélisques noirs; des tourterelles blanches et des pigeons bleus voltigeoient et roucouloient dans ces arbres; l'hérbe flottoit autour de petites colonnes funèbres que surmontoit un turban; une fontaine bâtie par un chérif répandoit son eau dans le chemin pour le voyageur : on se seroit volontiers arrêté dans ce cimetière, où le laurier de la Grèce, dominé par les cyprès de l'Orient, sembloit rappeler la mémoire des deux peuples dont la poussière reposoit dans ce lieu.

De ce cimetière à Coron il y a près de deux heures de marche : nous cheminâmes à travers un bois continuel d'oliviers, planté de froment à demi moissonné. Le terrain, qui de loin paroît une plaine unie, est coupé par des ravines inégales et profondes. M. Vial, alors consul de France à Coron, me reçut avec cette hospitalité si remarquable dans les consuls du Levant. Je lui remis une des lettres de recommandation que M. de Talleyrand, sur la prière de M. d'Hauterive, m'avoit poliment accordées pour les consuls françois dans les Échelles.

M. Vial voulut bien me loger chez lui. Il renvoya mon janissaire de Modon et me donna un de ses propres janissaires pour traverser avec moi la Morée et me conduire à Athènes. Le capitan-pacha étant en guerre avec les Maniottes, je ne pouvois me rendre à Sparte par Calamate, que l'on prendra si l'on veut pour Calathion, Cardamyle ou Thalames, sur la côte de la Laconie, presque en face de Coron. Il fut donc résolu que je ferois un long détour; que j'irois chercher le défilé des portes de Léondari, l'un des Hermæum de la Messénie ; que je me rendrois à Tripolizza afin d'obtenir du pacha de la Morée le firman nécessaire pour passer l'isthme ; que je reviendrois de Tripolizza à Sparte, et que de Sparte je prendrois par la montagne le chemin d'Argos, de Mycènes et de Corinthe.

Coroné, ainsi que Messène et Mégalopolis, ne remonte pas à une grande antiquité, puisqu'elle fut fondée par Épaminondas sur les ruines de l'ancienne Épéa. Jusqu'ici on a pris Coron pour Coroné, d'après l'opinion de d'Anville. J'ai quelques doutes sur ce point : selon Pausanias, Coroné étoit située au bas du mont Témathia, vers l'embouchure du Pamisus : or, Coron est assez éloignée de ce fleuve ; elle est bâtie sur une hauteur à peu près dans la position où le même Pausanias place le temple d'Apollon Corinthus, ou plutôt dans la position de Colonides[1]. On trouve vers le fond du golfe de Messénie des ruines au bord de la mer, qui pourroient bien être celles de la véritable Coroné, à moins qu'elles n'appartiennent au village d'Ino. Coronelli s'est trompé en prenant Coroné pour Pédase, qu'il faut, selon Strabon et Pausanias, retrouver dans Méthone.

L'histoire moderne de Coron ressemble à peu près à celle de Modon : Coron fut tour à tour, et aux mêmes époques que cette dernière ville, possédée par les Vénitiens, les Génois et les Turcs. Les Espagnols l'assiégèrent et l'enlevèrent aux infidèles

---

[1] Cette opinion est aussi celle de M. de Choiseul.

en 1633. Les chevaliers de Malte se distinguèrent à ce siége assez mémorable. Vertot fait à ce sujet une singulière faute en prenant Coron pour Chéronée, patrie de Plutarque, qui n'est pas elle-même la Chéronée où Philippe donna des chaines à la Grèce. Retombée au pouvoir des Turcs, Coron fut assiégée et prise de nouveau par Morosini en 1685 : on remarque à ce siége deux de mes compatriotes. Coronelli ne cite que le commandeur de La Tour, qui y périt glorieusement; mais Giacomo Diedo parle encore du marquis de Courbon. J'aimois à retrouver les traces de l'honneur françois dès mes premiers pas dans la véritable patrie de la gloire, et dans le pays d'un peuple qui fut si bon juge de la valeur. Mais où ne retrouve-t-on pas ces traces ! A Constantinople, à Rhodes, en Syrie, en Égypte, à Carthage, partout où j'ai abordé, on m'a montré le camp des François, la tour des François, le château des François : l'Arabe m'a fait voir les tombes de nos soldats sous les sycomores du Caire, et le Siminole sous les peupliers de la Floride.

C'est encore dans cette même ville de Coron que M. de Choiseul a commencé ses tableaux. Ainsi le sort me conduisoit au même lieu où mes compatriotes avoient cueilli cette double palme des talents et des armes, dont la Grèce aimait à couronner ses enfants. Si j'ai moi-même parcouru sans gloire, mais non sans honneur, les deux carrières où les citoyens d'Athènes et de Sparte acquirent tant de renommée, je m'en console en songeant que d'autres François ont été plus heureux que moi.

M. Vial se donna la peine de me montrer Coron, qui n'est qu'un amas de ruines modernes; il me fit voir aussi l'endroit d'où les Russes canonnèrent la ville en 1770, époque fatale à la Morée, dont les Albanois ont depuis massacré la population. La relation des voyages de Pellegrin date de 1715 et de 1719 : le ressort de Coron s'étendoit alors, selon ce voyageur, à quatre-vingts villages; je ne sais si l'on en trouveroit aujourd'hui cinq ou six dans le même arrondissement. Le reste de ces champs dévastés appartient à des Turcs qui possèdent trois ou quatre mille pieds d'oliviers, et qui dévorent dans un harem à Constantinople l'héritage d'Aristomène. Les larmes me venoient aux yeux en voyant les mains du Grec esclave inutilement trempées de ces flots d'huile qui rendoient la vigueur au bras de ses pères pour triompher des tyrans.

La maison du consul dominoit le golfe de Coron : je voyois de ma fenêtre la mer de Messénie peinte du plus bel azur; devant moi, de l'autre côté de cette mer, s'élevoit la haute chaîne du Taygète couvert de neige, et justement comparé aux Alpes par Polybe, mais aux Alpes sous un plus beau ciel. A ma droite s'étendoit la pleine mer, et à ma gauche, au fond du golfe, je découvrois le mont Ithome, isolé comme le Vésuve, et tronqué comme lui à son sommet. Je ne pouvois m'arracher à ce spectacle : quelles pensées n'inspire point la vue de ces côtes désertes de la Grèce, où l'on n'entend que l'éternel sifflement du mistral et le gémissement des flots! Quelques coups de canon, que le capitan-pacha faisoit tirer de loin à loin contre les rochers des Maniottes, interrompoient seuls ces tristes bruits par un bruit plus triste encore. On n'apercevoit sur toute l'étendue de la mer que la flotte de ce chef des Barbares : elle me rappeloit le souvenir de ces pirates américains qui plantoient leur drapeau sanglant sur une terre inconnue, en prenant possession d'un pays enchanté au nom de la servitude et de la mort; ou plutôt je croyois voir les vaisseaux d'Alaric s'éloigner de la Grèce en cendres, en emportant la dépouille des temples, les trophées d'Olympie, et les statues brisées de la Liberté et des Arts[1].

Je quittai Coron le 12 à deux heures du matin, comblé des politesses et des attentions de M. Vial, qui me donna une lettre pour le pacha de Morée, et une autre lettre pour un Turc de Misitra. Je m'embarquai avec Joseph et mon nouveau janissaire dans un caïque qui devoit me conduire à l'embouchure du Pamisus, au fond du golfe de Messénie. Quelques heures d'une belle traversée me portèrent dans le lit du plus grand fleuve du Péloponèse, où notre petite barque échoua faute d'eau. Le janissaire alla chercher des chevaux à Nissi, gros village éloigné de trois ou quatre milles de la mer, en remontant le Pamisus. Cette rivière étoit couverte d'une multitude d'oiseaux sauvages dont je m'amusai à observer les jeux jusqu'au retour du janissaire. Rien ne seroit agréable comme

---

[1] Voyez la description de la Messénie dans *les Martyrs*, liv. 1.

l'histoire naturelle, si on la rattachoit toujours à l'histoire des hommes : on aimeroit à voir les oiseaux voyageurs quitter les peuplades ignorées de l'Atlantique pour visiter les peuples fameux de l'Eurotas et du Céphise. La Providence, afin de confondre notre vanité, a permis que les animaux connussent avant l'homme la véritable étendue du séjour de l'homme; et tel oiseau américain attiroit peut-être l'attention d'Aristote dans les fleuves de la Grèce, lorsque le philosophe ne soupçonnoit même pas l'existence d'un monde nouveau. L'antiquité nous offriroit dans ses annales une foule de rapprochements curieux ; et souvent la marche des peuples et des armées se lieroit aux pèlerinages de quelques oiseaux solitaires, ou aux migrations pacifiques des gazelles et des chameaux.

Le janissaire revint au rivage avec un guide et cinq chevaux, deux pour le guide et les trois autres pour moi, le janissaire et Joseph. Nous passâmes à Nissi, qui me semble inconnue dans l'antiquité. Je vis un moment le vayvode; c'étoit un jeune Grec fort affable, qui m'offrit des confitures et du vin : je n'acceptai point son hospitalité, et je continuai ma route pour Tripolizza.

Nous nous dirigeâmes sur le mont Ithome, en laissant à gauche les ruines de Messène. L'abbé Fourmont, qui visita ces ruines il y a soixante-dix ans, y compta trente-huit tours encore debout. Je ne sais si M. Vial ne m'a point assuré qu'il en existe aujourd'hui neuf entières et un fragment considérable de mur d'enceinte. M. Pouqueville, qui traversa la Messénie dix ans avant moi, ne passa point à Messène. Nous arrivâmes vers les trois heures de l'après-midi au pied de l'Ithome, aujourd'hui le mont Vulcano, selon d'Anville. Je me convainquis, en examinant cette montagne, de la difficulté de bien entendre les auteurs anciens sans avoir vu les lieux dont ils parlent. Il est évident, par exemple, que Messène et l'ancienne Ithome ne pouvoient embrasser le mont dans leur enceinte, et qu'il faut expliquer la particule grecque περὶ, comme l'explique M. Lechevalier à propos de la course d'Hector et d'Achille, c'est-à-dire qu'il faut traduire *devant* Troie, et non pas *autour* de Troie.

Nous traversâmes plusieurs villages, Chafasa, Scala, Cyparissa, et quelques autres récemment détruits par le pacha lors de sa dernière expédition contre les brigands. Je ne vis dans tous ces villages qu'une seule femme : elle ne démentoit point le sang des Héraclides, par ses yeux bleus, sa haute taille et sa beauté. La Messénie fut presque toujours malheureuse : un pays fertile est souvent un avantage funeste pour un peuple. A la désolation qui régnoit autour de moi on eût dit que les féroces Lacédémoniens venoient encore de ravager la patrie d'Aristodème. Un grand homme se chargea de venger un grand homme : Épaminondas éleva les murs de Messène. Malheureusement on peut reprocher à cette ville la mort de Philopœmen. Les Arcadiens tirèrent vengeance de cette mort, et transportèrent les cendres de leur compatriote à Mégalopolis. Je passois avec ma petite caravane précisément par les chemins où le convoi funèbre du dernier des Grecs avoit passé, il y a environ deux mille ans.

Après avoir longé le mont Ithome nous traversâmes un ruisseau qui coule au nord, et qui pourroit bien être une des sources du Balyra. Je n'ai jamais défié les muses, elles ne m'ont point rendu aveugle comme Thamyris; et si j'ai une lyre, je ne l'ai point jetée dans le Balyra, au risque d'être changé après ma mort en rossignol. Je veux encore suivre le culte des neuf Sœurs pendant quelques années, après quoi j'abandonnerai leurs autels. La couronne de roses d'Anacréon ne me tente point: la plus belle couronne d'un vieillard, ce sont ses cheveux blancs et les souvenirs d'une vie honorable [1].

Andanies devoit être plus bas, sur le cours du Balyra. J'aurois aimé à découvrir au moins l'emplacement des palais de Mérope.

> J'entends des cris plaintifs. Hélas! dans ces palais
> Un dieu persécuteur habite pour jamais.

Mais Andanies étoit trop loin de notre route pour essayer d'en trouver les ruines. Une plaine inégale, couverte de grandes herbes et de troupeaux de chevaux comme les savanes de la Floride, me conduisit vers le fond du bassin où se réunissent les hautes montagnes de l'Arcadie et de la Laconie. Le

---

[1] L'auteur travailloit alors aux *Martyrs*, pour lesquels il avoit entrepris ce voyage. Son dessein étoit de renoncer aux sujets d'imagination après la publication des *Martyrs*. On peut voir ses adieux à la muse dans le dernier livre de cet ouvrage.

Lycée étoit devant nous, cependant un peu sur notre gauche, et nous foulions probablement le sol de Stényclare. Je n'y entendois point Tyrtée chanter à la tête des bataillons de Sparte ; mais, à son défaut, je fis en cet endroit la rencontre d'un Turc monté sur un bon cheval et accompagné de deux Grecs à pied. Aussitôt qu'il m'eut reconnu à mon habit franc il piqua vers moi, et me cria en françois : « C'est un « beau pays pour voyager que la Morée ! En France, « de Paris à Marseille, je trouvois des lits et des au- « berges partout. Je suis très fatigué ; je viens de « Coron par terre, et je vais à Léondari. Où allez- « vous ? » Je répondis que j'allois à Tripolizza. — « Eh bien ! dit le Turc, nous irons ensemble jusqu'au « kan des Portes ; mais je suis très fatigué, mon cher « seigneur. » Ce Turc courtois étoit un marchand de Coron qui avoit été à Marseille, de Marseille à Paris et de Paris à Marseille [1].

Il étoit nuit lorsque nous arrivâmes à l'entrée du défilé, sur les confins de la Messénie, de l'Arcadie et de la Laconie. Deux rangs de montagnes parallèles forment cet Hermæum qui s'ouvre du nord au midi. Le chemin s'élève par degrés du côté de la Messénie, et redescend par une pente assez douce vers la Laconie. C'est peut-être l'Hermæum où, selon Pausanias, Oreste, troublé par la première apparition des Euménides, se coupa un doigt avec les dents.

[1] Il est remarquable que M. Pouqueville rencontra à peu près au même endroit un Turc qui parloit françois. C'étoit peut-être le même.

Notre caravane s'engagea bientôt dans cet étroit passage. Nous marchions tous en silence et à la file [1]. Cette route, malgré la justice expéditive du pacha, n'étoit pas sûre, et nous nous tenions prêts à tout événement. A minuit nous arrivâmes au kan placé au milieu du défilé : un bruit d'eaux et un gros arbre nous annoncèrent cette pieuse fondation d'un serviteur de Mahomet. En Turquie toutes les institutions publiques sont dues à des particuliers ; l'État ne fait rien pour l'État. Ces institutions sont le fruit de l'esprit religieux et non de l'amour de la patrie ; car il n'y a point de patrie. Or, il est remarquable que toutes ces fontaines, tous ces kans, tous ces ponts tombent en ruine et sont des premiers temps de l'empire : je ne crois pas avoir rencontré sur les chemins une seule fabrique moderne : d'où l'on doit conclure que chez les musulmans la religion s'affoiblit, et qu'avec la religion l'état social des Turcs est sur le point de s'écrouler.

Nous entrâmes dans le kan par une écurie, une échelle en forme de pyramide renversée nous conduisit dans un grenier poudreux. Le marchand turc se jeta sur une natte en s'écriant : « C'est le plus beau « kan de la Morée ! De Paris à Marseille je trouvois « des lits et des auberges partout. » Je cherchai à le consoler en lui offrant la moitié du souper que j'avois apporté de Coron. « Eh ! mon cher seigneur, « s'écria-t-il, je suis si fatigué que je vais mourir ! »

---

[1] Je ne sais si c'est le même Hermæum que M. Pouqueville et ses compagnons d'infortune passèrent en venant de Navarin. Voyez, pour la description de cette partie de la Messénie, *les Martyrs*, l. xiv.

Et il gémissoit, et il se prenoit la barbe, et il s'essuyoit le front avec un schall, et il s'écrioit : « Allah! » Toutefois il mangeoit d'un grand appétit la part du souper qu'il avoit refusée d'abord.

Je quittai ce bon homme[1] le 13 au lever du jour, et je continuai ma route. Notre course étoit fort ralentie : au lieu du janissaire de Modon, qui ne demandoit qu'à tuer son cheval, j'avois un janissaire d'une tout autre espèce. Mon nouveau guide étoit un petit homme maigre, fort marqué de petite vérole, parlant bas et avec mesure, et si plein de la dignité de son turban, qu'on l'eût pris pour un parvenu. Un aussi grave personnage ne se mettoit au galop que lorsque l'importance de l'occasion l'exigeoit : par exemple lorsqu'il apercevoit quelque voyageur. L'irrévérence avec laquelle j'interrompois l'ordre de la marche, courant en avant, à droite et à gauche, partout où je croyois découvrir quelques vestiges d'antiquité, lui déplaisoit fort, mais il n'osoit se plaindre. Du reste je le trouvai fidèle et assez désintéressé pour un Turc.

Une autre cause retardoit encore notre marche ; le velours dont Joseph étoit vêtu dans la canicule, en Morée, le rendoit fort malheureux ; au moindre mouvement du cheval il s'accrochoit à la selle ; son chapeau tomboit d'un côté, ses pistolets de l'autre ; il falloit ramasser tout cela et remettre le pauvre

---

[1] Ce Turc, moitié Grec, comme M. Fauvel me l'a dit depuis, est toujours par voie et par chemin : il ne jouit pas d'une réputation très sûre, pour s'être mêlé fort à son avantage des approvisionnements d'une armée.

Joseph à cheval. Son excellent caractère brilloit d'un nouveau lustre au milieu de toutes ces peines, et sa bonne humeur étoit inaltérable. Nous mîmes donc trois mortelles heures pour sortir de l'Hermæum, assez semblable dans cette partie au passage de l'Apennin entre Pérouse et Tarni. Nous entrâmes dans une plaine cultivée qui s'étend jusqu'à Léondari. Nous étions là en Arcadie, sur la frontière de la Laconie.

On convient généralement, malgré l'opinion de d'Anville, que Léondari n'est point Mégalopolis. On veut retrouver dans la première l'ancienne Leuctres de la Laconie, et c'est le sentiment de M. Barbié du Bocage. Où donc est Mégalopolis? Peut-être au village de Sinano. Il eût fallu sortir de mon chemin et faire des recherches qui n'entroient point dans l'objet de mon voyage. Mégalopolis, qui n'est d'ailleurs célèbre par aucune action mémorable ni par aucun chef-d'œuvre des arts, n'eût tenté ma curiosité que comme monument du génie d'Épaminondas et patrie de Philopœmen et de Polybe.

Laissant à droite Léondari, ville tout-à-fait moderne, nous traversâmes un bois de vieux chênes-verts; c'étoit le reste vénérable d'une forêt sacrée : un énorme vautour perché sur la cime d'un arbre mort y sembloit encore attendre le passage d'un augure. Nous vîmes le soleil se lever sur le mont Borée; nous mîmes pied à terre au bas de ce mont pour gravir un chemin taillé dans le roc : ces chemins étoient appelés *Chemins de l'Échelle* en Arcadie.

Je n'ai pu reconnoître en Morée ni les chemins grecs ni les voies romaines. Des chaussées turques de deux pieds et demi de large servent à traverser les terrains bas et marécageux ; comme il n'y a pas une seule voiture à roues dans cette partie du Péloponèse, ces chaussées suffisent aux ânes des paysans et aux chevaux des soldats. Cependant Pausanias et la carte de Peutinger marquent plusieurs routes dans les lieux où j'ai passé, surtout aux environs de Mantinée. Bergier les a très bien suivies dans ses *Chemins de l'Empire*[1].

Nous nous trouvions dans le voisinage d'une des sources de l'Alphée ; je mesurois avidement des yeux les ravines que je rencontrois : tout étoit muet et desséché. Le chemin qui conduit de Borée à Tripolizza traverse d'abord des plaines désertes et se plonge ensuite dans une longue vallée de pierres. Le soleil nous dévoroit ; à quelques buissons rares et brûlés étoient suspendues des cigales qui se taisoient à notre approche ; elles recommençoient leurs cris dès que nous étions passés : on n'entendoit que ce bruit monotone, les pas de nos chevaux et la complainte de notre guide. Lorsqu'un postillon grec monte à cheval, il commence une chanson qu'il continue pendant toute la route. C'est presque toujours une longue histoire rimée qui charme les ennuis des descendants de Linus : les couplets en sont nombreux, l'air triste et assez ressemblant aux airs de

[1] La carte de Peutinger ne peut pas tromper, du moins quant à l'existence des routes, puisqu'elles sont tracées sur ce monument curieux, qui n'est qu'un livre des postes des anciens. La difficulté n'existe que dans le calcul des distances, et surtout pour ce qui regarde les Gaules, où l'abréviation *leg* peut se prendre quelquefois pour *lega* ou *legio*.

nos vieilles romances françoises. Une, entre autres, qui doit être fort connue, car je l'ai entendue depuis Coron jusqu'à Athènes, rappelle d'une manière frappante l'air :

> Mon cœur charmé de sa chaîne, etc.

Il faut seulement s'arrêter aux quatre premiers vers sans passer au refrain :

> Toujours! toujours!

Ces airs auroient-ils été apportés en Morée par les Vénitiens? seroit-ce que les François, excellant dans la romance, se sont rencontrés avec le génie des Grecs? Ces airs sont-ils antiques? et, s'ils sont antiques, appartiennent-ils à la seconde école de la musique chez les Grecs, ou remontent-ils jusqu'au temps d'Olympe? Je laisse ces questions à décider aux habiles. Mais il me semble encore ouïr le chant de mes malheureux guides, la nuit, le jour, au lever, au coucher du soleil, dans les solitudes de l'Arcadie, sur les bords de l'Eurotas, dans les déserts d'Argos, de Corinthe, de Mégare : lieux où la voix des Ménades ne retentit plus, où les concerts des muses ont cessé, où le Grec infortuné semble seulement déplorer dans de tristes complaintes les malheurs de sa patrie :

> . . . . , . Soli periti cantare
> Arcades [1]?

---

[1] Spon avoit remarqué en Grèce un air parfaitement semblable à celui de *Réveillez-vous, belle endormie;* et il s'amusa même à composer des paroles en grec moderne sur cet air.

A trois lieues de Tripolizza, nous rencontrâmes deux officiers de la garde du pachà qui couroient, comme moi, en poste. Ils assommoient les chevaux et le postillon à coups de fouet de peau de rhinocéros. Ils s'arrêtèrent en me voyant, et me demandèrent mes armes : je refusai de les donner. Le janissaire me fit dire par Joseph que ce n'étoit qu'un pur objet de curiosité. et que je pouvois aussi demander les armes de ces voyageurs. A cette condition je voulus bien satisfaire les spahis : nous changeâmes d'armes. Ils examinèrent long-temps mes pistolets, et finirent par me les tirer au-dessus de la tête.

J'avois été prévenu de ne me laisser jamais plaisanter par un Turc, si je ne voulois m'exposer à mille avanies. J'ai reconnu plusieurs fois, dans la suite, combien ce conseil étoit utile : un Turc devient aussi souple, s'il voit que vous ne le craignez pas, qu'il est insultant s'il s'aperçoit qu'il vous fait peur. Je n'aurois pas eu besoin, d'ailleurs, d'être averti dans cette occasion, et la plaisanterie m'avoit paru trop mauvaise pour ne pas la rendre coup sur coup. Enfonçant donc les éperons dans les flancs de mon cheval, je courus sur les Turcs et leur lâchai les coups de leurs propres pistolets en travers, si près du visage, que l'amorce brûla les moustaches du plus jeune spahi. Une explication s'ensuivit entre ces officiers et le janissaire, qui leur dit que j'étois François : à ce nom de François il n'y eut point de politesses turques qu'ils ne me firent. Ils m'offrirent la pipe, chargèrent mes armes et me les rendirent. Je crus devoir garder l'avantage qu'ils me donnoient, et je fis simplement charger leurs pistolets par Joseph. Ces deux étourdis voulurent m'engager à courir avec eux : je les refusai, et ils partirent. On va voir que je n'étois pas le premier François dont ils eussent entendu parler, et que leur pacha connoissoit bien mes compatriotes.

On peut lire dans M. Pouqueville une description exacte de Tripolizza, capitale de la Morée. Je n'avois pas encore vu de ville entièrement turque : les toits rouges de celle-ci, ses minarets et ses dômes me frappèrent agréablement au premier coup d'œil. Tripolizza est pourtant située dans une partie assez aride du vallon de Tégée, et sous une des croupes du Ménale, qui m'a paru dépouillée d'arbres et de verdure. Mon janissaire me conduisit chez un Grec de la connoissance de M. Vial. Le consul, comme je l'ai dit, m'avoit donné une lettre pour le pacha. Le lendemain de mon arrivée, 15 août, je me rendis chez le drogman de Son Excellence : je le priai de me faire délivrer le plus tôt possible mon firman de poste et l'ordre nécessaire pour passer l'isthme de Corinthe. Ce drogman, jeune homme d'une figure fine et spirituelle, me répondit en italien que d'abord il étoit malade, qu'ensuite le pacha venoit d'entrer chez ses femmes; qu'on ne parloit pas comme cela à un pacha; qu'il falloit attendre; que les François étoient toujours pressés.

Je répliquai que je n'avois demandé les firmans que pour la forme; que mon passe-port françois me suffisoit pour voyager en Turquie, maintenant en paix avec mon pays; que, puisqu'on n'avoit pas le temps de m'obliger, je partirois sans les firmans et sans remettre la lettre du consul au pacha.

Je sortis. Deux heures après le drogman me fit rappeler; je le trouvai plus traitable, soit qu'à mon ton il m'eût pris pour un personnage d'importance, soit qu'il craignît que je ne trouvasse quelque moyen de porter mes plaintes à son maître; il me dit qu'il alloit se rendre chez Sa Grandeur, et lui parler de mon affaire.

En effet, deux heures après un Tartare me vint chercher et me conduisit chez le pacha. Son palais est une grande maison de bois, carrée, ayant, au centre, une vaste cour, et des galeries régnant sur les quatre faces de cette cour. On me fit attendre dans une salle où je trouvai des papas et le patriarche de la Morée. Ces prêtres et leur patriarche parloient beaucoup, et avoient parfaitement les manières déliées et aviliés des courtisans grecs sous le Bas-Empire. J'eus lieu de croire, aux mouvements que je remarquai, qu'on me préparoit une réception brillante; cette cérémonie m'embarrassoit. Mes vêtements étoient délabrés, mes bottes poudreuses, mes cheveux en désordre, et ma barbe comme celle d'Hector : *barba squalida*. Je m'étois enveloppé dans mon manteau, et j'avois plutôt l'air d'un soldat qui sort du bivouac que d'un étranger qui se rend à l'audience d'un grand seigneur.

Joseph, qui disoit se connoître aux pompes de l'Orient, m'avoit forcé de prendre ce manteau : mon habit court lui déplaisoit; lui-même voulut m'accompagner avec le janissaire pour me faire honneur. Il marchoit derrière moi sans bottes, les jambes et les pieds nus, et un mouchoir rouge jeté par-dessus son chapeau. Malheureusement il fut arrêté à la porte du palais dans ce bel équipage : les gardes ne voulurent point le laisser passer : il me donnoit une telle envie de rire, que je ne pus jamais le réclamer sérieusement. La prétention au turban le perdit, et il ne vit que de loin les grandeurs où il avoit aspiré.

Après deux heures de délai, d'ennui et d'impatience, on m'introduisit dans la salle du pacha : je vis un homme d'environ quarante ans, d'une belle figure, assis ou plutôt couché sur un divan, vêtu d'un cafetan de soie, un poignard orné de diamants à la ceinture, un turban blanc à la tête. Un vieillard à longue barbe occupoit respectueusement une place à sa droite (c'étoit peut-être le bourreau); le drogman grec étoit assis à ses pieds; trois pages debout tenoient des pastilles d'ambre, des pincettes d'argent et du feu pour la pipe. Mon janissaire resta à la porte de la salle.

Je m'avançai, saluai Son Excellence en mettant la main sur mon cœur; je lui présentai la lettre du consul; et, usant du privilége des François, je m'assis sans avoir attendu l'ordre.

Osman me fit demander d'où je venois, où j'allois, ce que je voulois.

Je répondis que j'allois en pèlerinage à Jérusalem; qu'en me rendant à la ville sainte des chrétiens j'avois passé par la Morée pour voir les antiquités romaines [1]; que je désirois un firman de poste pour avoir des chevaux, et un ordre pour passer l'isthme.

Le pacha répliqua que j'étois le bienvenu, que je pouvois voir tout ce qui me feroit plaisir, et qu'il m'accorderoit les firmans. Il me demanda ensuite si j'étois militaire, et si j'avois fait la guerre d'Égypte.

Cette question m'embarrassa, ne sachant trop dans quelle intention elle étoit faite. Je répondis que j'avois autrefois servi mon pays, mais que je n'avois jamais été en Égypte.

Osman me tira tout de suite d'embarras : il me dit loyalement qu'il avoit été fait prisonnier par les François à la bataille d'Aboukir; qu'il avoit été très bien traité de mes compatriotes, et qu'il s'en souviendroit toujours.

Je ne m'attendois point aux honneurs du café, et cependant je les obtins : je me plaignis alors de l'insulte faite à un de mes gens, et Osman me proposa de faire donner devant moi vingt coups de bâton au délis qui avoit arrêté Joseph. Je refusai ce dédommagement, et je me contentai de la bonne volonté du pacha. Je sortis de mon audience fort satisfait : il est vrai qu'il me fallut payer largement à la porte des distinctions aussi flatteuses. Heureux si les Turcs en place employoient au bien des peuples qu'ils gouvernent cette simplicité de mœurs et de justice! Mais ce sont des tyrans que la soif de l'or dévore, et qui versent sans remords le sang innocent pour la satisfaire.

[1] Tout ce qui a rapport aux Grecs, et les Grecs eux-mêmes, sont nommés *Romains* par les Turcs.

Je retournai à la maison de mon hôte, précédé de mon janissaire et suivi de Joseph, qui avoit oublié sa disgrâce. Je passai auprès de quelques ruines dont la construction me parut antique : je me réveillai alors de l'espèce de distraction où m'avoient jeté les dernières scènes avec les deux officiers turcs, le drogman et le pacha; je me retrouvai tout à coup dans les campagnes des Tégéates : et j'étois un Franc en habit court et en grand chapeau; et je venois de recevoir l'audience d'un Tartare en robe longue et en turban au milieu de la Grèce !

Eheu, fugaces labuntur anni !

M. Barbié du Bocage se récrie, avec raison, contre l'inexactitude de nos cartes de Morée, où la capitale de cette province n'est souvent pas même indiquée. La cause de cette négligence vient de ce que le gouvernement turc a changé dans cette partie de la Grèce. Il y avoit autrefois un sangiac qui résidoit à Coron. La Morée étant devenue un pachali, le pacha a fixé sa résidence à Tripolizza, comme dans un point plus central. Quant à l'agrément de la position, j'ai remarqué que les Turcs étoient assez indifférents sur la beauté des lieux. Ils n'ont point à cet égard la délicatesse des Arabes, que le charme du ciel et de la terre séduit toujours, et qui pleurent encore aujourd'hui Grenade perdue.

Cependant, quoique très obscure, Tripolizza n'a pas été tout-à-fait inconnue jusqu'à M. Pouqueville, qui écrit *Tripolitza*: Pellegrin en parle, et la nomme *Trepolezza;* d'Anville, *Trapolizza;* M. de Choiseul,

Tripolizza, et les autres voyageurs ont suivi cette orthographe. D'Anville observe que Tripolizza n'est point Mantinée : c'est une ville moderne qui paroît s'être élevée entre Mantinée, Tégée et Orchomène.

Un Tartare m'apporta le soir mon firman de poste et l'ordre pour passer l'isthme. En s'établissant sur les débris de Constantinople, les Turcs ont manifestement retenu plusieurs usages des peuples conquis. L'établissement des postes en Turquie est, à peu de chose près, celui qu'avoient fixé les empereurs romains : on ne paie point les chevaux ; le poids de votre bagage est réglé ; on est obligé de vous fournir partout la nourriture, etc. Je ne voulus point user de ces magnifiques, mais odieux priviléges, dont le fardeau pèse sur un peuple malheureux : je payai partout mes chevaux et ma nourriture comme un voyageur sans protection et sans firman.

Tripolizza étant une ville absolument moderne, j'en partis le 15 pour Sparte, où il me tardoit d'arriver. Il me falloit, pour ainsi dire, revenir sur mes pas, ce qui n'auroit pas eu lieu si j'avois d'abord visité la Laconie en passant par Calamate. A une lieue vers le couchant, au sortir de Tripolizza, nous nous arrêtâmes pour voir des ruines : ce sont celles d'un couvent grec dévasté par les Albanois au temps de la guerre des Russes ; mais dans les murs de ce couvent on aperçoit des fragments d'une belle architecture, et des pierres chargées d'inscriptions engagées dans la maçonnerie. J'essayai long-temps d'en lire une à gauche de la porte principale de l'église. Les lettres étoient du bon temps, et l'inscription parut être en boustrophédon : ce qui n'annonce pas toujours une très haute antiquité. Les caractères étoient renversés par la position de la pierre : la pierre elle-même étoit éclatée, placée fort haut, et enduite en partie de ciment. Je ne pus rien déchiffrer, hors le mot ΤΕΓΕΑΤΕΣ, qui me causa presque autant de joie que si j'eusse été membre de l'Académie des Inscriptions. Tégée a dû exister aux environs de ce couvent. On trouve dans les champs voisins beaucoup de médailles. J'en achetai trois d'un paysan, qui ne me donnèrent aucune lumière ; il me les vendit très cher. Les Grecs, à force de voir des voyageurs, commencent à connoître le prix de leurs antiquités.

Je ne dois pas oublier qu'en errant parmi ces décombres je découvris une inscription beaucoup plus moderne : c'étoit le nom de M. Fauvel écrit au crayon sur un mur. Il faut être voyageur pour savoir quel plaisir on éprouve à rencontrer tout à coup, dans des lieux lointains et inconnus, un nom qui vous rappelle la patrie.

Nous continuâmes notre route entre le nord et le couchant. Après avoir marché pendant trois heures par des terrains à demi cultivés, nous entrâmes dans un désert qui ne finit qu'à la vallée de la Laconie. Le lit desséché d'un torrent nous servoit de chemin; nous circulions avec lui dans un labyrinthe de montagnes peu élevées, toutes semblables entre elles, ne présentant partout que des sommets pelés et des flancs couverts d'une espèce de chêne-vert nain à feuilles de houx. Au bord de ce torrent desséché, et au centre à peu près de ces monticules, nous rencontrâmes un kan ombragé de deux platanes et rafraîchi par une petite fontaine. Nous laissâmes reposer nos montures : il y avoit dix heures que nous étions à cheval. Nous ne trouvâmes pour toute nourriture que du lait de chèvre et quelques amandes. Nous repartîmes avant le coucher du soleil, et nous nous arrêtâmes à onze heures du soir dans une gorge de vallée, au bord d'un autre torrent qui conservoit un peu d'eau.

Le chemin que nous suivions ne traversoit aucun lieu célèbre : il avoit servi tout au plus à la marche des troupes de Sparte, lorsqu'elles alloient combattre celles de Tégée dans les premières guerres de Lacédémone. On ne trouvoit sur cette route qu'un temple de Jupiter-Scotitas vers le passage des Hermès : toutes ces montagnes ensemble devoient former différentes branches du Parnon, du Cronius et de l'Olympe.

Le 16 à la pointe du jour nous bridâmes nos chevaux : le janissaire fit sa prière, se lava les coudes, la barbe et les mains, se tourna vers l'orient comme pour appeler la lumière, et nous partîmes. En avançant vers la Laconie, les montagnes commençoient à s'élever et à se couvrir de quelques bouquets de bois; les vallées étoient étroites et brisées; quelques-unes me rappelèrent, mais sur une moindre échelle, le site de la grande Chartreuse et son magnifique revêtement de forêts. A midi nous découvrîmes un kan aussi pauvre que celui de la veille, quoiqu'il fût décoré du pavillon ottoman. Dans un espace de vingt-deux lieues c'étoient les deux seules habitations que nous eussions rencontrées : la fatigue et la faim nous obligèrent à rester dans ce sale gîte plus long-temps que je ne l'aurois voulu. Le maître du lieu, vieux Turc à la mine rébarbative, étoit assis dans un grenier qui régnoit au-dessus des étables du kan ; les chèvres montoient jusqu'à lui et l'environnoient de leurs ordures. Il nous reçut dans ce lieu de plaisance, et ne daigna pas se lever de son fumier pour faire donner quelque chose à des chiens de chrétiens ; il cria d'une voix terrible, et un pauvre enfant grec tout nu, le corps enflé par la fièvre et par les coups de fouet, nous vint apporter du lait de brebis dans un vase dégoûtant par sa malpropreté ; encore fus-je obligé de sortir pour le boire à mon aise, car les chèvres et leurs chevreaux m'assiégeoient pour m'arracher un morceau de biscuit que je tenois à la main. J'avois mangé l'ours et le chien sacré avec les Sauvages ; je partageai depuis le repas des Bédouins ; mais je n'ai jamais rien rencontré de comparable à ce premier kan de la Laconie. C'étoit pourtant à peu près dans les mêmes lieux que paissoient les troupeaux de Ménélas, et qu'il offrit un festin à Télémaque : « On s'empressoit dans le palais du roi, les serviteurs amenoient « les victimes; ils apportoient aussi un vin généreux, « tandis que leurs femmes, le front orné de bande« lettes pures, préparoient le repas[1]. »

Nous quittâmes le kan vers trois heures après

---

[1] *Odyss.*, liv. IV.

midi : à cinq heures nous parvînmes à une croupe de montagnes d'où nous découvrîmes en face de nous le Taygète, que j'avois déjà vu du côté opposé, Misitra, bâtie à ses pieds, et la vallée de la Laconie.

Nous y descendîmes par une espèce d'escalier taillé dans le roc comme celui du mont Borée. Nous aperçûmes un pont léger et d'une seule arche, élégamment jeté sur un petit fleuve, et réunissant deux hautes collines. Arrivés au bord du fleuve, nous passâmes à gué ses eaux limpides, au travers de grands roseaux, de beaux lauriers-roses en pleine fleur. Ce fleuve, que je passois ainsi sans le connoître, étoit l'Eurotas. Une vallée tortueuse s'ouvrit devant nous; elle circuloit autour de plusieurs monticules de figure à peu près semblable, et qui avoient l'air de monts artificiels ou de tumulus. Nous nous engageâmes dans ces détours, et nous arrivâmes à Misitra comme le jour tomboit.

M. Vial m'avoit donné une lettre pour un des principaux Turcs de Misitra, appelé *Ibraïm-bey*. Nous mîmes pied à terre dans sa cour, et ses esclaves m'introduisirent dans la salle des étrangers; elle étoit remplie de musulmans qui tous étoient comme moi des voyageurs et des hôtes d'Ibraïm. Je pris ma place sur le divan au milieu d'eux; je suspendis comme eux mes armes au mur au-dessus de ma tête. Joseph et mon janissaire en firent autant. Personne ne me demanda qui j'étois, d'où je venois : chacun continua de fumer, de dormir ou de causer avec son voisin sans jeter les yeux sur moi.

Notre hôte arriva : on lui avoit porté la lettre de

4.

M. Vial. Ibraïm, âgé d'environ soixante ans, avoit la physionomie douce et ouverte. Il vint à moi, me prit affectueusement la main, me bénit, essaya de prononcer le mot *bon*, moitié en françois, moitié en italien, et s'assit à mes côtés. Il parla en grec à Joseph; il me fit prier de l'excuser s'il ne me recevoit pas aussi bien qu'il auroit voulu : il avoit un petit enfant malade : *un figliuolo*, répétoit-il en italien; et cela lui faisoit tourner la tête, *mi fa tornar la testa;* et il serroit son turban avec ses deux mains. Assurément ce n'étoit pas la tendresse paternelle dans toute sa naïveté que j'aurois été chercher à Sparte; et c'étoit un vieux Tartare qui montroit ce bon naturel sur le tombeau de ces mères qui disoient à leurs fils, en leur donnant le bouclier : ἢ τὰν, ἢ ἐπὶ τὰν, avec ou dessus.

Ibraïm me quitta après quelques instants pour aller veiller son fils : il ordonna de m'apporter la pipe et le café; mais, comme l'heure du repas étoit passée, on ne me servit point de pilau : il m'auroit cependant fait grand plaisir, car j'étois presque à jeun depuis vingt-quatre heures. Joseph tira de son sac un saucisson dont il avaloit des morceaux à l'insu des Turcs; il en offroit sous main au janissaire, qui détournoit les yeux avec un mélange de regret et d'horreur.

Je pris mon parti : je me couchai sur le divan, dans l'angle de la salle. Une fenêtre avec une grille en roseaux s'ouvroit sur la vallée de la Laconie, où la lune répandoit une clarté admirable. Appuyé sur le coude, je parcourois des yeux le ciel, la vallée, les sommets brillants et sombres du Taygète, selon qu'ils étoient dans l'ombre ou la lumière. Je pouvois à peine me persuader que je respirois dans la patrie d'Hélène et de Ménélas. Je me laissai entraîner à ces réflexions que chacun peut faire, et moi plus qu'un autre, sur les vicissitudes des destinées humaines. Que de lieux avoient déjà vu mon sommeil paisible ou troublé! Que de fois, à la clarté des mêmes étoiles, dans les forêts de l'Amérique, sur les chemins de l'Allemagne, dans les bruyères de l'Angleterre, dans les champs de l'Italie, au milieu de la mer, je m'étois livré à ces mêmes pensées touchant les agitations de la vie!

Un vieux Turc, homme, à ce qu'il paroissoit, de grande considération, me tira de ces réflexions pour me prouver d'une manière encore plus sensible que j'étois loin de mon pays. Il étoit couché à mes pieds sur le divan : il se tournoit, il s'asseyoit, il soupiroit, il appeloit ses esclaves, il les renvoyoit; il attendoit le jour avec impatience. Le jour vint (17 août) : le Tartare, entouré de ses domestiques, les uns à genoux, les autres debout, ôta son turban; il se mira dans un morceau de glace brisée, peigna sa barbe, frisa ses moustaches, se frotta les joues pour les animer. Après avoir fait ainsi sa toilette, il partit en traînant majestueusement ses babouches et en me jetant un regard dédaigneux.

Mon hôte entra quelque temps après portant son fils dans ses bras. Ce pauvre enfant, jaune et miné par la fièvre, étoit tout nu. Il avoit des amulettes et des espèces de sorts suspendus au cou. Le père

le mit sur mes genoux, et il fallut entendre l'histoire
de la maladie : l'enfant avoit pris tout le quinquina
de la Morée; on l'avoit saigné (et c'étoit là le mal);
sa mère lui avoit mis des charmes, et elle avoit attaché un turban à la tombe d'un santon : rien n'a-
voit réussi. Ibraïm finit par me demander si je connoissois quelque remède : je me rappelai que dans
mon enfance on m'avoit guéri d'une fièvre avec de
la petite centaurée; je conseillai l'usage de cette
plante comme l'auroit pu faire le plus grave médecin. Mais qu'étoit-ce que la centaurée ? Joseph pé-
rora. Je prétendis que la centaurée avoit été découverte par un certain médecin du voisinage appelé
Chiron qui couroit à cheval sur les montagnes.
Un Grec déclara qu'il avoit connu ce Chiron, qu'il
étoit de Calamate, et qu'il montoit ordinairement
un cheval blanc. Comme nous tenions conseil, nous
vîmes entrer un Turc que je reconnus pour un
chef de la loi à son turban vert. Il vint à nous, prit
la tête de l'enfant entre ses deux mains, et prononça dévotement une prière : tel est le caractère
de la piété; elle est touchante et respectable même
dans les religions les plus funestes.

J'avois envoyé le janissaire me chercher des chevaux et un guide pour visiter d'abord Amyclée et
ensuite les ruines de Sparte, où je croyois être :
tandis que j'attendois son retour, Ibraïm me fit
servir un repas à la turque. J'étois toujours couché
sur le divan : on mit devant moi une table extrêmement basse; un esclave me donna à laver; on
apporta sur un plateau de bois un poulet haché

dans du riz; je mangeois avec mes doigts. Après le poulet on servit une espèce de ragoût de mouton dans un bassin de cuivre; ensuite des figues, des olives, du raisin et du fromage, auquel, selon Guillet[1], Misitra doit aujourd'hui son nom. Entre chaque plat un esclave me versoit de l'eau sur les mains, et un autre me présentoit une serviette de grosse toile, mais fort blanche. Je refusai de boire du vin par courtoisie : après le café on m'offrit du savon pour mes moustaches.

Pendant le repas le chef de la loi m'avoit fait faire plusieurs questions par Joseph; il vouloit savoir pourquoi je voyageois, puisque je n'étois ni marchand, ni médecin. Je répondis que je voyageois pour voir les peuples, et surtout les Grecs qui étoient morts. Cela le fit rire : il répliqua que, puisque j'étois venu en Turquie, j'aurois dû apprendre le turc. Je trouvai pour lui une meilleure raison à mes voyages en disant que j'étois un pèlerin de Jérusalem. « Hadgi! hadgi![2] » s'écria-t-il. Il fut pleinement satisfait. La religion est une espèce de langue universelle entendue de tous les hommes. Ce Turc ne pouvoit comprendre que je quittasse ma patrie par un simple motif de curiosité; mais il trouva tout naturel que j'entreprisse un long voyage pour aller prier à un tombeau, pour demander à

---

[1] M. Scrofani l'a suivi dans cette opinion. Si Sparte tiroit son nom des genêts de son territoire, et non pas de Spartus, fils d'Amyclus, ou de Sparta, femme de Lacédémon, Misitra peut bien emprunter le sien d'un fromage.

[2] Pèlerin! pèlerin!

Dieu quelque prospérité ou la délivrance de quelque malheur. Ibraïm qui, en m'apportant son fils, m'avoit demandé si j'avois des enfants, étoit persuadé que j'allois à Jérusalem afin d'en obtenir. J'ai vu les sauvages du Nouveau-Monde indifférents à mes manières étrangères, mais seulement attentifs comme les Turcs à mes armes et à ma religion, c'est-à-dire aux deux choses qui protégent l'homme dans ses rapports de l'âme et du corps. Ce consentement unanime des peuples sur la religion et cette simplicité d'idées m'ont paru valoir la peine d'être remarqués.

Au reste, cette salle des étrangers où je prenois mon repas offroit une scène assez touchante et qui rappeloit les anciennes mœurs de l'Orient. Tous les hôtes d'Ibraïm n'étoient pas riches, il s'en falloit beaucoup; plusieurs même étoient de véritables mendiants : pourtant ils étoient assis sur le même divan avec les Turcs qui avoient un grand train de chevaux et d'esclaves. Joseph et mon janissaire étoient traités comme moi, si ce n'est pourtant qu'on ne les avoit point mis à ma table. Ibraïm saluoit également ses hôtes, parloit à chacun, faisoit donner à manger à tous. Il y avoit des gueux en haillons, à qui des esclaves portoient respectueusement le café. On reconnoît là les préceptes charitables du Coran et la vertu de l'hospitalité que les Turcs ont empruntée des Arabes; mais cette fraternité du turban ne passe pas le seuil de la porte, et tel esclave a bu le café avec son hôte, à qui ce même hôte fait couper le cou en sortant. J'ai lu pourtant, et l'on m'a dit qu'en Asie il y a encore des familles turques qui ont les mœurs, la simplicité et la candeur des premiers âges : je le crois, car Ibraïm est certainement un des hommes les plus vénérables que j'aie jamais rencontrés.

Le janissaire revint avec un guide qui me proposoit des chevaux non-seulement pour Amyclée, mais encore pour Argos. Il demanda un prix que j'acceptai. Le chef de la loi, témoin du marché, se leva tout en colère ; il me fit dire que, puisque je voyageois pour connoître les peuples, j'eusse à savoir que j'avois affaire à des fripons ; que ces gens-là me voloient ; qu'ils me demandoient un prix extraordinaire ; que je ne leur devois rien, puisque j'avois un firman ; et qu'enfin j'étois complétement leur dupe. Il sortit plein d'indignation ; et je vis qu'il étoit moins animé par un esprit de justice que révolté de ma stupidité.

A huit heures du matin je partis pour Amyclée, aujourd'hui Sclabochôrion : j'étois accompagné du nouveau guide et d'un cicérone grec, très bon homme, mais très ignorant. Nous prîmes le chemin de la plaine au pied du Taygète, en suivant de petits sentiers ombragés et fort agréables qui passoient entre des jardins ; ces jardins, arrosés par des courants d'eau qui descendoient de la montagne, étoient plantés de mûriers, de figuiers et de sycomores. On y voyoit aussi beaucoup de pastèques, de raisins, de concombres et d'herbes de différentes sortes : à la beauté du ciel et à l'espèce de culture près, on auroit pu se croire dans les environs de Chambéry.

Nous traversâmes la Tiase, et nous arrivâmes à Amyclée, où je ne trouvai qu'une douzaine de chapelles grecques dévastées par les Albanois, et placées à quelque distance les unes des autres au milieu de champs cultivés. Le temple d'Apollon, celui d'Eurotas à Onga, le tombeau d'Hyacinthe, tout a disparu. Je ne pus découvrir aucune inscription : je cherchai pourtant avec soin le fameux nécrologe des prêtresses d'Amyclée, que l'abbé Fourmont copia en 1731 ou 1732, et qui donne une série de près de mille années avant Jésus-Christ. Les destructions se multiplient avec une telle rapidité dans la Grèce, que souvent un voyageur n'aperçoit pas le moindre vestige des monuments qu'un autre voyageur a admirés quelques mois avant lui. Tandis que je cherchois des fragments de ruines antiques parmi des monceaux de ruines modernes, je vis arriver des paysans conduits par un papas; ils dérangèrent une planche appliquée contre le mur d'une des chapelles, et entrèrent dans un sanctuaire que je n'avois pas encore visité. J'eus la curiosité de les y suivre, et je trouvai que ces pauvres gens prioient avec leurs prêtres dans ces débris : ils chantoient les litanies devant une image de la Panagia[1], barbouillée en rouge sur un mur peint en bleu. Il y avoit bien loin de cette fête aux fêtes d'Hyacinthe; mais la triple pompe des ruines, des malheurs et des prières au vrai Dieu effaçoit à mes yeux toutes les pompes de la terre.

[1] La Toute-Sainte (la Vierge).

Mes guides me pressoient de partir parce que nous étions sur la frontière des Maniottes, qui, malgré les relations modernes, n'en sont pas moins de grands voleurs. Nous repassâmes la Tiase et nous retournâmes à Misitra par le chemin de la montagne. Je relèverai ici une erreur qui ne laisse pas de jeter de la confusion dans les cartes de la Laconie. Nous donnons indifféremment le nom moderne d'*Iris* ou *Vasilipotamos* à l'Eurotas. La Guilletière, ou plutôt Guillet, ne sait où Niger a pris ce nom d'*Iris*, et M. Pouqueville paroît également étonné de ce nom. Niger et Mélétius, qui écrivent *Neris* par corruption, n'ont pas cependant tout-à-fait tort. L'Eurotas est connu à Misitra sous le nom d'*Iri* (et non pas d'*Iris*) jusqu'à sa jonction avec la Tiase : il prend alors le nom de *Vasilipotamos*, et il le conserve le reste de son cours.

Nous arrivâmes dans la montagne au village de Parori, où nous vîmes une grande fontaine appelée *Chieramo* : elle sort avec abondance du flanc d'un rocher; un saule pleureur l'ombrage au-dessus, et au-dessous s'élève un immense platane autour duquel on s'assied sur des nattes pour prendre le café. Je ne sais d'où ce saule pleureur a été apporté à Misitra; c'est le seul que j'aie vu en Grèce[1]. L'opinion commune fait, je crois, le *Salix Babylonica* originaire de l'Asie-Mineure, tandis qu'il nous est peut-être venu de la Chine à travers l'Orient. Il en est de même du peuplier pyramidal que la Lom-

---

[1] Je ne sais pourtant si je n'en ai point vu quelques autres dans le jardin de l'aga de Naupli de Romanie, au bord du golfe d'Argos.

bardie a reçu de la Crimée et de la Géorgie, et dont la famille a été retrouvée sur les bords du Mississipi, au-dessus des Illinois.

Il y a beaucoup de marbres brisés et enterrés dans les environs de la fontaine de Parori : plusieurs portent des inscriptions dont on aperçoit des lettres et des mots; avec du temps et de l'argent, peut-être pourroit-on faire dans cet endroit quelques découvertes : cependant il est probable que la plupart de ces inscriptions auront été copiées par l'abbé Fourmont, qui en recueillit trois cent cinquante dans la Laconie et dans la Messénie.

Suivant toujours à mi-côte le flanc du Taygète, nous rencontrâmes une seconde fontaine appelée Πανθάλαμα, *Panthalama*, qui tire son nom de la pierre d'où l'eau s'échappe. On voit sur cette pierre une sculpture antique d'une mauvaise exécution, représentant trois nymphes dansant avec des guirlandes. Enfin nous trouvâmes une dernière fontaine nommée Τριτζέλλα, *Tritzella*, au-dessus de laquelle s'ouvre une grotte qui n'a rien de remarquable[1]. On reconnoîtra, si l'on veut, la Dorcia des anciens dans l'une de ces trois fontaines; mais alors elle seroit placée beaucoup trop loin de Sparte.

Là, c'est-à-dire à la fontaine Tritzella, nous nous trouvions derrière Misitra, et presque au pied du château ruiné qui commande la ville. Il est placé au haut d'un rocher de forme quasi pyramidale. Nous avions employé huit heures à toutes nos

---

[1] M. Scrofani parle de ces fontaines.

courses, et il étoit quatre heures de l'après-midi. Nous quittâmes nos chevaux, et nous montâmes à pied au château par le faubourg des Juifs, qui tourne en limaçon autour du rocher jusqu'à la base du château. Ce faubourg a été entièrement détruit par les Albanois; les murs seuls des maisons sont restés debout, et l'on voit à travers les ouvertures des portes et des fenêtres la trace des flammes qui ont dévoré ces anciennes retraites de la misère. Des enfants, aussi méchants que les Spartiates dont ils descendent, se cachent dans ces ruines, épient le voyageur, et, au moment où il passe, font crouler sur lui des pans de murs et des fragments de rocher. Je faillis être victime d'un de ces jeux lacédémoniens.

Le château gothique qui couronne ces débris tombe lui-même en ruine: les vides des créneaux, les crevasses formées dans les voûtes, et les bouches des citernes, font qu'on ne marche pas sans danger. Il n'y a ni portes, ni gardes, ni canons, le tout est abandonné : mais on est bien dédommagé de la peine qu'on a prise de monter à ce donjon par la vue dont on jouit.

Au-dessous de vous, à votre gauche, est la partie détruite de Misitra, c'est-à-dire le faubourg des Juifs dont je viens de parler. A l'extrémité de ce faubourg vous apercevez l'archevêché et l'église de Saint-Dimitri, environnés d'un groupe de maisons grecques avec des jardins.

Perpendiculairement au-dessous de vous s'étend la partie de la ville appelée Κατωχώριον, *Katôchô-*

rion, c'est-à-dire le bourg au-dessous du château.

En avant de Katôchôrion se trouve le Μεσοχώριον, *Mésochôrion*, le bourg du milieu : celui-ci a de grands jardins, et renferme des maisons turques peintes de vert et de rouge; on y remarque aussi des bazars, des kans et des mosquées.

A droite, au pied du Taygète, on voit successivement les trois villages ou faubourgs que j'avois traversés : Tritzella, Panthalama et Parori.

De la ville même sortent deux torrents : le premier est appelé Όβριοπόταμος, *Hobriopotamos*, rivière des Juifs; il coule entre le Katôchôrion et le Mésochôrion.

Le second se nomme *Panthalama*, du nom de la fontaine des Nymphes dont il sort : il se réunit à l'Hobriopotamos assez loin dans la plaine, vers le village désert de Μαγούλα, *Magoula*. Ces deux torrents, sur lesquels il y a un petit pont, ont suffi à La Guilletière pour en former l'Eurotas et le pont Babyx, sous le nom générique de Γέφυρος, qu'il auroit dû, je pense, écrire Γέφυρα.

A Magoula, ces deux ruisseaux réunis se jettent dans la rivière de Magoula, l'ancien Cnacion, et celui-ci va se perdre dans l'Eurotas.

Vue du château de Misitra, la vallée de la Laconie est admirable : elle s'étend à peu près du nord au midi; elle est bordée à l'ouest par le Taygète, et à l'est par les monts Tornax, Barosthènes, Olympe et Ménélaïon; de petites collines obstruent la partie septentrionale de la vallée, descendent au midi en diminuant de hauteur, et viennent former de leurs dernières croupes les collines où Sparte étoit assise. Depuis Sparte jusqu'à la mer se déroule une plaine unie et fertile arrosée par l'Eurotas [1].

Me voilà donc monté sur un créneau du château de Misitra, découvrant, contemplant et admirant toute la Laconie. Mais quand parlerez-vous de Sparte? me dira le lecteur. Où sont les débris de cette ville? Sont-ils renfermés dans Misitra? N'en reste-t-il aucune trace? Pourquoi courir à Amyclée avant d'avoir visité tous les coins de Lacédémone? Vous contenterez-vous de nommer l'Eurotas sans en montrer le cours, sans en décrire les bords? Quelle largeur a-t-il? de quelle couleur sont ses eaux? où sont ses cygnes, ses roseaux, ses lauriers? Les moindres particularités doivent être racontées quand il s'agit de la patrie de Lycurgue, d'Agis, de Lysandre, de Léonidas. Tout le monde a vu Athènes, mais très peu de voyageurs ont pénétré jusqu'à Sparte : aucun n'en a complétement décrit les ruines.

Il y a déjà long-temps que j'aurois satisfait le lecteur si, dans le moment même où il m'aperçoit au haut du donjon de Misitra, je n'eusse fait pour mon propre compte toutes les questions que je l'entends me faire à présent.

Si on a lu l'introduction à cet *Itinéraire* on a pu voir que je n'avois rien négligé pour me procurer sur Sparte tous les renseignements possibles : j'ai suivi l'histoire de cette ville depuis les Romains jusqu'à

---

[1] Voyez, pour la description de la Laconie, *les Martyrs*, liv. XIV.

nous; j'ai parlé des voyageurs et des livres qui nous ont appris quelque chose de la moderne Lacédémone; malheureusement ces notions sont assez vagues, puisqu'elles ont fait naître deux opinions contradictoires. D'après le père Pacifique, Cornelli, le romancier Guillet et ceux qui les ont suivis, Misitra est bâtie sur les ruines de Sparte; et d'après Spon, Vernon, l'abbé Fourmont, Leroi et d'Anville, les ruines de Sparte sont assez éloignées de Misitra[1]. Il étoit bien clair, d'après cela, que les meilleures autorités étoient pour cette dernière opinion. D'Anville surtout est formel, et il paroît choqué du sentiment contraire : « Le lieu, dit-il, qu'occupoit cette « ville (Sparte) est appelé *Palæochôri* ou le vieux « bourg; la ville nouvelle sous le nom de *Misi-* « *tra*, que l'on a tort de confondre avec Sparte, « en est écartée vers le couchant[2]. » Spon, combattant La Guilletière, s'exprime aussi fortement d'après le témoignage de Vernon et du consul Giraud. L'abbé Fourmont, qui a retrouvé à Sparte tant d'inscriptions, n'a pu être dans l'erreur sur l'emplacement de cette ville : il est vrai que nous n'avons pas son voyage; mais Leroi, qui a reconnu le théâtre et le dromos, n'a pu ignorer la vraie position de Sparte. Les meilleures géographies, se conformant à ces grandes autorités, ont pris soin d'avertir que Misitra n'est point du tout Lacédémone. Il y en a même qui fixent assez bien la dis-

---

[1] Voyez l'Introduction.
[2] *Géogr. anc. abrég.*, tom. 1, pag. 270.

tance de l'une à l'autre de ces villes, en la faisant d'environ deux lieues.

On voit ici, par un exemple frappant, combien il est difficile de rétablir la vérité quand une erreur est enracinée. Malgré Spon, Fourmont, Leroi, d'Anville, etc., on s'est généralement obstiné à voir Sparte dans Misitra, et moi-même tout le premier. Deux voyageurs modernes avoient achevé de m'aveugler, Scrofani et M. Pouqueville. Je n'avois pas fait attention que celui-ci, en décrivant Misitra comme représentant Lacédémone, ne faisoit que répéter l'opinion des gens du pays, et qu'il ne donnoit pas ce sentiment pour le sien : il semble même pencher au contraire vers l'opinion qui a pour elle les meilleures autorités; d'où je devois conclure que M. Pouqueville, exact sur tout ce qu'il a vu de ses propres yeux, avoit été trompé dans ce qu'on lui avoit dit de Sparte[1].

Persuadé donc, par une erreur de mes premières études, que Misitra étoit Sparte, j'avois commencé à parcourir Amyclée : mon projet étoit de me débarrasser d'abord de ce qui n'étoit point Lacédémone, afin de donner ensuite à cette ville toute mon attention. Qu'on juge de mon embarras, lorsque, du haut du château de Misitra, je m'obstinois à vouloir reconnoître la cité de Lycurgue dans une ville absolument moderne, et dont l'architecture ne

[1] Il dit même en toutes lettres que Misitra n'est pas sur l'emplacement de Sparte ; ensuite il revient aux idées des habitants du pays. On voit que l'auteur étoit sans cesse entre les grandes autorités qu'il connoissoit et le bavardage de quelque Grec ignorant.

m'offroit qu'un mélange confus du genre oriental et du style gothique, grec et italien : pas une pauvre petite ruine antique pour se consoler au milieu de tout cela. Encore si la vieille Sparte, comme la vieille Rome, avoit levé sa tête défigurée du milieu de ces monuments nouveaux! Mais non : Sparte étoit renversée dans la poudre, ensevelie dans le tombeau, foulée aux pieds des Turcs, morte, morte tout entière!

Je le croyois ainsi. Mon cicérone savoit à peine quelques mots d'italien et d'anglois. Pour me faire mieux entendre de lui, j'essayois de méchantes phrases de grec moderne : je barbouillois au crayon quelques mots de grec ancien, je parlois italien et anglois, je mêlois du françois à tout cela; Joseph vouloit nous mettre d'accord, et il ne faisoit qu'accroître la confusion; le janissaire et le guide (espèce de juif demi-nègre) donnoient leur avis en turc, et augmentoient le mal. Nous parlions tous à la fois, nous criions, nous gesticulions; avec nos habits différents, nos langages et nos visages divers, nous avions l'air d'une assemblée de démons perchés au coucher du soleil sur la pointe de ces ruines. Les bois et les cascades du Taygète étoient derrière nous, la Laconie à nos pieds, et le plus beau ciel sur notre tête;

« Voilà Misitra, disois-je au cicérone : c'est Lacé-
« démone, n'est-ce pas? »

Il me répondoit : « Signor, Lacédémone ? Comment ? »

— « Je vous dis, Lacédémone ou Sparte? »

—« Sparte? Quoi? »

—« Je vous demande si Misitra est Sparte. »

—« Je n'entends pas. »

—« Comment! vous, Grec, vous, Lacédémonien, vous ne connoissez pas le nom de Sparte? »

—« Sparte? Oh, oui! Grande république! Fa-
« meux Lycurgue! »

—« Ainsi Misitra est Lacédémone? »

Le Grec me fit un signe de tête affirmatif. Je fus ravi.

« Maintenant, repris-je, expliquez-moi ce que
« je vois : quelle est cette partie de la ville? » Et je montrois la partie devant moi, un peu à droite.

« Mésochôrion, » répondit-il.

« J'entends bien : mais quelle partie étoit-ce de
« Lacédémone ? »

—« Lacédémone? Quoi? »

J'étois hors de moi.

« Au moins, indiquez-moi le fleuve. » Et je répétois : « Potamos, Potamos. »

Mon Grec me fit remarquer le torrent appelé la *rivière des Juifs*.

« Comment, c'est là l'Eurotas? impossible! Dites-
« moi où est le Vasilipotamos. »

Le cicérone fit de grands gestes, et étendit le bras à droite du côté d'Amyclée.

Me voilà replongé dans toutes mes perplexités. Je prononçai le nom d'*Iri*; et, à ce nom, mon Spartiate me montra la gauche à l'opposé d'Amyclée.

Il falloit conclure qu'il y avoit deux fleuves : l'un à droite, le Vasilipotamos; l'autre à gauche, l'Iri;

et que ni l'un ni l'autre de ces fleuves ne passoit à Misitra. On a vu plus haut, par l'explication que j'ai donnée de ces deux noms, ce qui causoit mon erreur.

Ainsi, disois-je en moi-même, je ne sais plus où est l'Eurotas; mais il est clair qu'il ne passe point à Misitra. Donc Misitra n'est point Sparte, à moins que le cours du fleuve n'ait changé, et ne se soit éloigné de la ville; ce qui n'est pas du tout probable. Où est donc Sparte? Je serai venu jusqu'ici sans avoir pu la trouver! Je m'en retournerai sans l'avoir vue! J'étois dans la consternation. Comme j'allois descendre du château, le Grec s'écria : « Votre « seigneurie demande peut-être Palæochôri? » A ce nom je me rappelai le passage de d'Anville; je m'écrie à mon tour : « Oui, Palæochôri! la vieille ville! Où est-elle, Palæochôri? »

— « Là-bas, à Magoula, » dit le cicérone; et il me montroit au loin dans la vallée une chaumière blanche environnée de quelques arbres.

Les larmes me vinrent aux yeux en fixant mes regards sur cette misérable cabane qui s'élevoit dans l'enceinte abandonnée d'une des villes les plus célèbres de l'univers, et qui servoit seule à faire reconnoître l'emplacement de Sparte, demeure unique d'un chevrier, dont toute la richesse consiste dans l'herbe qui croît sur les tombeaux d'Agis et de Léonidas.

Je ne voulus plus rien voir ni rien entendre : je descendis précipitamment du château, malgré les cris des guides qui vouloient me montrer des ruines modernes, et me raconter des histoires d'agas, de pachas, de cadis, de vayvodes; mais, en passant devant l'archevêché, je trouvai des papas qui attendoient *le François* à la porte, et qui m'invitèrent à entrer de la part de l'archevêque.

Quoique j'eusse bien désiré refuser cette politesse, il n'y eut pas moyen de s'y soustraire. J'entrai donc : l'archevêque étoit assis au milieu de son clergé dans une salle très propre, garnie de nattes et de coussins à la manière des Turcs. Tous ces papas et leur chef étoient gens d'esprit et de bonne humeur; plusieurs savoient l'italien et s'exprimoient avec facilité dans cette langue. Je leur contai ce qui venoit de m'arriver au sujet des ruines de Sparte : ils en rirent, et se moquèrent du cicérone; ils me parurent fort accoutumés aux étrangers.

La Morée est en effet remplie de Lévantins, de Francs, de Ragusains, d'Italiens, et surtout de jeunes médecins de Venise et des îles Ioniennes, qui viennent dépêcher les cadis et les agas. Les chemins sont assez sûrs : on trouve passablement de quoi se nourrir; on jouit d'une grande liberté, pourvu qu'on ait un peu de fermeté et de prudence. C'est en général un voyage très facile, surtout pour un homme qui a vécu chez les Sauvages de l'Amérique. Il y a toujours quelques Anglois sur les chemins du Péloponèse : les papas me dirent qu'ils avoient vu dans ces derniers temps des antiquaires et des officiers de cette nation. Il y a même à Misitra une maison grecque qu'on appelle l'*Auberge angloise :* on y mange du roast-beef, et l'on y boit du vin de

Porto. Le voyageur a sous ce rapport de grandes obligations aux Anglois : ce sont eux qui ont établi de bonnes auberges dans toute l'Europe, en Italie, en Suisse, en Allemagne, en Espagne, à Constantinople, à Athènes, et jusqu'aux portes de Sparte, en dépit de Lycurgue.

L'archevêque connoissoit le vice-consul d'Athènes, et je ne sais s'il ne me dit point lui avoir donné l'hospitalité dans les deux ou trois courses que M. Fauvel a faites à Misitra. Après qu'on m'eut servi le café, on me montra l'archevêché et l'église : celle-ci, fort célèbre dans nos géographies, n'a pourtant rien de remarquable. La mosaïque du pavé est commune; les peintures, vantées par Guillet, rappellent absolument les ébauches de l'école avant le Pérugin. Quant à l'architecture, ce sont toujours des dômes plus ou moins écrasés, plus ou moins multipliés. Cette cathédrale, dédiée à saint Dimitri, et non pas à la Vierge, comme on l'a dit, a pour sa part sept de ces dômes. Depuis que cet ornement a été employé à Constantinople dans la dégénération de l'art, il a marqué tous les monuments de la Grèce. Il n'a ni la hardiesse du gothique, ni la sage beauté de l'antique. Il est assez majestueux quand il est immense; mais alors il écrase l'édifice qui le porte : s'il est petit, ce n'est plus qu'une calotte ignoble qui ne se lie à aucun membre de l'architecture, et qui s'élève au-dessus des entablements tout exprès pour rompre la ligne harmonieuse de la cymaise.

Je vis dans la bibliothèque de l'archevêché quelques traités des pères grecs, des livres de controverse, et deux ou trois historiens de la *Byzantine*; entre autres Pachymère. Il eût été intéressant de collationner le texte de ce manuscrit avec les textes que nous avons; mais il aura sans doute passé sous les yeux de nos deux grands hellénistes, l'abbé Fourmont et d'Anse de Villoison. Il est probable que les Vénitiens, long-temps maîtres de la Morée, en auront enlevé les manuscrits les plus précieux.

Mes hôtes me montrèrent avec empressement des traductions imprimées de quelques ouvrages françois: c'est, comme on sait, le *Télémaque*, *Rollin*, etc., et des nouveautés publiées à Bucharest. Parmi ces traductions, je n'oserois dire que je trouvai *Atala*, si M. Stamati ne m'avoit aussi fait l'honneur de prêter à ma Sauvage la langue d'Homère. La traduction que je vis à Misitra n'étoit pas achevée; le traducteur étoit un Grec, natif de Zante; il s'étoit trouvé à Venise lorsque *Atala* y parut en italien, et c'étoit sur cette traduction qu'il avoit commencé la sienne en grec vulgaire. Je ne sais si je cachai mon nom par orgueil ou par modestie; mais ma petite gloriole d'auteur fut si satisfaite de se rencontrer auprès de la grande gloire de Lacédémone, que le portier de l'archevêché eut lieu de se louer de ma générosité: c'est une charité dont j'ai fait depuis pénitence.

Il étoit nuit quand je sortis de l'archevêché: nous traversâmes la partie la plus peuplée de Misitra; nous passâmes dans le bazar indiqué dans plusieurs descriptions comme devant être l'Agora des anciens, supposant toujours que Misitra est Lacédémone. Ce bazar est un mauvais marché pareil à ces halles que l'on voit dans nos petites villes de province. De chétives boutiques de schalls, de merceries, de comestibles, en occupent les rues. Ces boutiques étoient alors occupées par des lampes de fabrique italienne. On me fit remarquer, à la lueur de ces lampes, deux Maniottes qui vendoient des sèches et des polypes de mer, appelés à Naples *frutti di mare.* Ces pêcheurs, d'une assez grande taille, ressembloient à des paysans francs-comtois. Je ne leur trouvai rien d'extraordinaire. J'achetai d'eux un chien de Taygète : il étoit de moyenne taille, le poil fauve et rude, le nez très court, l'air sauvage :

Fulvus Lacon,
Amica vis pastoribus.

Je l'avois nommé *Argus :* « Ulysse en fit autant. » Malheureusement je le perdis quelques jours après sur la route entre Argos et Corinthe.

Nous vîmes passer plusieurs femmes enveloppées dans leurs longs habits. Nous nous détournions pour leur céder le chemin, selon une coutume de l'Orient, qui tient à la jalousie plus qu'à la politesse. Je ne pus découvrir leurs visages ; je ne sais donc s'il faut dire encore *Sparte aux belles femmes,* d'après Homère, καλλιγύναικα.

Je rentrai chez Ibraïm après treize heures de courses, pendant lesquelles je ne m'étois reposé que quelques moments. Outre que je supporte la fatigue, le soleil et la faim, j'ai observé qu'une vive émotion me soutient contre la lassitude, et me donne de nouvelles forces. Je suis convaincu d'ailleurs, et plus que personne, qu'une volonté inflexible surmonte tout et l'emporte même sur le temps. Je me décidai à ne me point coucher, à profiter de la nuit pour écrire des notes, à me rendre le lendemain aux ruines de Sparte, et à continuer de là mon voyage sans revenir à Misitra.

Je dis adieu à Ibraïm; j'ordonnai à Joseph et au guide de se rendre avec leurs chevaux sur la route d'Argos, et de m'attendre à ce pont de l'Eurotas que nous avions déjà passé en venant de Tripolizza. Je ne gardai que le janissaire pour m'accompagner aux ruines de Sparte : si j'avois même pu me passer de lui, je serois allé seul à Magoula; car j'avois éprouvé combien des subalternes qui s'impatientent et s'ennuient vous gênent dans les recherches que vous voulez faire.

Tout étant réglé de la sorte, le 18, une demi-heure avant le jour, je montai à cheval avec le janissaire; je récompensai les esclaves du bon Ibraïm, et je partis au grand galop pour Lacédémone.

Il y avoit déjà une heure que nous courions par un chemin uni qui se dirigeoit droit au sud-est, lorsqu'au lever de l'aurore j'aperçus quelques débris et un long mur de construction antique : le cœur commence à me battre. Le janissaire se tourne vers moi, et me montrant sur la droite, avec son fouet, une cabane blanchâtre, il me crie d'un air de satisfaction : « Palæochôri! » Je me dirigeai vers la principale ruine que je découvrois sur une hauteur. En tournant cette hauteur par le nord-ouest afin d'y monter, je m'arrêtai tout à coup à la vue d'une vaste enceinte, ouverte en demi-cercle, et que je reconnus à l'instant pour un théâtre. Je ne puis peindre les sentiments confus qui vinrent m'assiéger. La colline au pied de laquelle je me trouvois étoit donc la colline de la citadelle de Sparte, puisque le théâtre étoit adossé à la citadelle ; la ruine que je voyois sur cette colline étoit donc le temple de Minerve-Chalciœcos, puisque celui-ci étoit dans la citadelle ; les débris et le long mur que j'avois passés plus bas faisoient donc partie de la tribu des Cynosures, puisque cette tribu étoit au nord de la ville : Sparte étoit donc sous mes yeux ; et son théâtre, que j'avois eu le bonheur de découvrir en arrivant, me donnoit sur-le-champ les positions des quartiers et des monuments. Je mis pied à terre, et je montai en courant sur la colline de la citadelle.

Comme j'arrivois à son sommet, le soleil se levoit derrière les monts Ménélaïons. Quel beau spectacle ! mais qu'il étoit triste ! L'Eurotas coulant solitaire sous les débris du pont Babyx ; des ruines de toutes parts, et pas un homme parmi ces ruines ! Je restai immobile, dans une espèce de stupeur, à contempler cette scène. Un mélange d'admiration et de douleur arrêtoit mes pas et ma pensée ; le silence étoit profond autour de moi : je voulus du moins faire parler l'écho dans des lieux où la voix humaine ne se faisoit plus entendre, et je criai de toute ma force : Léonidas ! Aucune ruine ne répéta ce grand nom, et Sparte même sembla l'avoir oublié.

Si des ruines où s'attachent des souvenirs illustres font bien voir la vanité de tout ici-bas, il faut pourtant convenir que les noms qui survivent à des empires et qui immortalisent des temps et des lieux sont quelque chose. Après tout, ne dédaignons pas trop la gloire; rien n'est plus beau qu'elle, si ce n'est la vertu. Le comble du bonheur seroit de réunir l'une à l'autre dans cette vie; et c'étoit l'objet de l'unique prière que les Spartiates adressoient aux dieux : « *Ut pulchra bonis adderent !* »

Quand l'espèce de trouble où j'étois fut dissipé, je commençai à étudier les ruines autour de moi. Le sommet de la colline offroit un plateau environné, surtout au nord-ouest, d'épaisses murailles; j'en fis deux fois le tour, et je comptai mille cinq cent soixante, et mille cinq cent soixante-six pas communs, ou à peu près sept cent quatre-vingts pas géométriques; mais il faut remarquer que j'embrasse dans ce circuit le sommet entier de la colline, y compris la courbe que forme l'excavation du théâtre dans cette colline : c'est ce théâtre que Leroi a examiné.

Des décombres, partie ensevelis sous terre, partie élevés au-dessus du sol, annoncent, vers le milieu de ce plateau, les fondements du temple de Minerve-Chalciœcos[1], où Pausanias se réfugia vainement

---

[1] Chalciœcos, maison d'airain. Il ne faut pas prendre le texte de Pausanias et de Plutarque à la lettre, et s'imaginer que ce temple fût tout d'airain; cela veut dire seulement que ce temple étoit re-

et perdit la vie. Une espèce de rampe en terrasse, large de soixante-dix pieds, et d'une pente extrêmement douce, descend du midi de la colline dans la plaine. C'étoit peut-être le chemin par où l'on montoit à la citadelle, qui ne devint très forte que sous les tyrans de Lacédémone.

A la naissance de cette rampe, et au-dessus du théâtre, je vis un petit édifice de forme ronde aux trois quarts détruit : les niches intérieures en paroissent également propres à recevoir des statues ou des urnes. Est-ce un tombeau ? Est-ce le temple de Vénus armée ? Ce dernier devoit être à peu près dans cette position, et dépendant de la tribu des Égides. César, qui prétendoit descendre de Vénus, portoit sur son anneau l'empreinte d'une Vénus armée : c'étoit en effet le double emblème des foiblesses et de la gloire de ce grand homme :

Vincere si possum nuda, quid arma gerens?

Si l'on se place avec moi sur la colline de la citadelle, voici ce qu'on verra autour de soi :

Au levant, c'est-à-dire vers l'Eurotas, un monticule de forme allongée, et aplati à sa cime, comme pour servir de stade ou d'hippodrome. Des deux côtés de ce monticule, entre deux autres monticules qui font, avec le premier, deux espèces de vallées, on aperçoit les ruines du pont Babyx et le cours de l'Eurotas. De l'autre côté du fleuve, la

vêtu d'airain en dedans et peut-être en dehors. J'espère que personne ne confondra les deux Pausanias que je cite ici, l'un dans le texte l'autre dans la note.

vue est arrêtée par une chaîne de collines rougeâtres : ce sont les monts Ménélaïons. Derrière ces monts s'élève la barrière des hautes montagnes qui bordent au loin le golfe d'Argos.

Dans cette vue à l'est, entre la citadelle et l'Eurotas, en portant les yeux nord et sud par l'est, parallèlement au cours du fleuve, on placera la tribu des Limnates, le temple de Lycurgue, le palais du roi Démarate, la tribu des Égides et celle des Messoates, un des Lesché, le monument de Cadmus, les temples d'Hercule, d'Hélène et le Plataniste. J'ai compté dans ce vaste espace sept ruines debout et hors de terre, mais tout-à-fait informes et dégradées. Comme je pouvois choisir, j'ai donné à l'un de ces débris le nom du temple d'Hélène ; à l'autre celui du tombeau d'Alcman : j'ai cru voir les monuments héroïques d'Égée et de Cadmus ; je me suis déterminé ainsi pour la fable, et n'ai reconnu pour l'histoire que le temple de Lycurgue. J'avoue que je préfère au brouet noir et à la Cryptie la mémoire du seul poëte que Lacédémone ait produit, et la couronne de fleurs que les filles de Sparte cueillirent pour Hélène dans l'île du Plataniste :

O ubi campi,
Sperchiusque et virginibus bacchata Lacænis,
Taygeta !

En regardant maintenant vers le nord, et toujours du sommet de la citadelle, on voit une assez haute colline qui domine même celle où la citadelle est bâtie, ce qui contredit le texte de Pausanias. C'est dans la vallée que forment ces deux collines que devoient se trouver la place publique et les monuments que cette dernière renfermoit, tels que le sénat des Gérontes, le Chœur, le Portique des Perses, etc. Il n'y a aucune ruine de ce côté. Au nord-ouest s'étendoit la tribu des Cynosures, par où j'étois entré à Sparte, et où j'ai remarqué le long mur.

Tournons-nous à présent à l'ouest, et nous apercevrons, sur un terrain uni, derrière et au pied du théâtre, trois ruines, dont l'une est assez haute et arrondie comme une tour : dans cette direction se trouvoient la tribu des Pitanates, le Théomélide, les tombeaux de Pausanias et de Léonidas, le Lesché des Crotanes et le temple de Diane Isora.

Enfin, si l'on ramène ses regards au midi, on verra une terre inégale que soulèvent çà et là des racines de murs rasés au niveau du sol. Il faut que les pierres en aient été emportées, car on ne les aperçoit point à l'entour. La maison de Ménélas s'élevoit dans cette perspective; et plus loin, sur le chemin d'Amyclée, on rencontroit le temple des Dioscures et des Grâces. Cette description deviendra plus intelligible si le lecteur veut avoir recours à Pausanias ou simplement au *Voyage d'Anacharsis*.

Tout cet emplacement de Lacédémone est inculte : le soleil l'embrase en silence et dévore incessamment le marbre des tombeaux. Quand je vis ce désert aucune plante n'en décoroit les débris, aucun oiseau, aucun insecte ne les animoit, hors des millions de lézards qui montoient et descendoient sans bruit le long des murs brûlants. Une douzaine de chevaux à demi sauvages paissoient çà et là une herbe flétrie; un pâtre cultivoit dans un coin du théâtre quelques pastèques; et à Magoula, qui donne son triste nom à Lacédémone, on remarquoit un petit bois de cyprès. Mais ce Magoula même, qui fut autrefois un village turc assez considérable, a péri dans ce champ de mort : ses masures sont tombées, et ce n'est plus qu'une ruine qui annonce des ruines.

Je descendis de la citadelle, et je marchai pendant un quart d'heure pour arriver à l'Eurotas. Je le vis à peu près tel que je l'avois passé deux lieues plus haut sans le connoître : il peut avoir devant Sparte la largeur de la Marne au-dessus de Charenton. Son lit, presque desséché en été, présente une grève semée de petits cailloux, plantée de roseaux et de lauriers-roses, et sur laquelle coulent quelques filets d'une eau fraîche et limpide. Cette eau me parut excellente; j'en bus abondamment, car je mourois de soif. L'Eurotas mérite certainement l'épithète de Καλλιδόναξ, *aux beaux roseaux*, que lui a donnée Euripide; mais je ne sais s'il doit garder celle d'*O-lorifer*, car je n'ai point aperçu de cygnes dans ses eaux. Je suivis son cours, espérant rencontrer ces oiseaux qui, selon Platon, ont avant d'expirer une vue de l'Olympe, et c'est pourquoi leur dernier chant est si mélodieux : mes recherches furent inutiles, Apparemment que je n'ai pas, comme Horace, la faveur des Tyndarides, et qu'ils n'ont pas voulu me laisser pénétrer le secret de leur berceau.

Les fleuves fameux ont la même destinée que les

peuples fameux : d'abord ignorés, puis célébrés sur toute la terre, ils retombent ensuite dans leur première obscurité. L'Eurotas, appelé d'abord *Himère*, coule maintenant oublié sous le nom d'*Iri*, comme le Tibre, autrefois l'Albula, porte aujourd'hui à la mer les eaux inconnues du Tevère. J'examinai les ruines du pont Babyx, qui sont peu de chose. Je cherchai l'île du Plataniste, et je crois l'avoir trouvée au-dessous même de Magoula : c'est un terrain de forme triangulaire, dont un côté est baigné par l'Eurotas, et dont les deux autres côtés sont fermés par des fossés pleins de jonc, où coule pendant l'hiver la rivière de Magoula, l'ancien Cnacion. Il y a dans cette île quelques mûriers et des sycomores, mais point de platanes. Je n'aperçus rien qui prouvât que les Turcs fissent encore de cette île un lieu de délices; j'y vis cependant quelques fleurs, entre autres des lis bleus portés par une espèce de glaïeuls; j'en cueillis plusieurs en mémoire d'Hélène : la fragile couronne de la beauté existe encore sur les bords de l'Eurotas, et la beauté même a disparu.

La vue dont on jouit en marchant le long de l'Eurotas est bien différente de celle que l'on découvre du sommet à la citadelle. Le fleuve suit un lit tortueux, et se cache, comme je l'ai dit, parmi des roseaux et des lauriers-roses aussi grands que des arbres; sur la rive gauche, les monts Ménélaïons, d'un aspect aride et rougeâtre, forment contraste avec la fraîcheur et la verdure du cours de l'Eurotas. Sur la rive droite, le Taygète déploie son magnifique rideau : tout l'espace compris entre ce rideau et le fleuve est occupé par les collines et les ruines de Sparte; ces collines et ces ruines ne paroissent point désolées comme lorsqu'on les voit de près : elles semblent au contraire teintes de pourpre, de violet, d'or pâle. Ce ne sont point les prairies et les feuilles d'un vert cru et froid qui font les admirables paysages; ce sont les effets de la lumière : voilà pourquoi les roches et les bruyères de la baie de Naples seront toujours plus belles que les vallées les plus fertiles de la France et de l'Angleterre.

Ainsi, après des siècles d'oubli, ce fleuve qui vit errer sur ses bords les Lacédémoniens illustrés par Plutarque, ce fleuve, dis-je, s'est peut-être réjoui dans son abandon d'entendre retentir autour de ses rives les pas d'un obscur étranger. C'étoit le 18 août 1806, à neuf heures du matin, que je fis seul, le long de l'Eurotas, cette promenade qui ne s'effacera jamais de ma mémoire. Si je hais les mœurs des Spartiates, je ne méconnois point la grandeur d'un peuple libre, et je n'ai point foulé sans émotion sa noble poussière. Un seul fait suffit à la gloire de ce peuple : quand Néron visita la Grèce il n'osa entrer dans Lacédémone. Quel magnifique éloge de cette cité!

Je retournai à la citadelle en m'arrêtant à tous les débris que je rencontrois sur mon chemin. Comme Misitra a vraisemblablement été bâtie avec les ruines de Sparte, cela sans doute aura beaucoup contribué à la dégradation des monuments de cette dernière ville. Je trouvai mon compagnon exactement dans la même place où je l'avois laissé : il s'étoit assis, il avoit dormi; il venoit de se réveiller; il fumoit; il alloit dormir encore. Les chevaux paissoient paisiblement dans les foyers du roi Ménélas : « Hélène n'avoit point quitté sa belle quenouille « chargée d'une laine teinte en pourpre, pour leur « donner un pur froment dans une superbe crè-« che [1]. » Aussi, tout voyageur que je suis, je ne suis point le fils d'Ulysse, quoique je préfère, comme Télémaque, mes rochers paternels aux plus beaux pays.

Il étoit midi; le soleil dardoit à plomb ses rayons sur nos têtes. Nous nous mîmes à l'ombre dans un coin du théâtre, et nous mangeâmes d'un grand appétit du pain et des figues sèches que nous avions apportés de Misitra; Joseph s'étoit emparé du reste des provisions. Le janissaire se rejouissoit; il croyoit en être quitte, et se préparoit à partir; mais il vit bientôt, à son grand déplaisir, qu'il s'étoit trompé. Je me mis à écrire des notes et à prendre la vue des lieux : tout cela dura deux grandes heures, après quoi je voulus examiner les monuments à l'ouest de la citadelle. C'étoit de ce côté que devoit être le tombeau de Léonidas. Le janissaire m'accompagna tirant les chevaux par la bride; nous allions errant de ruine en ruine. Nous étions les deux seuls hommes vivants au milieu de tant de morts illustres : tous deux barbares, étrangers l'un à l'autre ainsi qu'à la Grèce, sortis des forêts de la Gaule et

[1] *Odyss.*

des rochers du Caucase, nous nous étions rencontrés au fond du Péloponèse, moi pour passer, lui pour vivre sur les tombeaux qui n'étoient pas ceux de nos aïeux.

J'interrogeai vainement les moindres pierres pour leur demander les cendres de Léonidas. J'eus pourtant un moment d'espoir : près de cette espèce de tour que j'ai indiquée à l'ouest de la citadelle, je vis des débris de sculptures, qui me semblèrent être ceux d'un lion. Nous savons par Hérodote qu'il y avoit un lion de pierre sur le tombeau de Léonidas; circonstance qui n'est pas rapportée par Pausanias. Je redoublai d'ardeur; tous mes soins furent inutiles [1]. Je ne sais si c'est dans cet endroit que l'abbé Fourmont fit la découverte de trois monuments curieux. L'un étoit un cippe sur lequel étoit gravé le nom de *Jérusalem:* il s'agissoit peut-être de cette alliance des Juifs et des Lacédémoniens dont il est parlé dans *les Machabées;* les deux autres monuments étoient les inscriptions sépulcrales de Lysan-

---

[1] Ma mémoire me trompoit ici : le lion dont parle Hérodote étoit aux Thermopyles. Cet historien ne dit pas même que les os de Léonidas furent transportés dans sa patrie. Il prétend, au contraire, que Xerxès fit mettre en croix le corps de ce prince. Ainsi, les débris du lion que j'ai vus à Sparte ne peuvent point indiquer la tombe de Léonidas. On croit bien que je n'avois pas un *Hérodote* à la main sur les ruines de Lacédémone; je n'avois porté dans mon voyage que *Racine, le Tasse, Virgile* et *Homère,* celui-ci avec des feuillets blancs pour écrire des notes. Il n'est donc pas bien étonnant qu'obligé de tirer mes ressources de ma mémoire, j'aie pu me méprendre sur un lieu, sans néanmoins me tromper sur un fait. On peut voir deux jolies épigrammes de l'*Anthologie* sur ce lion de pierre des Thermopyles.

der et d'Agésilas : un François devoit naturellement retrouver le tombeau de deux grands capitaines. Je remarquerai que c'est à mes compatriotes que l'Europe doit les premières notions satisfaisantes qu'elle ait eues sur les ruines de Sparte et d'Athènes[1]. Deshayes, envoyé par Louis XIII à Jérusalem, passa vers l'an 1629 à Athènes : nous avons son *Voyage*, que Chandler n'a pas connu. Le père Babin, jésuite, donna en 1672 sa relation de l'*État présent de la ville d'Athènes;* cette relation fut rédigée par Spon, avant que ce sincère et habile voyageur eût commencé ses courses avec Wheler. L'abbé Fourmont et Leroi ont répandu les premiers des lumières certaines sur la Laconie, quoiqu'à la vérité Vernon eût passé à Sparte avant eux; mais on n'a qu'une seule lettre de cet Anglois : il se contente de dire qu'il a vu Lacédémone, et il n'entre dans aucun détail[2]. Pour moi, j'ignore si mes recherches passeront à l'avenir; mais du moins j'aurai mêlé mon nom au nom de Sparte, qui peut seule le sauver de l'oubli; j'aurai, pour ainsi dire, retrouvé cette cité immortelle, en donnant sur ses ruines des détails jusqu'ici inconnus : un simple pêcheur, par naufrage ou par aventure, détermine

---

[1] On a bien sur Athènes les deux lettres de la collection de Martin Crusius, en 1584; mais, outre qu'elles ne disent presque rien, elles sont écrites par des Grecs natifs de la Morée, et par conséquent elles ne sont point le fruit des recherches des voyageurs modernes. Spon cite encore le manuscrit de la bibliothèque Barberine, à Rome, qui remontoit à deux cents ans avant son voyage, et où il trouva quelques dessins d'Athènes. Voyez l'Introduction.

[2] Voyez sur tout cela l'Introduction.

souvent la position de quelques écueils qui avoient échappé aux soins des pilotes les plus habiles.

Il y avoit à Sparte une foule d'autels et de statues consacrés au Sommeil, à la Mort, à la Beauté (Vénus-Morphô), divinités de tous les hommes; à la Peur sous les armes, apparemment celle que les Lacédémoniens inspiroient aux ennemis : rien de tout cela n'est resté; mais je lus sur une espèce de socle ces quatre lettres ΛΑΣΜ. Faut-il rétablir ΓΕΛΑΣΜΑ, *Gelasma*? Seroit-ce le piédestal de cette statue du Rire que Lycurgue plaça chez les graves descendants d'Hercule? L'autel du Rire subsistant seul au milieu de Sparte ensevelie offriroit un beau sujet de triomphe à la philosophie de Démocrite!

Le jour finissoit lorsque je m'arrachai à ces illustres débris, à l'ombre de Lycurgue, aux souvenirs des Thermopyles et à tous les mensonges de la fable et de l'histoire. Le soleil disparut derrière le Taygète, de sorte que je le vis commencer et finir son tour sur les ruines de Lacédémone. Il y avoit trois mille cinq cent quarante-trois ans qu'il s'étoit levé et couché pour la première fois sur cette ville naissante. Je partis l'esprit rempli des objets que je venois de voir, et livré à des réflexions intarissables : de pareilles journées font ensuite supporter patiemment beaucoup de malheurs, et rendent surtout indifférent à bien des spectacles.

Nous remontâmes le cours de l'Eurotas pendant une heure et demie, au travers des champs, et nous tombâmes dans le chemin de Tripolizza. Joseph et le guide étoient campés de l'autre côté de la rivière, auprès du pont : ils avoient allumé du feu avec des roseaux, en dépit d'Apollon, que le gémissement de ces roseaux consoloit de la perte de Daphné. Joseph s'étoit abondamment pourvu du nécessaire : il avoit du sel, de l'huile, des pastèques, du pain et de la viande. Il prépara un gigot de mouton, comme le compagnon d'Achille, et me le servit sur le coin d'une grande pierre, avec du vin de la vigne d'Ulysse et de l'eau de l'Eurotas. J'avois justement pour trouver ce souper excellent ce qui manquoit à Denys pour sentir le mérite du brouet noir.

Après le souper Joseph apporta ma selle, qui me servoit ordinairement d'oreiller; je m'enveloppai dans mon manteau, et je me couchai au bord de l'Eurotas, sous un laurier. La nuit étoit si pure et si sereine, que la voie lactée formoit comme une aube réfléchie par l'eau du fleuve, et à la clarté de laquelle on auroit pu lire. Je m'endormis les yeux attachés au ciel, ayant précisément au-dessus de ma tête la belle constellation du Cygne de Léda. Je me rappelle encore le plaisir que j'éprouvois autrefois à me reposer ainsi dans les bois de l'Amérique, et surtout à me réveiller au milieu de la nuit. J'écoutois le bruit du vent dans la solitude, le bramement des daims et des cerfs, le mugissement d'une cataracte éloignée, tandis que mon bûcher, à demi éteint, rougissoit en dessous le feuillage des arbres. J'aimois jusqu'à la voix de l'Iroquois, lorsqu'il élevoit un cri du sein des forêts, et qu'à la clarté des étoiles, dans le silence de la nature, il sembloit proclamer sa liberté sans bornes. Tout cela plaît à vingt ans, parce que la vie se suffit pour ainsi dire à elle-même, et qu'il y a dans la première jeunesse quelque chose d'inquiet et de vague qui nous porte incessamment aux chimères, *ipsi sibi somnia fingunt;* mais, dans un âge plus mûr, l'esprit revient à des goûts plus solides : il veut surtout se nourrir des souvenirs et des exemples de l'histoire. Je dormirois encore volontiers au bord de l'Eurotas ou du Jourdain, si les ombres héroïques des trois cents Spartiates ou les douze fils de Jacob devoient visiter mon sommeil; mais je n'irois plus chercher une terre nouvelle qui n'a point été déchirée par le soc de la charrue; il me faut à présent de vieux déserts qui me rendent à volonté les murs de Babylone ou les légions de Pharsale, *grandia ossa!* des champs dont les sillons m'instruisent, et où je retrouve, homme que je suis, le sang, les larmes et les sueurs de l'homme.

Joseph me réveilla le 19, à trois heures du matin, comme je le lui avois ordonné : nous sellâmes nos chevaux et nous partîmes. Je tournai la tête vers Sparte, et je jetai un dernier regard sur l'Eurotas : je ne pouvois me défendre de ce sentiment de tristesse qu'on éprouve en présence d'une grande ruine, et en quittant des lieux qu'on ne reverra jamais.

Le chemin qui conduit de la Laconie dans l'Argolide étoit dans l'antiquité ce qu'il est encore aujourd'hui, un des plus rudes et des plus sauvages de la Grèce. Nous suivîmes pendant quelque temps la route de Tripolizza; puis, tournant au levant, nous nous enfonçâmes dans des gorges de montagnes.

Nous marchions rapidement dans des ravines et sous des arbres qui nous obligeoient de nous coucher sur le cou de nos chevaux. Je frappai si rudement de la tête contre une branche de ces arbres, que je fus jeté à dix pas sans connoissance. Comme mon cheval continuoit de galoper, mes compagnons de voyage, qui me devançoient, ne s'aperçurent pas de ma chute : leurs cris, quand ils revinrent à moi, me tirèrent de mon évanouissement.

A quatre heures du matin nous parvînmes au sommet d'une montagne où nous laissâmes reposer nos chevaux. Le froid devint si piquant, que nous fûmes obligés d'allumer un feu de bruyères. Je ne puis assigner de nom à ce lieu peu célèbre dans l'antiquité; mais nous devions être vers les sources du Lœnus, dans la chaîne du mont Éva, et peu éloignés de Prasiæ, sur le golfe d'Argos.

Nous arrivâmes à midi à un gros village appelé *Saint-Paul*, assez voisin de la mer : on n'y parloit que d'un événement tragique qu'on s'empressa de nous raconter.

Une fille de ce village, ayant perdu son père et sa mère, et se trouvant maîtresse d'une petite fortune, fut envoyée par ses parents à Constantinople. A dix-huit ans elle revint dans son village : elle parloit le turc, l'italien et le françois; et quand il passoit des étrangers à Saint-Paul, elle les recevoit avec une politesse qui fit soupçonner sa vertu. Les chefs des paysans s'assemblèrent. Après avoir examiné entre eux la conduite de l'orpheline, ils résolurent de se défaire d'une fille qui déshonoroit le village.

Ils se procurèrent d'abord la somme fixée en Turquie pour le meurtre d'une chrétienne ; ensuite ils entrèrent pendant la nuit chez la jeune fille, l'assommèrent ; et un homme qui attendoit la nouvelle de l'exécution alla porter au pacha le prix du sang. Ce qui mettoit en mouvement tous ces Grecs de Saint-Paul, ce n'étoit pas l'atrocité de l'action, mais l'avidité du pacha ; car celui-ci, qui trouvoit aussi l'action toute simple, et qui convenoit avoir reçu la somme fixée pour un assassinat ordinaire, observoit pourtant que la beauté, la jeunesse, la science, les voyages de l'orpheline, lui donnoient (à lui pacha de Morée) de justes droits à une indemnité : en conséquence Sa Seigneurie avoit envoyé le jour même deux janissaires pour demander une nouvelle contribution.

Le village de Saint-Paul est agréable ; il est arrosé de fontaines ombragées de pins de l'espèce sauvage, *pinus sylvestris*. Nous y trouvâmes un de ces médecins italiens qui courent toute la Morée : je me fis tirer du sang. Je mangeai d'excellent lait dans une maison fort propre, ressemblant assez à une cabane suisse. Un jeune Moraïte vint s'asseoir devant moi : il avoit l'air de Méléagre par la taille et le vêtement. Les paysans grecs ne sont point habillés comme les Grecs levantins que nous voyons en France : ils portent une tunique qui leur descend jusqu'aux genoux, et qu'ils rattachent avec une ceinture ; leurs larges culottes sont cachées par le bas de cette tunique ; ils croisent sur leurs jambes nues les bandes qui retiennent leurs sandales : à la coiffure près, ce sont absolument d'anciens Grecs sans manteau.

Mon nouveau compagnon, assis, comme je l'ai dit, devant moi, surveilloit mes mouvements avec une extrême ingénuité. Il ne disoit pas un mot et me dévoroit des yeux : il avançoit la tête pour regarder jusque dans le vase de terre où je mangeois mon lait. Je me levai, il se leva; je me rassis, il s'assit de nouveau. Je lui présentai un cigare; il fut ravi et me fit signe de fumer avec lui. Quand je partis, il courut après moi pendant une demi-heure, toujours sans parler et sans qu'on pût savoir ce qu'il vouloit. Je lui donnai de l'argent, il le jeta : le janissaire voulut le chasser; il voulut battre le janissaire. J'étois touché, je ne sais pourquoi, peut-être en me voyant, moi barbare civilisé, l'objet de la curiosité d'un Grec devenu barbare [1].

Nous étions partis de Saint-Paul à deux heures de l'après-midi, après avoir changé de chevaux, et nous suivions le chemin de l'ancienne Cynurie. Vers les quatre heures le guide nous cria que nous allions être attaqués : en effet, nous aperçûmes quelques hommes armés dans la montagne; ils nous regardèrent long-temps, et nous laissèrent tranquillement passer. Nous entrâmes dans les monts Parthénius, et nous descendîmes au bord d'une rivière dont le cours nous conduisit jusqu'à la mer. On découvroit la citadelle d'Argos, Nauplie en face de nous, et les

---

[1] Les Grecs de ces montagnes prétendent être les vrais descendants des Lacédémoniens; ils disent que les Maniottes ne sont qu'un ramas de brigands étrangers, et ils ont raison.

montagnes de la Corinthie vers Mycènes. Du point où nous étions parvenus, il y avoit encore trois heures de marche jusqu'à Argos ; il falloit tourner le fond du golfe en traversant le marais de Lerne, qui s'étendoit entre la ville et le lieu où nous nous trouvions. Nous passâmes auprès du jardin d'un aga, où je remarquai des peupliers de Lombardie mêlés à des cyprès, à des citronniers, à des orangers, et à une foule d'arbres que je n'avois point vus jusqu'alors en Grèce. Peu après le guide se trompa de chemin, et nous nous trouvâmes engagés sur d'étroites chaussées qui séparoient de petits étangs et des rivières inondées. La nuit nous surprit au milieu de cet embarras : il falloit à chaque pas faire sauter de larges fossés à nos chevaux qu'effrayoient l'obscurité, le coassement d'une multitude de grenouilles, et les flammes violettes qui couroient sur le marais. Le cheval du guide s'abattit ; et, comme nous marchions à la file, nous trébuchâmes les uns sur les autres dans un fossé. Nous criions tous à la fois sans nous entendre ; l'eau étoit assez profonde pour que les chevaux pussent y nager et s'y noyer avec leurs maîtres ; ma saignée s'étoit rouverte, et je souffrois beaucoup de la tête. Nous sortîmes enfin miraculeusement de ce bourbier, mais nous étions dans l'impossibilité de gagner Argos. Nous aperçûmes à travers les roseaux une petite lumière : nous nous dirigeâmes de ce côté, mourant de froid, couverts de boue, tirant nos chevaux par la bride, et courant le risque à chaque pas de nous replonger dans quelque fondrière.

La lumière nous guida à une ferme située au milieu du marais, dans le voisinage du village de Lerne : on venoit d'y faire la moisson; les moissonneurs étoient couchés sur la terre; ils se levoient sous nos pieds, et s'enfuyoient comme des bêtes fauves. Nous parvînmes à les rassurer, et nous passâmes le reste de la nuit avec eux sur un fumier de brebis, lieu le moins sale et le moins humide que nous pûmes trouver. Je serois en droit de faire une querelle à Hercule, qui n'a pas bien tué l'hydre de Lerne; car je gagnai dans ce lieu malsain une fièvre qui ne me quitta tout-à-fait qu'en Égypte.

Le 20, au lever de l'aurore, j'étois à Argos : le village qui remplace cette ville célèbre est plus propre et plus animé que la plupart des autres villages de la Morée. Sa position est fort belle au fond du golfe de Nauplie ou d'Argos, à une lieue et demie de la mer; il a d'un côté les montagnes de la Cynurie et de l'Arcadie, et de l'autre, les hauteurs de Trézène et d'Épidaure.

Mais, soit que mon imagination fût attristée par le souvenir des malheurs et des fureurs des Pélopides, soit que je fusse réellement frappé par la vérité, les terres me parurent incultes et désertes, les montagnes sombres et nues, sorte de nature féconde en grands crimes et en grandes vertus. Je visitai ce qu'on appelle les restes du palais d'Agamemnon, les débris du théâtre et d'un aquéduc romain; je montai à la citadelle, je voulois voir jusqu'à la moindre pierre qu'avoit pu remuer la main du roi des rois. Qui se peut vanter de jouir de quelque gloire auprès de ces familles chantées par Homère, Eschyle, Sophocle, Euripide et Racine? Et quand on voit pourtant sur les lieux combien peu de chose reste de ces familles, on est merveilleusement étonné!

Il y a déjà long-temps que les ruines d'Argos ne répondent plus à la grandeur de son nom. Chandler les trouva en 1756 absolument telles que je les ai vues; l'abbé Fourmont en 1746, et Pellegrin en 1719, n'avoient pas été plus heureux. Les Vénitiens ont surtout contribué à la dégradation des monuments de cette ville, en employant ses débris à bâtir le château de Palamide. Il y avoit à Argos, du temps de Pausanias, une statue de Jupiter, remarquable parce qu'elle avoit trois yeux, et bien plus remarquable encore par une autre raison : Sthénélus l'avoit apportée de Troie; c'étoit, disoit-on, la statue même aux pieds de laquelle Priam fut massacré dans son palais par le fils d'Achille :

> Ingens ara fuit, juxtaque veterrima laurus,
> Incumbens aræ, atque umbra complexa Penates.

Mais Argos, qui triomphoit sans doute lorsqu'elle montroit dans ses murs les Pénates qui trahirent les foyers de Priam, Argos offrit bientôt elle-même un grand exemple des vicissitudes du sort. Dès le règne de Julien l'Apostat, elle étoit tellement déchue de sa gloire, qu'elle ne put, à cause de sa pauvreté, contribuer au rétablissement et aux frais des jeux Isthmiques. Julien plaida sa cause contre les Corinthiens : nous avons encore ce plaidoyer dans les ouvrages de cet empereur (*Ep.* xxv). C'est un des plus singuliers documents de l'histoire des choses et des hommes. Enfin Argos, la patrie du roi des rois, devenue dans le moyen-âge l'héritage d'une veuve vénitienne, fut vendue par cette veuve à la république de Venise pour deux cents ducats de rente viagère, et cinq cents une fois payés. Coronelli rapporte le contrat : *Omnia vanitas!*

Je fus reçu à Argos par le médecin italien Avramiotti, que M. Pouqueville vit à Nauplie, et dont il opéra la petite fille attaquée d'une hydrocéphale. M. Avramiotti me montra une carte du Péloponèse où il avoit commencé d'écrire, avec M. Fauvel, les noms anciens auprès des noms modernes : ce sera un travail précieux, et qui ne pouvoit être exécuté que par des hommes résidant sur les lieux depuis un grand nombre d'années. M. Avramiotti avoit fait sa fortune, et il commençoit à soupirer après l'Italie. Il y a deux choses qui revivent dans le cœur de l'homme à mesure qu'il avance dans la vie, la patrie et la religion. On a beau avoir oublié l'une et l'autre dans sa jeunesse, elles se présentent tôt ou tard à nous avec tous leurs charmes, et réveillent au fond de nos cœurs un amour justement dû à leur beauté. Nous parlâmes donc de la France et de l'Italie à Argos, par la même raison que le soldat argien qui suivoit Énée se souvint d'Argos en mourant en Italie. Il ne fut presque point question entre nous d'Agamemnon, quoique je dusse voir le lendemain son tombeau. Nous causions sur la terrasse de la maison, qui dominoit le golfe d'Argos : c'étoit peut-être du haut de cette terrasse qu'une pauvre femme lança la tuile qui mit fin à la gloire et aux aventures de Pyrrhus. M. Avramiotti me montroit un promontoire de l'autre côté de la mer, et me disoit : « C'étoit « là que Clytemnestre avoit placé l'esclave qui devoit « donner le signal du retour de la flotte des Grecs ; » et il ajoutoit : « Vous venez de Venise à présent ? Je « crois que je ferois bien de retourner à Venise. »

Je quittai cet exilé en Grèce le lendemain à la pointe du jour, et je pris, avec de nouveaux chevaux et un nouveau guide, le chemin de Corinthe. Je crois que M. Avramiotti ne fut pas fâché d'être débarrassé de moi : quoiqu'il m'eût reçu avec beaucoup de politesse, il étoit aisé de voir que ma visite n'étoit pas venue très à propos.

Après une demi-heure de marche, nous traversâmes l'Inachus, père d'Io, si célèbre par la jalousie de Junon : avant d'arriver au lit de ce torrent, on trouvoit autrefois, en sortant d'Argos, la porte Lucine et l'autel du soleil. Une demi-lieue plus loin, de l'autre côté de l'Inachus, nous aurions dû voir le temple de Cérès Mysienne, et plus loin encore le tombeau de Thyeste, et le monument héroïque de Persée. Nous nous arrêtâmes à peu près à la hauteur où ces derniers monuments existoient à l'époque du voyage de Pausanias. Nous allions quitter la plaine d'Argos, sur laquelle on a un très bon mémoire de M. Barbier du Bocage. Près d'entrer dans les montagnes de la Corinthie, nous voyions Nauplie derrière nous. L'endroit où nous étions parvenus se nomme *Carvati,* et c'est là qu'il faut se détourner de la route pour chercher un peu sur la droite les ruines de Mycènes. Chandler les avoit manquées en revenant d'Argos. Elles sont trop connues aujourd'hui, à cause des fouilles que lord Elgin y a fait faire à son passage en Grèce. M. Fauvel les a décrites dans ses Mémoires, et M. de Choiseul-Gouffier en possède les dessins : l'abbé Fourmont en avoit déjà parlé, et Dumonceaux les avoit aperçues. Nous traversâmes une bruyère : un petit sentier nous conduisit à ces débris, qui sont à peu près tels qu'ils étoient du temps de Pausanias; car il y a plus de deux mille deux cent quatre-vingts années que Mycènes est détruite. Les Argiens la renversèrent de fond en comble, jaloux de la gloire qu'elle s'étoit acquise en envoyant quarante guerriers mourir avec les Spartiates aux Thermopyles. Nous commençâmes par examiner le tombeau auquel on a donné le nom de *tombeau d'Agamemnon* : c'est un monument souterrain, de forme ronde, qui reçoit la lumière par le dôme, et qui n'a rien de remarquable, hors la simplicité de l'architecture. On y entre par une tranchée qui aboutit à la porte du tombeau : cette porte étoit ornée de pilastres d'un marbre bleuâtre assez commun, tiré des montagnes voisines. C'est lord Elgin qui a fait ouvrir ce monument et déblayer les terres qui encombroient l'intérieur. Une petite porte surbaissée conduit de la chambre principale à une chambre de moindre étendue. Après l'avoir attentivement examinée, je crois que cette dernière chambre est tout simplement une excavation faite par les ouvriers hors du tombeau; car je n'ai point remarqué de murailles. Resteroit à expliquer l'usage de la petite porte, qui n'étoit peut-être qu'une autre ouverture du sépulcre. Ce sépulcre a-t-il toujours été caché sous la terre, comme la rotonde des catacombes à Alexandrie ? S'élevoit-il, au contraire, au-dessus du sol, comme le tombeau de Cecilia Metella à Rome ? Avoit-il une architecture extérieure, et de quel ordre étoit-elle ? Toutes questions qui restent à éclaircir. On n'a rien trouvé dans le tombeau, et l'on n'est pas même assuré que ce soit celui d'Agamemnon dont Pausanias a fait mention [1].

En sortant de ce monument, je traversai une vallée stérile; et, sur le flanc d'une colline opposée, je vis les ruines de Mycènes : j'admirai surtout une des portes de la ville, formée de quartiers de roches gigantesques posés sur les rochers mêmes de la montagne, avec lesquels elles ont l'air de ne faire qu'un tout. Deux lions de forme colossale, sculptés des deux côtés de cette porte, en sont le seul ornement : ils sont représentés en reliefs, debout et en regard, comme les lions qui soutenoient les armoiries de nos anciens chevaliers; ils n'ont plus de têtes. Je n'ai point vu, même en Égypte, d'architecture plus imposante; et le désert où elle se trouve ajoute encore à sa gravité : elle est du genre de ces ouvrages que Strabon et Pausanias attribuent aux Cyclopes, et dont on retrouve des traces en Italie. M. Petit-Radel veut que cette architecture

---

[1] Les Lacédémoniens se vantoient aussi de posséder les cendres d'Agamemnon.

ait précédé l'invention des ordres. Au reste, c'étoit un enfant tout nu, un pâtre, qui me montroit dans cette solitude le tombeau d'Agamemnon et les ruines de Mycènes.

Au bas de la porte dont j'ai parlé est une fontaine qui sera, si l'on veut, celle que Persée trouva sous un champignon, et qui donna son nom à Mycènes : car *mycès* veut dire en grec un champignon, ou le pommeau d'une épée : ce conte est de Pausanias. En voulant regagner le chemin de Corinthe, j'entendis le sol retentir sous les pas de mon cheval. Je mis pied à terre, et je découvris la voûte d'un autre tombeau.

Pausanias compte à Mycènes cinq tombeaux ; le tombeau d'Atrée, celui d'Agamemnon, celui d'Eurymédon, celui de Télédamus et de Pélops, et celui d'Électre. Il ajoute que Clytemnestre et Égisthe étoient enterrés hors des murs : ce seroit donc le tombeau de Clytemnestre et d'Égisthe que j'aurois retrouvé ? Je l'ai indiqué à M. Fauvel, qui doit le chercher à son premier voyage à Argos : singulière destinée qui me fait sortir tout exprès de Paris pour découvrir les cendres de Clytemnestre !

Nous laissâmes Némée à notre gauche, et nous poursuivîmes notre route : nous arrivâmes de bonne heure à Corinthe, par une espèce de plaine que traversent des courants d'eau, et que divisent des monticules isolés, semblables à l'Acro-Corinthe, avec lequel ils se confondent. Nous aperçûmes celui-ci long-temps avant d'y arriver, comme une masse irrégulière de granit rougeâtre, couronnée d'une ligne de murs tortueux. Tous les voyageurs ont décrit Corinthe. Spon et Wheler visitèrent la citadelle, où ils retrouvèrent la fontaine Pyrène; mais Chandler ne monta point à l'Acro-Corinthe, et M. Fauvel nous apprend que les Turcs n'y laissent plus entrer personne. En effet, je ne pus même obtenir la permission de me promener dans les environs, malgré les mouvements que se donna pour cela mon janissaire. Au reste, Pausanias dans sa *Corinthie*, et Plutarque dans la *Vie d'Aratus*, nous ont fait connoître parfaitement les monuments et les localités de l'Acro-Corinthe.

Nous étions venus descendre à un kan assez propre, placé au centre de la bourgade, et peu éloigné du bazar. Le janissaire partit pour la provision; Joseph prépara le dîner; et, pendant qu'ils étoient ainsi occupés, j'allai rôder seul dans les environs.

Corinthe est située au pied des montagnes, dans une plaine qui s'étend jusqu'à la mer de Crissa, aujourd'hui le golfe de Lépante, seul nom moderne qui, dans la Grèce, rivalise de beauté avec les noms antiques. Quand le temps est serein, on découvre par-delà cette mer la cime de l'Hélicon et du Parnasse; mais on ne voit pas de la ville même la mer Saronique; il faut pour cela monter à l'Acro-Corinthe; alors on aperçoit non-seulement cette mer, mais les regards s'étendent jusqu'à la citadelle d'Athènes et jusqu'au cap Colonne : « C'est, dit Spon, « une des plus belles vues de l'univers. » Je le crois aisément; car, même au pied de l'Acro-Corinthe, la

7.

perspective est enchanteresse. Les maisons du village, assez grandes et assez bien entretenues, sont répandues par groupes sur la plaine, au milieu des mûriers, des orangers et des cyprès; les vignes, qui font la richesse du pays, donnent un air frais et fertile à la campagne. Elles ne sont ni élevées en guirlandes sur des arbres comme en Italie, ni tenues basses comme aux environs de Paris. Chaque cep forme un faisceau de verdure isolé autour duquel les grappes pendent en automne comme des cristaux. Les cimes du Parnasse et de l'Hélicon, le golfe de Lépante, qui ressemble à un magnifique canal, le mont Oneïus, couvert de myrtes, forment au nord et au levant l'horizon du tableau, tandis que l'Acro-Corinthe, les montagnes de l'Argolide et de la Sicyonie s'élèvent au midi et au couchant. Quant aux monuments de Corinthe, ils n'existent plus. M. Foucherot n'a découvert parmi les ruines que deux chapiteaux corinthiens, unique souvenir de l'ordre inventé dans cette ville.

Corinthe renversée de fond en comble par Mummius, rebâtie par Jules César et par Adrien, une seconde fois détruite par Alaric, relevée encore par les Vénitiens, fut saccagée une troisième et dernière fois par Mahomet II. Strabon la vit peu de temps après son rétablissement, sous Auguste. Pausanias l'admira du temps d'Adrien; et, d'après les monuments qu'ils nous a décrits, c'étoit à cette époque une ville superbe. Il eût été curieux de savoir ce qu'elle pouvoit être en 1173, quand Benjamin de Tudèle y passa; mais ce juif espagnol raconte gravement qu'il arriva à Patras, « ville d'Antipater, « dit-il, un des quatre rois grecs qui partagèrent « l'empire d'Alexandre. » De là il se rend à Lépante et à Corinthe : il trouve dans cette dernière ville trois cents juifs conduits par les vénérables rabbins Léon, Jacob et Ézéchias ; et c'étoit tout ce que Benjamin cherchoit.

Des voyageurs modernes nous ont mieux fait connoître ce qui reste de Corinthe après tant de calamités : Spon et Wheler y découvrirent les débris d'un temple de la plus haute antiquité : ces débris étoient composés de onze colonnes cannelées sans base et d'ordre dorique. Spon affirme que ces colonnes n'avoient pas quatre diamètres de hauteur de plus que le diamètre du pied de la colonne, ce qui signifie apparemment qu'elles avoient cinq diamètres. Chandler dit qu'elles avoient la moitié de la hauteur qu'elles auroient dû avoir pour être dans la juste proportion de leur ordre. Il est évident que Spon se trompe, puisqu'il prend pour mesure de l'ordre le diamètre du pied de la colonne, et non le diamètre du tiers. Ce monument, dessiné par Leroi, valoit la peine d'être rappelé, parce qu'il prouve ou que le premier dorique n'avoit pas les proportions que Pline et Vitruve lui ont assignées depuis, ou que l'ordre toscan, dont ce temple paroît se rapprocher, n'a pas pris naissance en Italie. Spon a cru reconnoître dans ce monument le temple de Diane d'Éphèse, cité par Pausanias, et Chandler, le Sisypheus de Strabon. Je ne puis dire si ces colonnes existent encore : je ne les ai point vues ; mais je crois savoir confusément qu'elles ont été renversées, et que les Anglois en ont emporté les derniers débris[1].

Un peuple maritime, un roi qui fut un philosophe et qui devint un tyran, un Barbare de Rome, qui croyoit qu'on remplace des statues de Praxitèle comme des cuirasses de soldats; tous ces souvenirs ne rendent pas Corinthe fort intéressante : mais on a pour ressource Jason, Médée, la fontaine Pyrène, Pégase, les jeux Isthmiques institués par Thésée et chantés par Pindare; c'est-à-dire, comme à l'ordinaire, la fable et la poésie. Je ne parle point de Denys et de Timoléon : l'un qui fut assez lâche pour ne pas mourir, l'autre assez malheureux pour vivre. Si jamais je montois sur un trône, je n'en descendrois que mort; et je ne serai jamais assez vertueux pour tuer mon frère : je ne me soucie donc point de ces deux hommes. J'aime mieux cet enfant qui, pendant le siége de Corinthe, fit fondre en larmes Mummius lui-même en lui récitant ces vers d'Homère :

> Τρὶς μάκαρες Δαναοὶ καὶ τετράκις οἳ τότ' ὄλοντο
> Τροίῃ ἐν εὐρείῃ, χάριν Ἀτρείδῃσι φέροντες.
> Ὡς δὴ ἔγωγ' ὄφελον θανέειν καὶ πότμον ἐπισπεῖν,
> Ἤματι τῷ ὅτε μοι πλεῖστοι χαλκήρεα δοῦρα
> Τρῶες ἐπέρριψαν περὶ Πηλείωνι θανόντι.
> Τῷ κ' ἔλαχον κτερέων, καὶ μευ κλέος ἦγον Ἀχαιοί.
> Νῦν δέ με λευγαλέῳ θανάτῳ εἵμαρτο ἁλῶναι.

« O trois et quatre fois heureux les Grecs qui pé-
« rirent devant les vastes murs d'Ilion en soutenant

---

[1] Les colonnes étoient, ou sont encore, vers le port Schœnus, et je ne suis pas descendu à la mer.

« la cause des Atrides! Plût aux dieux que j'eusse ac-
« compli ma destinée le jour où les Troyens lancè-
« rent sur moi leurs javelots, tandis que je défendois
« le corps d'Achille! Alors j'aurois obtenu les hon-
« neurs accoutumés du bûcher funèbre, et les Grecs
« auroient parlé de mon nom! Aujourd'hui mon
« sort est de finir mes jours par une mort obscure
« et déplorable. »

Voilà qui est vrai, naturel, pathétique; et l'on retrouve ici un grand coup de la fortune, la puissance du génie et les entrailles de l'homme.

On fait encore des vases à Corinthe, mais ce ne sont plus ceux que Cicéron demandoit avec tant d'empressement à son cher Atticus. Il paroît, au reste, que les Corinthiens ont perdu le goût qu'ils avoient pour les étrangers : tandis que j'examinois un marbre dans une vigne, je fus assailli d'une grêle de pierres; apparemment que les descendants de Laïs veulent maintenir l'honneur du proverbe.

Lorsque les Césars relevoient les murs de Corinthe, et que les temples des dieux sortoient de leurs ruines plus éclatants que jamais, il y avoit un ouvrier obscur qui bâtissoit en silence un monument resté debout au milieu des débris de la Grèce. Cet ouvrier étoit un étranger qui disoit de lui-même:
« J'ai été battu de verges trois fois; j'ai été lapidé
« une fois; j'ai fait naufrage trois fois. J'ai fait quan-
« tité de voyages, et j'ai trouvé divers périls sur les
« fleuves : périls de la part des voleurs, périls de la
« part de ceux de ma nation, périls de la part des
« Gentils, périls au milieu des villes, périls au milieu

« des déserts, périls entre les faux frères; j'ai souf-
« fert toutes sortes de travaux et de fatigues, de
« fréquentes veilles, la faim et la soif, beaucoup de
« peines, le froid et la nudité. » Cet homme, ignoré
des grands, méprisé de la foule, rejeté comme « les
« balayures du monde, » ne s'associa d'abord que
deux compagnons, Crispus et Caïus, avec la famille
de Stéphanas : tels furent les architectes inconnus
d'un temple indestructible et les premiers fidèles
de Corinthe. Le voyageur parcourt des yeux l'emplacement de cette ville célèbre : il ne voit pas un
débris des autels du paganisme; mais il aperçoit
quelques chapelles chrétiennes qui s'élèvent du milieu des cabanes des Grecs. L'apôtre peut encore
donner, du haut du ciel, le salut de paix à ses enfants, et leur dire : « Paul à l'église de Dieu, qui est
« à Corinthe. »

Il étoit près de huit heures du matin quand nous
partîmes de Corinthe le 21, après une assez bonne
nuit. Deux chemins conduisent de Corinthe à Mégare : l'un traverse le mont Géranien, aujourd'hui
Palæo-Vouni (la Vieille-Montagne); l'autre côtoie la
mer Saronique, le long des roches Scyroniennes.
Ce dernier est le plus curieux : c'étoit le seul connu
des anciens voyageurs, car ils ne parlent pas du
premier; mais les Turcs ne permettent plus de le
suivre, ils ont établi un poste militaire au pied du
mont Oneïus, à peu près au milieu de l'isthme, pour
être à portée des deux mers : le ressort de la Morée
finit là, et l'on ne peut passer la grand'garde sans
montrer un ordre exprès du pacha.

Obligé de prendre ainsi le seul chemin laissé libre, il me fallut renoncer aux ruines du temple de Neptune-Isthmien, que Chandler ne put trouver, que Pococke, Spon et Wheler ont vues, et qui subsistent encore, selon le témoignage de M. Fauvel. Par la même raison je n'examinai point la trace des tentatives faites à différentes époques pour couper l'isthme : le canal que l'on avoit commencé à creuser du côté du port Schœnus est, selon M. Foucherot, profond de trente à quarante pieds, et large de soixante. On viendroit aujourd'hui facilement à bout de ce travail par le moyen de la poudre à canon : il n'y a guère que cinq milles d'une mer à l'autre, à mesurer la partie la plus étroite de la langue de terre qui sépare les deux mers.

Un mur de six milles de longueur, souvent relevé et abattu, fermoit l'isthme dans un endroit qui prit le nom d'*Hexamillia* : c'est là que nous commençâmes à gravir le mont Oneïus. J'arrêtois souvent mon cheval au milieu des pins, des lauriers et des myrtes, pour regarder en arrière. Je contemplois tristement les deux mers, surtout celle qui s'étendoit au couchant, et qui sembloit me tenter par les souvenirs de la France. Cette mer étoit si tranquille! le chemin étoit si court! Dans quelques jours j'aurois pu revoir mes amis! Je ramenois mes regards sur le Péloponèse, sur Corinthe, sur l'isthme, sur l'endroit où se célébroient les jeux : quel désert! quel silence! infortuné pays! malheureux Grecs! La France perdra-t-elle ainsi sa gloire? sera-t-elle ainsi dévastée, foulée aux pieds dans la suite des siècles?

Cette image de ma patrie, qui vint tout à coup se mêler aux tableaux que j'avois sous les yeux, m'attendrit : je ne pensois plus qu'avec peine à l'espace qu'il falloit encore parcourir avant de revoir mes Pénates. J'étois, comme l'ami de la fable, alarmé d'un songe; et je serois volontiers retourné vers mon pays, pour lui dire :

> Vous m'êtes, en dormant, un peu triste apparu,
> J'ai craint qu'il ne fût vrai : je suis vite accouru.
> Ce maudit songe en est la cause.

Nous nous enfonçâmes dans les défilés du mont Oneïus, perdant de vue et retrouvant tour à tour la mer Saronique et Corinthe. Du plus haut de ce mont, qui prend le nom de *Macriplaysi*, nous descendîmes au Dervène, autrement à la grand'garde. Je ne sais si c'est là qu'il faut placer Crommyon; mais, certes, je n'y trouvai pas des hommes plus humains que Pytiocamptès[1]. Je montrai mon ordre du pacha. Le commandant m'invita à fumer la pipe et à boire le café dans sa baraque. C'étoit un gros homme d'une figure calme et apathique, ne pouvant faire un mouvement sur sa natte sans soupirer, comme s'il éprouvoit une douleur : il examina mes armes, me fit remarquer les siennes, surtout une longue carabine qui portoit, disoit-il, fort loin. Les gardes aperçurent un paysan qui gravissoit la montagne hors du chemin; ils lui crièrent de descendre; celui-ci n'entendit point la voix. Alors le comman-

---

[1] *Coupeur de pins;* brigand tué par Thésée.

dant se leva avec effort, prit sa carabine, ajusta long-temps entre les sapins le paysan, et lui lâcha son coup de fusil. Le Turc revint, après cette expédition, se rasseoir sur sa natte, aussi tranquille, aussi bonhomme qu'auparavant. Le paysan descendit à la garde, blessé en toute apparence, car il pleuroit et montroit son sang. On lui donna cinquante coups de bâton pour le guérir.

Je me levai brusquement, et d'autant plus désolé, que l'envie de faire briller devant moi son adresse avoit peut-être determiné ce bourreau à tirer sur le paysan. Joseph ne voulut pas traduire ce que je disois, et peut-être la prudence étoit-elle nécessaire dans ce moment ; mais je n'écoutois guère la prudence.

Je me fis amener mon cheval, et je partis sans attendre le janissaire, qui crioit inutilement après moi. Il me rejoignit avec Joseph lorsque j'étois déjà assez avancé sur la croupe du mont Géranien. Mon indignation se calma peu à peu par l'effet des lieux que je parcourois. Il me sembloit qu'en m'approchant d'Athènes je rentrois dans les pays civilisés, et que la nature même prenoit quelque chose de moins triste. La Morée est presque entièrement dépourvue d'arbres, quoiqu'elle soit certainement plus fertile que l'Attique. Je me rejouissois de cheminer dans une forêt de pins, entre les troncs desquels j'apercevois la mer. Les plans inclinés qui s'étendent depuis le rivage jusqu'au pied de la montagne étoient couverts d'oliviers et de caroubiers ; de pareils sites sont rares en Grèce.

La première chose qui me frappa en arrivant à Mégare, fut une troupe de femmes albanoises qui, à la vérité, n'étoient pas aussi belles que Nausicaa et ses compagnes : elles lavoient gaiement du linge à une fontaine près de laquelle on voyoit quelques restes informes d'un aquéduc. Si c'étoit là la fontaine des Nymphes Sithnides et l'aquéduc de Théagène, Pausanias les a trop vantés. Les aquéducs que j'ai vus en Grèce ne ressemblent point aux aquéducs romains : ils ne s'élèvent presque point de terre, et ne présentent point cette suite de grandes arches qui font un si bel effet dans la perspective.

Nous descendîmes chez un Albanois, où nous fûmes assez proprement logés. Il n'étoit pas six heures du soir; j'allai, selon ma coutume, errer parmi les ruines. Mégare, qui conserve son nom, et le port de Nisée qu'on appelle *Dôdeca Ecclésiais* (les Douze Églises), sans être très célèbres dans l'histoire, avoient autrefois de beaux monuments. La Grèce, sous les empereurs romains, devoit ressembler beaucoup à l'Italie dans le dernier siècle : c'étoit une terre classique où chaque ville étoit remplie de chefs-d'œuvre. On voyoit à Mégare les douze grands dieux de la main de Praxitèle, un Jupiter-Olympien commencé par Théocosme et par Phidias, les tombeaux d'Alcmène, d'Iphigénie et de Térée. Ce fut sur ce dernier tombeau que la huppe parut pour la première fois : on en conclut que Térée avoit été changé en cet oiseau, comme ses victimes l'avoient été en hirondelle et en rossignol. Puisque je faisois le voyage d'un poëte, je devois profiter de tout, et croire fermement, avec Pausanias, que l'aventure de la fille de Pandion commença et finit à Mégare. D'ailleurs, j'apercevois de Mégare les deux cimes du Parnasse : cela suffisoit bien pour me remettre en mémoire les vers de Virgile et de La Fontaine.

Qualis populea mœrens Philomela, etc.
« Autrefois Progné l'hirondelle, etc. »

La Nuit ou l'Obscurité, et Jupiter-Conius[1], avoient leurs temples à Mégare : on peut bien dire que ces deux divinités y sont restées. On voit çà et là quelques murs d'enceinte : j'ignore si ce sont ceux qu'Apollon bâtit de concert avec Alcathoüs. Le dieu, en travaillant à cet ouvrage, avoit posé sa lyre sur une pierre qui depuis ce temps rendoit un son harmonieux quand on la touchoit avec un caillou. L'abbé Fourmont recueillit trente inscriptions à Mégare. Pococke, Spon, Wheler et Chandler en trouvèrent quelques autres qui n'ont rien d'intéressant. Je ne cherchai point l'école d'Euclide; j'aurois mieux aimé la maison de cette pieuse femme qui enterra les os de Phocion sous son foyer[2]. Après une assez longue course, je retournai chez mon hôte, où l'on m'attendoit pour aller voir une malade.

Les Grecs ainsi que les Turcs supposent que tous les Francs ont des connoissances en médecine, et

---

[1] Le *Poudreux*, de κονία, poussière : cela n'est pas bien sûr; mais j'ai pour moi le traducteur françois, qui, à la vérité, suit la version latine, comme l'observe fort bien le savant M. Larcher.

[2] Voyez *les Martyrs*, liv. III.

des secrets particuliers. La simplicité avec laquelle ils s'adressent à un étranger dans leurs maladies a quelque chose de touchant et rappelle les anciennes mœurs : c'est une noble confiance de l'homme envers l'homme. Les sauvages en Amérique ont le même usage. Je crois que la religion et l'humanité ordonnent dans ce cas au voyageur de se prêter à ce qu'on attend de lui : un air d'assurance, des paroles de consolation peuvent quelquefois rendre la vie à un mourant, et mettre une famille dans la joie.

Un Grec vint donc me chercher pour voir sa fille. Je trouvai une pauvre créature étendue à terre sur une natte et ensevelie sous les haillons dont on l'avoit couverte. Elle dégagea son bras, avec beaucoup de répugnance et de pudeur, des lambeaux de la misère, et le laissa retomber mourant sur la couverture. Elle me parut attaquée d'une fièvre putride : je fis débarrasser sa tête des petites pièces d'argent dont les paysannes albanoises ornent leurs cheveux; le poids des tresses et du métal concentroit la chaleur au cerveau. Je portois avec moi du camphre pour la peste; je le partageai avec la malade : on l'avoit nourrie de raisin, j'approuvai le régime. Enfin, nous priâmes Christos et la Panagia (la Vierge), et je promis prompte guérison. J'étois bien loin de l'espérer : j'ai tant vu mourir, que je n'ai là-dessus que trop d'expérience.

Je trouvai en sortant tout le village assemblé à la porte; les femmes fondirent sur moi en criant : *crasi! crasi!* « du vin! du vin! » Elles vouloient me témoigner leur reconnoissance en me forçant à boire : ceci rendoit mon rôle de médecin assez ridicule. Mais qu'importe si j'ai ajouté à Mégare une personne de plus à celles qui peuvent me souhaiter un peu de bien dans les différentes parties du monde où j'ai erré ? C'est un privilége du voyageur de laisser après lui beaucoup de souvenirs, et de vivre dans le cœur des étrangers quelquefois plus long-temps que dans la mémoire de ses amis.

Je regagnai le kan avec peine. J'eus toute la nuit sous les yeux l'image de l'Albanoise expirante : cela me fit souvenir que Virgile, visitant comme moi la Grèce, fut arrêté à Mégare par la maladie dont il mourut; moi-même j'étois tourmenté de la fièvre. Mégare avoit encore vu passer, il y a quelques années, d'autres François bien plus malheureux que moi [1]. Il me tardoit de sortir d'un lieu qui me sembloit avoir quelque chose de fatal.

Nous ne quittâmes pourtant notre gîte que le lendemain, 22 août, à onze heures du matin. L'Albanois qui nous avoit reçus voulut me régaler avant mon départ d'une de ces poules sans croupion et sans queue, que Chandler croyoit particulières à Mégare, et qui ont été apportées de la Virginie ou peut-être d'un petit canton de l'Allemagne. Mon hôte attachoit un grand prix à ces poules, sur lesquelles il savoit mille contes. Je lui fis dire que j'avois voyagé dans la patrie de ces oiseaux, pays bien éloigné, situé au-delà de la mer, et qu'il y avoit

[1] La garnison de Zante.

dans ce pays des Grecs établis au milieu des bois, parmi les Sauvages. En effet, quelques Grecs fatigués du joug ont passé dans la Floride, où les fruits de la liberté leur ont fait perdre le souvenir de la terre natale. « Ceux qui avoient goûté de ce doux « fruit n'y pouvoient plus renoncer; mais ils vou- « loient demeurer parmi les Lotophages, et ils ou- « blioient leur patrie [1]. »

L'Albanois n'entendoit rien à cela : pour toute réponse, il m'invitoit à manger sa poule et quelques *frutti di mare*. J'aurois préféré ce poisson, appelé *glaucus*, que l'on pêchoit autrefois sur la côte de Mégare. Anaxandrides, cité par Athénée, déclare que Nérée seul a pu le premier imaginer de manger la hure de cet excellent poisson; Antiphane veut qu'il soit bouilli, et Amphis le sert tout entier à ces sept chefs qui, sur un bouclier noir,

Épouvantoient les cieux de serments effroyables.

Le retard causé par le bon cœur de mon hôte, et plus encore par ma lassitude, nous empêcha d'arriver à Athènes dans la même journée. Sortis de Mégare à onze heures du matin, comme je l'ai déjà dit, nous traversâmes d'abord la plaine; ensuite nous gravîmes le mont Kerato-Pyrgo; le Kerata de l'antiquité : deux roches isolées s'élèvent à son sommet, et sur l'une de ces roches on aperçoit les ruines d'une tour qui donne son nom à la montagne. C'est à la descente de Kerato-Pyrgo, du côté d'Éleusis,

[1] *Odyss.*

qu'il faut placer la palestre de Cercyon et le tombeau d'Alopé. Il n'en reste aucun vestige. Nous rencontrâmes bientôt le Puits-Fleuri au fond d'un vallon cultivé. J'étois presque aussi fatigué que Cérès quand elle s'assit au bord de ce puits, après avoir cherché Proserpine par toute la terre. Nous nous arrêtâmes quelques instants dans la vallée, et puis nous continuâmes notre chemin. En avançant vers Éleusis, je ne vis point les anémones de diverses couleurs que Wheler aperçut dans les champs; mais aussi la saison en étoit passée.

Vers les cinq heures du soir nous arrivâmes à une plaine environnée de montagnes au nord, au couchant et au levant. Un bras de mer long et étroit baigne cette plaine au midi, et forme comme la corde de l'arc des montagnes. L'autre côté de ce bras de mer est bordé par les rivages d'une île élevée; l'extrémité orientale de cette île s'approche d'un des promontoires du continent : on remarque entre ces deux pointes un étroit passage. Je résolus de m'arrêter à un village bâti sur une colline, qui terminoit au couchant, près de la mer, le cercle des montagnes dont j'ai parlé.

On distinguoit dans la plaine les restes d'un aquéduc et beaucoup de débris épars au milieu du chaume d'une moisson nouvellement coupée; nous descendîmes de cheval au pied du monticule, et nous grimpâmes à la cabane la plus voisine : on nous y donna l'hospitalité.

Tandis que j'étois à la porte, recommandant je ne sais quoi à Joseph, je vis venir un Grec qui me

salua en italien. Il me conta tout de suite son histoire; il étoit d'Athènes; il s'occupoit à faire du goudron avec les pins des monts Géraniens; il étoit l'ami de M. Fauvel, et certainement je verrois M. Fauvel. Je répondis que je portois des lettres à M. Fauvel. Je fus charmé de rencontrer cet homme dans l'espoir de tirer de lui quelques renseignements sur les ruines dont j'étois environné, et sur les lieux où je me trouvois. Je savois bien quels étoient ces lieux; mais un Athénien qui connoissoit M. Fauvel devoit être un excellent cicérone. Je le priai donc de m'expliquer un peu ce que je voyois, et de m'orienter dans le pays. Il mit la main sur son cœur à la façon des Turcs, et s'inclina humblement : « J'ai
« entendu souvent, me répondit-il, M. Fauvel ex-
« pliquer tout cela; mais moi, je ne suis qu'un igno-
« rant, et je ne sais pas si tout cela est bien vrai.
« Vous voyez d'abord au levant, par-dessus le pro-
« montoire, la cime d'une montagne toute jaune :
« c'est le Telo-Vouni (le petit Hymette); l'île de
« l'autre côté de ce bras de mer, c'est Coulouri :
« M. Fauvel l'appelle *Salamine*. M. Fauvel dit que,
« dans ce canal vis-à-vis de vous, se donna un grand
« combat entre la flotte des Grecs et une flotte des
« Perses. Les Grecs occupoient ce canal; les Perses
« étoient de l'autre côté, vers le port Lion (le Pirée);
« le roi de ces Perses, dont je ne sais plus le nom,
« étoit assis sur un trône à la pointe de ce cap. Quant
« au village où nous sommes, M. Fauvel l'appelle
« *Éleusis*, et nous autres *Lepsina*. M. Fauvel dit qu'il
« y avoit un temple (le temple de Cérès) au-dessous

« de la maison où nous sommes : si vous voulez faire
« quelques pas, vous verrez l'endroit où étoit encore
« l'idole mutilée de ce temple (la statue de Cérès
« Éleusine); les Anglois l'ont emportée. »

Le Grec me quittant pour aller faire son goudron me laissa les yeux sur un rivage désert, et sur une mer où, pour tout vaisseau, on voyoit une barque de pêcheur attachée aux anneaux d'un môle en ruine.

Tous les voyageurs modernes ont visité Éleusis; toutes les inscriptions en ont été relevées. L'abbé Fourmont lui seul en copia une vingtaine. Nous avons une très docte dissertation de M. de Sainte-Croix sur le temple d'Éleusis, et un plan de ce temple par M. Foucherot. Warburton, Sainte-Croix, l'abbé Barthélemi, ont dit tout ce qu'il y avoit de curieux à dire sur les mystères de Cérès; et le dernier nous en a décrit les pompes extérieures. Quant à la statue mutilée, emportée par deux voyageurs, Chandler la prend pour la statue de Proserpine, et Spon pour la statue de Cérès. Ce buste colossal a, selon Pococke, cinq pieds et demi d'une épaule à l'autre, et la corbeille dont il est couronné s'élève à plus de deux pieds. Spon prétend que cette statue pourroit bien être de Praxitèle : je ne sais sur quoi cette opinion est fondée. Pausanias, par respect pour les mystères, ne décrit pas la statue de Cérès; Strabon garde le même silence. A la vérité on lit dans Pline que Praxitèle étoit l'auteur d'une Cérès en marbre et de deux Proserpines en bronze : la première, dont parle aussi Pausanias, ayant été transportée à Rome, ne peut être celle qu'on voyoit il y a quelques années à Éleusis ; les deux Proserpines en bronze sont hors de la question. A en juger par le trait que nous avons de cette statue, elle pourroit bien ne représenter qu'une Canéphore[1]. Je ne sais si M. Fauvel ne m'a point dit que cette statue, malgré sa réputation, étoit d'un assez mauvais travail.

Je n'ai donc rien à raconter d'Éleusis après tant de voyageurs, sinon que je me promenai au milieu de ces ruines, que je descendis au port, et que je m'arrêtai à contempler le détroit de Salamine. Les fêtes et la gloire étoient passées ; le silence étoit égal sur la terre et sur la mer : plus d'acclamations, plus de champs, plus de pompes sur le rivage ; plus de cris guerriers, plus de choc de galères, plus de tumulte sur les flots. Mon imagination ne pouvoit suffire, tantôt à se représenter la procession religieuse d'Éleusis, tantôt à couvrir le rivage de l'armée innombrable des Perses qui regardoient le combat de Salamine. Éleusis est, selon moi, le lieu le plus respectable de la Grèce, puisqu'on y enseignoit l'unité de Dieu, et que ce lieu fut témoin du plus grand effort que jamais les hommes aient tenté en faveur de la liberté.

Qui le croiroit ! Salamine est aujourd'hui presque entièrement effacée du souvenir des Grecs. On a vu ce que m'en disoit mon Athénien. « L'île de Salamine « n'a point conservé son nom, dit M. Fauvel dans ses « *Mémoires ;* il est oublié avec celui de Thémistocle. »

[1] Guillet la prend pour une cariatide.

Spon raconte qu'il logea à Salamine chez le papas Iaonnis, « homme, ajoute-t-il, moins ignorant que « tous ses paroissiens, puisqu'il savoit que l'île s'étoit « autrefois nommée *Salamine;* et il nous dit qu'il « l'avoit su de son père. » Cette indifférence des Grecs touchant leur patrie est aussi déplorable qu'elle est honteuse; non-seulement ils ne savent pas leur histoire, mais ils ignorent presque tous [1] la langue qui fait leur gloire : on a vu un Anglois, poussé d'un saint zèle, vouloir s'établir à Athènes pour y donner des leçons de grec ancien.

Il fallut que la nuit me chassât du rivage. Les vagues que la brise du soir avoit soulevées battoient la grève et venoient mourir à mes pieds : je marchai quelque temps le long de la mer qui baignoit le tombeau de Thémistocle; selon toutes les probabilités, j'étois dans ce moment le seul homme en Grèce qui se souvînt de ce grand homme.

Joseph avoit acheté un mouton pour notre souper; il savoit que nous arriverions le lendemain chez un consul de France. Sparte qu'il avoit vue, et Athènes qu'il alloit voir, ne lui importoient guère; mais, dans la joie où il étoit de toucher au terme de ses fatigues, il régaloit la maison de notre hôte. La femme, les enfants, le mari, tout étoit en mouvement; le janissaire seul restoit tranquille au milieu de l'empressement général, fumant sa pipe et applaudissant du turban à tous ces soins dont il espéroit bien profiter. Depuis l'extinction des mystères par Alaric,

---

[1] Il y a de glorieuses exceptions, et tout le monde a entendu parler de MM. Coraï, Kodrika, etc., etc.

il n'y avoit pas eu une pareille fête à Éleusis. Nous nous mîmes à table, c'est-à-dire que nous nous assîmes à terre autour du régal; notre hôtesse avoit fait cuire du pain qui n'étoit pas très bon, mais qui étoit tendre et sortant du four. J'aurois volontiers renouvelé le cri de *Vive Cérès!* Χαῖρε, Δήμητερ! Ce pain, qui provenoit de la nouvelle récolte, faisoit voir la fausseté d'une prédiction rapportée par Chandler. Du temps de ce voyageur on disoit à Éleusis que, si jamais on enlevoit la statue mutilée de la déesse, la plaine cesseroit d'être fertile. Cérès est allée en Angleterre, et les champs d'Éleusis n'en ont pas moins été fécondés par cette divinité réelle, qui appelle tous les hommes à la connoissance de ses mystères, qui ne craint point d'être détrônée,

> Qui donne aux fleurs leur aimable peinture,
> Qui fait naître et mûrir les fruits,
> Et leur dispense avec mesure
> Et la chaleur des jours et la fraîcheur des nuits.

Cette grande chère et la paix dont nous jouissions m'étoient d'autant plus agréables que nous les devions, pour ainsi dire, à la protection de la France. Il y a trente à quarante ans que toutes les côtes de la Grèce, et particulièrement les ports de Corinthe, de Mégare et d'Éleusis étoient infestés par des pirates. Le bon ordre établi dans nos stations du Levant avoit peu à peu détruit ce brigandage; nos frégates faisoient la police, et les sujets ottomans respiroient sous le pavillon françois. Les dernières révolutions de l'Europe ont amené pour quelques moments d'autres combinaisons de puissances ; mais les corsaires n'ont pas reparu. Nous bûmes donc à la renommée de ces armes qui protégeoient notre fête à Éleusis, comme les Athéniens durent remercier Alcibiade quand il eut conduit en sûreté la procession d'Iacchus au temple de Cérès.

Enfin, le grand jour de notre entrée à Athènes se leva. Le 23 à trois heures du matin nous étions tous à cheval; nous commençâmes à défiler en silence par la voie Sacrée : je puis assurer que l'initié le plus dévot à Cérès n'a jamais éprouvé un transport aussi vif que le mien. Nous avions mis nos beaux habits pour la fête; le janissaire avoit retourné son turban, et, par extraordinaire, on avoit frotté et pansé les chevaux. Nous traversâmes le lit d'un torrent appelé *Saranta-Potamo* ou *les Quarante Fleuves*, probablement le Céphise Éleusinien: nous vîmes quelques débris d'églises chrétiennes ; ils doivent occuper la place du tombeau de ce Zarex qu'Apollon lui-même avoit instruit dans l'art des chants. D'autres ruines nous annoncèrent les monuments d'Eumolpe et d'Hippothoon; nous trouvâmes les rhiti ou les courants d'eau salée : c'étoit là que, pendant les fêtes d'Éleusis, les gens du peuple insultoient les passants, en mémoire des injures qu'une vieille femme avoit dites autrefois à Cérès. De là passant au fond, ou au point extrême du canal de Salamine, nous nous engageâmes dans le défilé que forment le mont Parnès et le mont Ægalée : cette partie de la voie Sacrée s'appeloit *le Mystique*. Nous aperçûmes le monastère de Daphné, bâti sur les débris du temple d'Apollon, et dont l'église est une des plus anciennes de l'Attique. Un peu plus loin, nous remarquâmes quelques restes du temple de Vénus. Enfin, le défilé commence à s'élargir ; nous tournons autour du mont Pœcile placé au milieu du chemin, comme pour masquer le tableau ; et tout à coup nous découvrons la plaine d'Athènes.

Les voyageurs qui visitent la ville de Cécrops arrivent ordinairement par le Pirée ou par la route de Nègrepont. Ils perdent alors une partie du spectacle, car on n'aperçoit que la citadelle quand on vient de la mer ; et l'Anchesme coupe la perspective quand on descend de l'Eubée. Mon étoile m'avoit amené par le véritable chemin pour voir Athènes dans toute sa gloire.

La première chose qui frappa mes yeux, ce fut la citadelle éclairée du soleil levant : elle étoit juste en face de moi, de l'autre côté de la plaine, et sembloit appuyée sur le mont Hymette qui faisoit le fond du tableau. Elle présentoit, dans un assemblage confus, les chapiteaux des Propylées, les colonnes du Parthénon et du temple d'Érechthée, les embrasures d'une muraille chargée de canons, les débris gothiques des chrétiens, et les masures des musulmans.

Deux petites collines, l'Anchesme et le Musée, s'élevoient au nord et au midi de l'Acropolis. Entre ces deux collines et au pied de l'Acropolis, Athènes se montroit à moi : ses toits aplatis, entremêlés de minarets, de cyprès, de ruines, de colonnes isolées, les dômes de ses mosquées couronnés par de gros nids de cigognes, faisoient un effet agréable aux rayons du soleil. Mais, si l'on reconnoissoit encore Athènes à ses débris, on voyoit aussi, à l'ensemble de son architecture et au caractère général des monuments, que la ville de Minerve n'étoit plus habitée par son peuple.

Une enceinte de montagnes, qui se termine à la mer, forme la plaine ou le bassin d'Athènes. Du point où je voyois cette plaine au mont Pœcile, elle paroissoit divisée en trois bandes ou régions, courant dans une direction parallèle du nord au midi. La première de ces régions, et la plus voisine de moi, étoit inculte et couverte de bruyères; la seconde offroit un terrain labouré où l'on venoit de faire la moisson; la troisième présentoit un long bois d'oliviers qui s'étendoit un peu circulairement depuis les sources de l'Ilissus, en passant au pied de l'Anchesme, jusque vers le port de Phalère. Le Céphise coule dans cette forêt qui, par sa vieillesse, semble descendre de l'olivier que Minerve fit sortir de la terre. L'Ilissus a son lit desséché de l'autre côté d'Athènes, entre le mont Hymette et la ville. La plaine n'est pas parfaitement unie : une petite chaîne de collines détachées du mont Hymette en surmonte le niveau, et forme les différentes hauteurs sur lesquelles Athènes plaça peu à peu ses monuments.

Ce n'est pas dans le premier moment d'une émotion très vive que l'on jouit le plus de ses sentiments. Je m'avançois vers Athènes avec une espèce de plaisir qui m'ôtoit le pouvoir de la réflexion;

non que j'éprouvasse quelque chose de semblable à ce que j'avois senti à la vue de Lacédémone. Sparte et Athènes ont conservé jusque dans leurs ruines leurs différents caractères : celles de la première sont tristes, graves et solitaires; celles de la seconde sont riantes, légères, habitées. A l'aspect de la patrie de Lycurgue, toutes les pensées deviennent sérieuses, mâles et profondes; l'âme fortifiée semble s'élever et s'agrandir ; devant la ville de Solon, on est comme enchanté par les prestiges du génie ; on a l'idée de la perfection de l'homme considéré comme un être intelligent et immortel. Les hauts sentiments de la nature humaine prenoient à Athènes quelque chose d'élégant qu'ils n'avoient point à Sparte. L'amour de la patrie et de la liberté n'étoit point pour les Athéniens un instinct aveugle, mais un sentiment éclairé, fondé sur ce goût du beau dans tous les genres, que le ciel leur avoit si libéralement départi : enfin, en passant des ruines de Lacédémone aux ruines d'Athènes, je sentis que j'aurois voulu mourir avec Léonidas, et vivre avec Périclès.

Nous marchions vers cette petite ville, dont le territoire s'étendoit à quinze ou vingt lieues, dont la population n'égaloit pas celle d'un faubourg de Paris, et qui balance dans l'univers la renommée de l'empire romain. Les yeux constamment attachés sur ces ruines, je lui appliquois ces vers de Lucrèce :

> Primæ frugiferos fœtus mortalibus ægris
> Dididerunt quondam præclaro nomine Athenæ,
> Et recreaverunt vitam, legesque rogarunt;
> Et primæ dederunt solatia dulcia vitæ.

Je ne connois rien qui soit plus à la gloire des Grecs que ces paroles de Cicéron : « Souvenez-vous « Quintius, que vous commandez à des Grecs qui « ont civilisé tous les peuples, en leur enseignant la « douceur et l'humanité, et à qui Rome doit les lu- « mières qu'elle possède. » Lorsqu'on songe à ce que Rome étoit au temps de Pompée et de César, à ce que Cicéron étoit lui-même, on trouve dans ce peu de mots un magnifique éloge [1].

Des trois bandes ou régions qui divisoient devant nous la plaine d'Athènes, nous traversâmes rapidement les deux premières, la région inculte et la région cultivée. On ne voit plus sur cette partie de la route le monument du Rhodien et le tombeau de la courtisane; mais on aperçoit des débris de quelques églises. Nous entrâmes dans le bois d'oliviers : avant d'arriver au Céphise, on trouvoit deux tombeaux et un autel de Jupiter-l'Indulgent. Nous distinguâmes bientôt le lit du Céphise entre les troncs des oliviers qui le bordoient comme de vieux saules : je mis pied à terre pour saluer le fleuve et pour boire de son eau; j'en trouvai tout juste ce qu'il m'en falloit dans un creux sous la rive; le reste avoit été détourné plus haut pour arroser les plantations d'oliviers. Je me suis toujours fait un plaisir de boire de l'eau des rivières célèbres que j'ai passées dans ma vie : ainsi j'ai bu des eaux du Mississipi, de la Tamise, du Rhin, du Pô, du Tibre, de l'Eurotas, du Céphise, de l'Hermus, du Granique, du Jour-

[1] Pline le jeune écrit à peu près la même chose à Maximus, proconsul d'Achaïe.

dain, du Nil, du Tage et de l'Èbre. Que d'hommes au bord de ces fleuves peuvent dire comme les Israélites : *sedimus et flevimus!*

J'aperçus à quelque distance sur ma gauche les débris du pont que Xénoclès de Linde avoit fait bâtir sur le Céphise. Je remontai à cheval, et je ne cherchai point à voir le figuier sacré, l'autel de Zéphyre, la colonne d'Antémocrite; car le chemin moderne ne suit plus dans cet endroit l'ancienne voie Sacrée. En sortant du bois d'oliviers nous trouvâmes un jardin environné de murs, et qui occupe à peu près la place du Céramique extérieur. Nous mîmes une demi-heure pour nous rendre à Athènes, à travers un chaume de froment. Un mur moderne nouvellement réparé, et ressemblant à un mur de jardin, renferme la ville. Nous en franchîmes la porte et nous pénétrâmes dans de petites rues champêtres, fraîches et assez propres : chaque maison a son jardin planté d'orangers et de figuiers. Le peuple me parut gai et curieux, et n'avoit point l'air abattu des Moraïtes. On nous enseigna la maison du consul.

Je ne pouvois être mieux adressé qu'à M. Fauvel pour voir Athènes : on sait qu'il habite la ville de Minerve depuis longues années; il en connoît les moindres détails, beaucoup mieux qu'un Parisien ne connoît Paris. On a de lui d'excellents mémoires; on lui doit les plus intéressantes découvertes sur l'emplacement d'Olympie, sur la plaine de Marathon, sur le tombeau de Thémistocle au Pirée, sur le temple de la Vénus aux Jardins, etc. Chargé du consulat d'Athènes, qui n'est pour lui qu'un titre de protection, il a travaillé et travaille encore, comme peintre, au *Voyage pittoresque de la Grèce.* L'auteur de ce bel ouvrage, M. de Choiseul-Gouffier, avoit bien voulu me donner une lettre pour l'homme de talent, et je portois de plus au consul une lettre du ministre [1].

On ne s'attend pas sans doute que je donne ici une description complète d'Athènes; si l'on veut connoître l'histoire de cette ville, depuis les Romains jusqu'à nous, on peut recourir à l'Introduction de cet *Itinéraire.* Si ce sont les monuments d'Athènes ancienne qu'on désire connoître, la traduction de *Pausanias,* toute défectueuse qu'elle est, suffit parfaitement à la foule des lecteurs ; et le *Voyage du jeune Anacharsis* ne laisse presque rien à désirer. Quant aux ruines de cette fameuse cité, les lettres de la collection de Martin Crusius, le père Babin, La Guilletière même, malgré ses mensonges, Pococke, Spon, Wheler, Chandler surtout et M. Fauvel, les font si parfaitement connoître que je ne pourrois que les répéter. Sont-ce les plans, les cartes, les vues d'Athènes et de ses monuments que l'on cherche? on les trouvera partout : il suffit de rappeler les travaux du marquis de Nointel, de Leroi, de Stuart, de Pars; M. de Choiseul, complétant l'ouvrage que tant de malheurs ont interrompu, achèvera de mettre sous nos yeux Athènes tout entière. La partie des mœurs et du gouvernement des Athéniens modernes est également bien

[1] M. de Talleyrand.

traitée dans les auteurs que je viens de citer; et comme les usages ne changent pas en Orient ainsi qu'en France, tout ce que Chandler et Guys [1] ont dit des Grecs modernes est encore aujourd'hui de la plus exacte vérité.

Sans faire de l'érudition aux dépens de mes prédécesseurs, je rendrai compte de mes courses et de mes sentiments à Athènes, jour par jour et heure par heure, selon le plan que j'ai suivi jusqu'ici. Encore une fois, cet *Itinéraire* doit être regardé beaucoup moins comme un voyage que comme les mémoires d'une année de ma vie [2].

Je descendis dans la cour de M. Fauvel, que j'eus le bonheur de trouver chez lui : je lui remis aussitôt les lettres de M. de Choiseul et de M. de Talleyrand. M. Fauvel connoissoit mon nom; je ne pouvois pas lui dire : « *Son pittor anch'io;* » mais au moins j'étois un amateur plein de zèle, sinon de talent; j'avois une si bonne volonté d'étudier l'antique et de bien faire, j'étois venu de si loin crayonner de méchants dessins, que le maître vit en moi un écolier docile.

Ce fut d'abord entre nous un fracas de questions sur Paris et sur Athènes, auxquelles nous nous empressions de répondre; mais bientôt Paris fut oublié, et Athènes prit totalement le dessus. M. Fauvel, échauffé dans son amour pour les arts par un disciple, étoit aussi empressé de me montrer Athènes

---

[1] Il faut lire celui-ci avec défiance, et se mettre en garde contre son système.

[2] Voyez l'Avertissement.

que j'étois empressé de la voir : il me conseilla cependant de laisser passer la grande chaleur du jour.

Rien ne sentoit le consul chez mon hôte; mais tout y annonçoit l'artiste et l'antiquaire. Quel plaisir pour moi d'être logé à Athènes dans une chambre pleine des plâtres moulés du Parthenon! Tout autour des murs étoient suspendus des vues du temple de Thésée, des plans des Propylées, des cartes de l'Attique et de la plaine de Marathon. Il y avoit des marbres sur une table, des médailles sur une autre, avec de petites têtes et des vases en terre cuite. On balaya, à mon grand regret, une vénérable poussière; on tendit un lit de sangle au milieu de toutes ces merveilles; et comme un conscrit arrivé à l'armée la veille d'une affaire, je campai sur le champ de bataille.

La maison de M. Fauvel a, comme la plupart des maisons d'Athènes, une cour sur le devant et un petit jardin sur le derrière. Je courois à toutes les fenêtres pour découvrir au moins quelque chose dans les rues; mais c'étoit inutilement. On aperçoit pourtant, entre les toits des maisons voisines, un petit coin de la citadelle; je me tenois collé à la fenêtre qui donnoit de ce côté, comme un écolier dont l'heure de récréation n'est pas encore arrivée. Le janissaire de M. Fauvel s'étoit emparé de mon janissaire et de Joseph, de sorte que je n'avois plus à m'occuper d'eux.

A deux heures on servit le dîner, qui consistoit en des ragoûts de mouton et de poulets, moitié à la françoise, moitié à la turque. Le vin, rouge et fort comme nos vins du Rhône, étoit d'une bonne qualité ; mais il me parut si amer qu'il me fut impossible de le boire. Dans presque tous les cantons de la Grèce on fait plus ou moins infuser des pommes de pin au fond des cuvées ; cela donne au vin cette saveur amère et aromatique à laquelle on a quelque peine à s'habituer [1]. Si cette coutume remonte à l'antiquité, comme je le présume, elle expliqueroit pourquoi la pomme de pin étoit consacrée à Bacchus. On apporta du miel du mont Hymette ; je lui trouvai un goût de drogue qui me déplut ; le miel de Chamouni me semble de beaucoup préférable. J'ai mangé depuis à Kircagach, près de Pergame, dans l'Anatolie, un miel plus agréable encore ; il est blanc comme le coton sur lequel les abeilles le recueillent, et il a la fermeté et la consistance de la pâte de guimauve. Mon hôte rioit de la grimace que je faisois au vin et au miel de l'Attique ; il s'y étoit attendu. Comme il falloit bien que je fusse dédommagé par quelque chose, il me fit remarquer l'habillement de la femme qui nous servoit : c'étoit absolument la draperie des anciennes Grecques, surtout dans les plis horizontaux et onduleux qui se formoient au-dessus du sein, et venoient se joindre aux plis perpendiculaires qui marquoient le bord de la tunique. Le tissu grossier dont cette femme étoit vêtue contribuoit encore à la ressemblance ; car, à en juger par la statuaire, les étoffes chez les

---

[1] Les autres voyageurs attribuent ce goût à la poix qu'on mêle dans le vin : cela peut être vrai en partie ; mais on y fait aussi infuser la pomme de pin.

anciens étoient plus épaisses que les nôtres. Il seroit impossible, avec les mousselines et les soies des femmes modernes, de former les mouvements larges des draperies antiques : la gaze de Céos, et les autres voiles que les satiriques appeloient des nuages, n'étoient jamais imités par le ciseau.

Pendant notre dîner, nous reçûmes les compliments de ce qu'on appelle dans le Levant la nation : cette nation se compose des négociants françois ou dépendants de la France qui habitent les différentes échelles. Il n'y a à Athènes qu'une ou deux maisons de cette espèce : elles font le commerce des huiles. M. Roque me fit l'honneur de me rendre visite : il avoit une famille, et il m'invita à l'aller voir avec M. Fauvel; puis il se mit à parler de la société d'Athènes : « Un étranger fixé depuis quelque temps à « Athènes paroissoit avoir senti ou inspiré une pas- « sion qui faisoit parler la ville..... Il y avoit des « commérages vers la maison de Socrate, et l'on « tenoit des propos du côté des jardins de Phocion..... « L'archevêque d'Athènes n'étoit pas encore revenu « de Constantinople. On ne savoit pas si on obtien- « droit justice du pacha de Nègrepont, qui menaçoit « de lever une contribution à Athènes. Pour se mettre « à l'abri d'un coup de main, on avoit réparé le mur « de clôture; cependant on pouvoit tout espérer du « chef des eunuques noirs, propriétaire d'Athènes, « qui certainement avoit auprès de Sa Hautesse plus « de crédit que le pacha. » (O Solon ! O Thémistocle ! Le chef des eunuques noirs, propriétaire d'Athènes, et toutes les autres villes de la Grèce enviant cet in-

signe bonheur aux Athéniens!) «......... Au reste,
« M. Fauvel avoit bien fait de renvoyer le religieux
« italien qui demeuroit dans la lanterne de Démos-
« thènes (un des plus jolis monuments d'Athènes),
« et d'appeler à sa place un capucin françois. Celui-ci
« avoit de bonnes mœurs, étoit affable, intelligent,
« et recevoit très bien les étrangers qui, selon la
« coutume, alloient descendre au couvent françois... »
Tels étoient les propos et l'objet des conversations
à Athènes : on voit que le monde y alloit son train,
et qu'un voyageur qui s'est bien monté la tête doit
être un peu confondu quand il trouve, en arrivant
dans la rue des Trépieds, les tracasseries de son
village.

Deux voyageurs anglois venoient de quitter Athènes lorsque j'y arrivai : il y restoit encore un peintre
russe qui vivoit fort solitaire. Athènes est très fré-
quentée des amateurs de l'antiquité, parce qu'elle
est sur le chemin de Constantinople, et qu'on y
arrive facilement par mer.

Vers les quatre heures du soir, la grande chaleur
étant passée, M. Fauvel fit appeler son janissaire et
le mien, et nous sortîmes précédés de nos gardes :
le cœur me battoit de joie, et j'étois honteux de me
trouver si jeune. Mon guide me fit remarquer, presque à sa porte, les restes d'un temple antique. De là
nous tournâmes à droite, et nous marchâmes par
de petites rues fort peuplées. Nous passâmes au
bazar, frais et bien approvisionné en viande, en
gibier, en herbes et en fruits. Tout le monde saluoit
M. Fauvel, et chacun vouloit savoir qui j'étois ; mais

personne ne pouvoit prononcer mon nom. C'étoit comme dans l'ancienne Athènes : *Athenienses autem omnes*, dit saint Luc, *ad nihil aliud vocabant nisi aut dicere, aut audire aliquid novi;* quant aux Turcs, ils disoient : *Fransouse! Effendi!* et ils fumoient leurs pipes : c'étoit ce qu'ils avoient de mieux à faire. Les Grecs, en nous voyant passer, levoient leurs bras par-dessus leurs têtes, et crioient : *Kalôs ilthete Archondes! Bate kala eis palæo Athinan!* « Bien venus, messieurs! Bon voyage aux ruines « d'Athènes! » Et ils avoient l'air aussi fiers que s'ils nous avoient dit : « Vous allez chez Phidias ou chez « Ictinus. » Je n'avois pas assez de mes yeux pour regarder : je croyois voir des antiquités partout. M. Fauvel me faisoit remarquer çà et là des morceaux de sculpture qui servoient de bornes, de murs ou de pavés : il me disoit combien ces fragments avoient de pieds, de pouces et de lignes; à quel genre d'édifices ils appartenoient; ce qu'il en falloit présumer d'après Pausanias; quelles opinions avoient eues à ce sujet l'abbé Barthélemi, Spon, Wheler, Chandler; en quoi ces opinions lui sembloient (à lui M. Fauvel) justes ou mal fondées. Nous nous arrêtions à chaque pas; les janissaires et des enfants du peuple, qui marchoient devant nous, s'arrêtoient partout où ils voyoient une moulure, une corniche, un chapiteau; ils cherchoient à lire dans les yeux de M. Fauvel si cela étoit bon; quand le consul secouoit la tête, ils secouoient la tête et alloient se placer quatre pas plus loin devant un autre débris. Nous fûmes conduits ainsi hors du centre de la ville moderne, et nous arrivâmes à la partie de l'ouest que M. Fauvel vouloit d'abord me faire visiter, afin de procéder par ordre dans nos recherches.

En sortant du milieu de l'Athènes moderne, et marchant droit au couchant, les maisons commencent à s'écarter les unes des autres; ensuite viennent de grands espaces vides, les uns compris dans le mur de clôture, les autres en dehors de ce mur : c'est dans ces espaces abandonnés que l'on trouve le temple de Thésée, le Pnyx et l'Aréopage. Je ne décrirai point le premier, qui est décrit partout, et qui ressemble assez au Parthénon; je le comprendrai dans les réflexions générales que je me permettrai de faire bientôt au sujet de l'architecture des Grecs. Ce temple est au reste le monument le mieux conservé à Athènes : après avoir long-temps été une église sous l'invocation de saint-Georges, il sert aujourd'hui de magasin.

L'Aréopage étoit placé sur une éminence à l'occident de la citadelle. On comprend à peine comment on a pu construire sur le rocher où l'on voit des ruines un monument de quelque étendue. Une petite vallée appelée, dans l'ancienne Athènes, *Cœlé* (le creux), sépare la colline de l'Aréopage de la colline de Pnyx et de la colline de la citadelle. On montroit dans le Cœlé les tombeaux des deux Cimon, de Thucydide et d'Hérodote. Le Pnyx, où les Athéniens tenoient d'abord leurs assemblées publiques, est une esplanade pratiquée sur une roche escarpée, au revers du Lycabettus. Un mur composé de pierres énormes soutient cette esplanade du côté du nord ; au midi s'élève une tribune creusée dans le roc même, et l'on y monte par quatre degrés également taillés dans la pierre. Je remarque ceci, parce que les anciens voyageurs n'ont pas bien connu la forme du Pnyx. Lord Elgin a fait depuis peu d'années désencombrer cette colline, et c'est à lui qu'on doit la découverte des degrés. Comme on n'est pas là tout-à-fait à la cime du rocher, on n'aperçoit la mer qu'en montant au-dessus de la tribune : on ôtoit ainsi au peuple la vue du Pirée, afin que des orateurs factieux ne le jetassent pas dans des entreprises téméraires, à l'aspect de sa puissance et de ses vaisseaux [1].

Les Athéniens étoient rangés sur l'esplanade entre le mur circulaire que j'ai indiqué au nord, et la tribune au midi.

C'étoit donc à cette tribune que Périclès, Alcibiade et Démosthènes firent entendre leur voix ; que Socrate et Phocion parlèrent au peuple le plus léger et le plus spirituel de la terre ? C'étoit donc là que se sont commises tant d'injustices ; que tant de décrets iniques ou cruels ont été prononcés ? Ce fut peut-être ce lieu qui vit bannir Aristide, triompher Mélitus, condamner à mort la population entière d'une ville, vouer un peuple entier à l'esclavage ? Mais aussi ce fut là que de grands citoyens firent éclater leurs généreux accents contre les tyrans de

---

[1] L'histoire varie sur ce fait. D'après une autre version, ce furent les tyrans qui obligèrent les orateurs à tourner le dos au Pirée.

leur patrie ; que la justice triompha ; que la vérité fut écoutée. « Il y a un peuple, disoient les députés « de Corinthe aux Spartiates, un peuple qui ne res- « pire que les nouveautés ; prompt à concevoir, « prompt à exécuter, son audace passe sa force. « Dans les périls où souvent il se jette sans ré- « flexion, il ne perd jamais l'espérance ; naturelle- « ment inquiet, il cherche à s'agrandir au dehors ; « vainqueur, il s'avance et suit sa victoire ; vaincu, « il n'est point découragé. Pour les Athéniens, la vie « n'est pas une propriété qui leur appartienne, tant « ils la sacrifient aisément à leur pays ! Ils croient « qu'on les a privés d'un bien légitime toutes les « fois qu'ils n'obtiennent pas l'objet de leurs désirs. « Ils remplacent un dessein trompé par une nouvelle « espérance. Leurs projets à peine conçus sont déjà « exécutés. Sans cesse occupés de l'avenir, le présent « leur échappe : peuple qui ne connoît point le repos, « et ne peut le souffrir dans les autres [1]. »

Et ce peuple, qu'est-il devenu ? Où le trouverai-je ? Moi qui traduisois ce passage au milieu des ruines d'Athènes, je voyois les minarets des musulmans, et j'entendois parler des chrétiens. C'est à Jérusalem que j'allois chercher la réponse à cette question, et je connoissois déjà d'avance les paroles de l'oracle : *Dominus mortificat et vivificat ; deducit ad inferos et reducit.*

Le jour n'étoit pas encore à sa fin : nous passâmes du Pnyx à la colline du Musée. On sait que cette

---

[1] Thucyd., lib. i.

colline est couronnée par le monument de Philopappus, monument d'un mauvais goût; mais c'est le mort et non le tombeau qui mérite ici l'attention du voyageur. Cet obscur Philopappus, dont le sépulcre se voit de si loin, vivoit sous Trajan. Pausanias ne daigne pas le nommer, et l'appelle un *Syrien*. On voit dans l'inscription de sa statue qu'il étoit de Bêsa, bourgade de l'Attique. Eh bien, ce Philopappus s'appeloit *Antiochus Philopappus;* c'étoit le légitime héritier de la couronne de Syrie! Pompée avoit transporté à Athènes les descendants du roi Antiochus, et ils y étoient devenus de simples citoyens. Je ne sais si les Athéniens, comblés des bienfaits d'Antiochus, compatirent aux maux de sa famille détrônée; mais il paroit que ce Philopappus fut au moins consul désigné. La fortune, en le faisant citoyen d'Athènes et consul de Rome à une époque où ces deux titres n'étoient plus rien, sembloit vouloir se jouer encore de ce monarque déshérité, le consoler d'un songe par un songe, et montrer sur une seule tête qu'elle se rit également de la majesté des peuples et de celle des rois.

Le monument de Philopappus nous servit comme d'observatoire pour contempler d'autres vanités. M. Fauvel m'indiqua les divers endroits par où passoient les murs de l'ancienne ville; il me fit voir les ruines du théâtre de Bacchus, au pied de la citadelle; le lit desséché de l'Ilissus, la mer sans vaisseaux, et les ports déserts de Phalère, de Munychie et du Pirée.

Nous rentrâmes ensuite dans Athènes : il étoit

nuit; le consul envoya prévenir le commandant de
la citadelle que nous y monterions le lendemain
avant le lever du soleil. Je souhaitai le bon soir à
mon hôte, et je me retirai à mon appartement. Accablé de fatigue, il y avoit déjà quelque temps que
je dormois d'un profond sommeil, quand je fus réveillé tout à coup par le tambourin et la musette
turque dont les sons discordants partoient des combles des Propylées. En même temps un prêtre turc
se mit à chanter en arabe l'heure passée à des chrétiens de la ville de Minerve. Je ne saurois peindre
ce que j'éprouvai : cet iman n'avoit pas besoin de
me marquer ainsi la fuite des années; sa voix seule,
dans ces lieux, annonçoit assez que les siècles s'étoient écoulés.

Cette mobilité des choses humaines est d'autant
plus frappante qu'elle contraste avec l'immobilité
du reste de la nature. Comme pour insulter à l'instabilité des sociétés humaines, les animaux même
n'éprouvent ni bouleversements dans leurs empires,
ni altération dans leurs mœurs. J'avois vu, lorsque
nous étions sur la colline du Musée, des cigognes
se former en bataillon, et prendre leur vol vers
l'Afrique [1]. Depuis deux mille ans elles font ainsi le
même voyage; elles sont restées libres et heureuses
dans la ville de Solon comme dans la ville du chef
des eunuques noirs. Du haut de leurs nids, que les
révolutions ne peuvent atteindre, elles ont vu au-dessous d'elles changer la race des mortels : tandis

[1] Voyez, pour la description d'Athènes en général, presque
tout le XVe livre des *Martyrs*, et les notes.

que des générations impies se sont élevées sur les tombeaux des générations religieuses, la jeune cigogne a toujours nourri son vieux père [1]. Si je m'arrête à ces réflexions, c'est que la cigogne est aimée des voyageurs; comme eux « elle connoit les saisons dans le ciel [2]. » Ces oiseaux furent souvent les compagnons de mes courses dans les solitudes de l'Amérique; je les vis souvent perchés sur les Wigwum du Sauvage : en les retrouvant dans une autre espèce de désert, sur les ruines du Parthénon, je n'ai pu m'empêcher de parler un peu de mes anciens amis.

Le lendemain 24, à quatre heures et demie du matin, nous montâmes à la citadelle; son sommet est environné de murs, moitié antiques, moitié modernes; d'autres murs circuloient autrefois autour de sa base. Dans l'espace que renferment ces murs, se trouvent d'abord les restes des Propylées et les débris du temple de la Victoire [3]. Derrière les Propylées, à gauche, vers la ville, on voit ensuite le Pandroséum et le double temple de Neptune-Érechthée et de Minerve-Polias; enfin, sur le point le plus éminent de l'Acropolis, s'élève le temple de Minerve, le reste de l'espace est obstrué par les décombres des bâtiments anciens et nouveaux, et par les tentes, les armes et les baraques des Turcs.

Le rocher de la citadelle peut avoir à son sommet huit cents pieds de long sur quatre cents de large; sa forme est à peu près celle d'un ovale dont

---

[1] C'est Solin qui le dit.   [2] Jérémie.
[3] Le temple de la Victoire formoit l'aile droite des Propylées.

l'ellipse iroit en se rétrécissant du côté du mont Hymette : on diroit un piédestal taillé tout exprès pour porter les magnifiques édifices qui le couronnoient.

Je n'entrerai point dans la description particulière de chaque monument : je renvoie le lecteur aux ouvrages que j'ai si souvent cités ; et, sans répéter ici ce que chacun peut trouver ailleurs, je me contenterai de quelques réflexions générales.

La première chose qui vous frappe dans les monuments d'Athènes, c'est la belle couleur de ces monuments. Dans nos climats, sous une atmosphère chargée de fumée et de pluie, la pierre du blanc le plus pur devient bientôt noire ou verdâtre. Le ciel clair et le soleil brillant de la Grèce répandent seulement sur le marbre de Paros et du Pentélique une teinte dorée semblable à celle des épis mûrs, ou des feuilles en automne.

La justesse, l'harmonie et la simplicité des proportions attirent ensuite votre admiration. On ne voit point ordre sur ordre, colonne sur colonne, dôme sur dôme. Le temple de Minerve, par exemple, est, ou plutôt étoit un simple parallélogramme allongé, orné d'un pérystile, d'un pronaos ou portique, et élevé sur trois marches ou degrés qui régnoient tout autour. Ce pronaos occupoit à peu près le tiers de la longueur totale de l'édifice ; l'intérieur du temple se divisoit en deux nefs séparées par un mur, et qui ne recevoient le jour que par la porte : dans l'une on voyoit la statue de Minerve, ouvrage de Phidias ; dans l'autre, on gardoit le trésor des Athéniens. Les colonnes du péristyle et du portique reposoient immédiatement sur les degrés du temple; elles étoient sans bases, cannelées et d'ordre dorique; elles avoient quarante-deux pieds de hauteur et dix-sept et demi de tour près du sol; l'entre-colonnement étoit de sept pieds quatre pouces; et le monument avoit deux cent dix-huit pieds de long, et quatre-vingt-dix-huit et demi de large.

Les triglyphes de l'ordre dorique marquoient la frise du péristyle : des métopes ou petits tableaux de marbre à coulisse séparoient entre eux les triglyphes. Phidias ou ses élèves avoient sculpté sur ces métopes le combat des Centaures et des Lapithes. Le haut du plein mur du temple, ou la frise de la cella, étoit décorée d'un autre bas-relief représentant peut-être la fête des Panathénées. Des morceaux de sculptures excellents, mais du siècle d'Adrien, époque du renouvellement de l'art, occupoient les deux frontons du temple [1]. Les offrandes votives, ainsi que les boucliers enlevés à l'ennemi dans le cours de la guerre Médique, étoient suspendus en dehors de l'édifice : on voit encore la marque circu-

---

[1] Je ne puis me persuader que Phidias ait laissé complétement nus les deux frontons du temple, tandis qu'il avoit orné avec tant de soin les deux frises. Si l'empereur Adrien et sa femme Sabine se trouvoient représentés dans l'un des frontons, ils peuvent y avoir été introduits à la place de deux autres figures, ou peut-être, ce qui arrivoit souvent, n'avoit-on fait que changer les têtes des personnages. Au reste, ceci n'étoit point une indigne flatterie de la part des Athéniens : Adrien méritoit cet honneur comme bienfaiteur d'Athènes et restaurateur des arts.

laire que les derniers ont imprimée sur l'architrave
du fronton qui regarde le mont Hymette. C'est ce
qui fait présumer à M. Fauvel que l'entrée du temple
pouvoit bien être tournée de ce côté, contre l'opinion générale qui place cette entrée à l'extrémité
opposée [1]. Entre ces boucliers on avoit mis des inscriptions : elles étoient vraisemblablement écrites
en lettres de bronze, à en juger par les marques des
clous qui attachoient ces lettres. M. Fauvel pensoit
que ces clous avoient servi peut-être à retenir des
guirlandes; mais je l'ai ramené à mon sentiment en
lui faisant remarquer la disposition régulière des
trous. De pareilles marques ont suffi pour rétablir
et lire l'inscription de la Maison-Carrée à Nîmes. Je
suis convaincu que, si les Turcs le permettoient,
on pourroit aussi parvenir à déchiffrer les inscriptions du Parthénon.

Tel étoit ce temple qui a passé à juste titre pour
le chef-d'œuvre de l'architecture chez les anciens et
chez les modernes : l'harmonie et la force de toutes
ses parties se font encore remarquer dans ses ruines;
car on en auroit une très fausse idée, si l'on se représentoit seulement un édifice agréable, mais petit, et chargé de ciselures et de festons à notre manière. Il y a toujours quelque chose de grêle dans
notre architecture, quand nous visons à l'élégance;

[1] L'idée est ingénieuse, mais la preuve n'est pas bien solide :
outre mille raisons qui pouvoient avoir déterminé les Athéniens
à suspendre les boucliers du côté de l'Hymette, on n'avoit peut-
être pas voulu gâter l'admirable façade du temple, en la chargeant d'ornements étrangers.

ou de pesant, quand nous prétendons à la majesté. Voyez comme tout est calculé au Parthénon! L'ordre est dorique, et le peu de hauteur de la colonne dans cet ordre vous donne à l'instant l'idée de la durée et de la solidité; mais cette colonne qui, de plus, est sans base, deviendroit trop lourde. Ictinus a recours à son art : il fait la colonne cannelée, et l'élève sur des degrés; par ce moyen il introduit presque la légèreté du corinthien dans la gravité dorique. Pour tout ornement vous avez deux frontons et deux frises sculptées. La frise du péristyle se compose de petits tableaux de marbre régulièrement divisés par un triglyphe : à la vérité, chacun de ces tableaux est un chef-d'œuvre; la frise de la cella règne comme un bandeau au haut d'un mur plein et uni : voilà tout, absolument tout. Qu'il y a loin de cette sage économie d'ornements, de cet heureux mélange de simplicité, de force et de grâce, à notre profusion de découpures en carré, en long, en rond, en losange; à nos colonnes fluettes, guindées sur d'énormes bases, ou à nos porches ignobles et écrasés que nous appelons des *portiques!*

Il ne faut pas se dissimuler que l'architecture considérée comme art est dans son principe éminemment religieuse : elle fut inventée pour le culte de la Divinité. Les Grecs, qui avoient une multitude de dieux, ont été conduits à différents genres d'édifices, selon les idées qu'ils attachoient aux différents pouvoirs de ces dieux. Vitruve même consacre deux chapitres à ce beau sujet, et enseigne comment on doit construire les temples et les autels de Minerve, d'Hercule, de Cérès, etc. Nous, qui n'adorons qu'un seul maître de la nature, nous n'avons aussi, à proprement parler, qu'une seule architecture naturelle, l'architecture gothique. On sent tout de suite que ce genre est à nous, qu'il est original, et né, pour ainsi dire, avec nos autels. En fait d'architecture grecque, nous ne sommes que des imitateurs plus ou moins ingénieux [1] ; imitateurs d'un travail dont nous dénaturons le principe en transportant dans la demeure des hommes les ornements qui n'étoient bien que dans la maison des dieux.

Après leur harmonie générale, leur rapport avec les lieux et les sites, et surtout leurs convenances avec les usages auxquels ils étoient destinés, ce qu'il faut admirer dans les édifices de la Grèce, c'est le fini de toutes les parties. L'objet qui n'est pas fait pour être vu y est travaillé avec autant de soin que les compositions extérieures. La jointure des blocs qui forment les colonnes du temple de Minerve est telle qu'il faut la plus grande attention pour la découvrir, et qu'elle n'a pas l'épaisseur du fil le plus délié. Afin d'atteindre à cette rare perfection, on amenoit d'abord le marbre à sa plus juste coupe avec le ciseau, ensuite on faisoit rouler les deux pièces l'une sur l'autre, en jetant au centre du frottement du sable et de l'eau. Les assises, au moyen de ce procédé, arrivoient à un aplomb incroyable : cet aplomb, dans les tronçons des co-

---

[1] On fit sous les Valois un mélange charmant de l'architecture grecque et gothique ; mais cela n'a duré qu'un moment.

lonnes, étoit déterminé par un pivot carré de bois d'olivier. J'ai vu un de ces pivots entre les mains de M. Fauvel.

Les rosaces, les plinthes, les moulures, les astragales, tous les détails de l'édifice offrent la même perfection; les lignes du chapiteau et de la cannelure des colonnes du Parthénon sont si déliées, qu'on seroit tenté de croire que la colonne entière a passé au tour : des découpures en ivoire ne seroient pas plus délicates que les ornements ioniques du temple d'Érechthée : les cariatides du Pandroséum sont des modèles. Enfin, si, après avoir vu les monuments de Rome, ceux de la France m'ont paru grossiers, les monuments de Rome me semblent barbares à leur tour depuis que j'ai vu ceux de la Grèce : je n'en excepte point le Panthéon avec son fronton démesuré. La comparaison peut se faire aisément à Athènes, où l'architecture grecque est souvent placée tout auprès de l'architecture romaine.

J'étois au surplus tombé dans l'erreur commune touchant les monuments des Grecs : je les croyois parfaits dans leur ensemble; mais je pensois qu'ils manquoient de grandeur. J'ai fait voir que le génie des architectes a donné en grandeur proportionnelle à ces monuments ce qui peut leur manquer en étendue; et d'ailleurs Athènes est remplie d'ouvrages prodigieux. Les Athéniens, peuple si peu riche, si peu nombreux, ont remué des masses gigantesques : les pierres du Pnyx sont de véritables quartiers de rocher, les Propylées formoient un travail immense, et les dalles de marbre qui les couvroient étoient d'une dimension telle qu'on n'en a jamais vu de semblables; la hauteur des colonnes du temple de Jupiter-Olympien passe peut-être soixante pieds, et le temple entier avoit un demi-mille de tour: les murs d'Athènes, en y comprenant ceux des trois ports et les longues murailles, s'étendoient sur un espace de près de neuf lieues [1]; les murailles qui réunissoient la ville au Pirée étoient assez larges pour que deux chars y pussent courir de front, et, de cinquante en cinquante pas, elles étoient flanquées de tours carrées. Les Romains n'ont jamais élevé de fortifications plus considérables.

Par quelle fatalité ces chefs-d'œuvre de l'antiquité, que les modernes vont admirer si loin et avec tant de fatigues, doivent-ils en partie leur destruction aux modernes [2]? Le Parthénon subsista dans son entier jusqu'en 1687: les chrétiens le convertirent d'abord en église; et les Turcs, par jalousie des chrétiens, le changèrent à leur tour en mosquée. Il faut que des Vénitiens viennent, au milieu des lumières du dix-septième siècle, canonner les monuments de Périclès; ils tirent à boulets rouges sur les Propylées et le temple de Minerve; une bombe

---

[1] Deux cents stades, selon Dion Chrysostôme.

[2] On sait comment le Colisée a été détruit à Rome, et l'on connoît le jeu de mots latin sur les Barberini et les Barbares. Quelques historiens soupçonnent les chevaliers de Rhodes d'avoir détruit le fameux tombeau de Mausole: c'étoit, il est vrai, pour la défense de Rhodes et pour fortifier l'île contre les Turcs; mais si c'est une sorte d'excuse pour les chevaliers, la destruction de cette merveille n'en est pas moins fâcheuse pour nous.

tombe sur ce dernier édifice, enfonce la voûte, met le feu à des barils de poudre, et fait sauter en partie un édifice qui honoroit moins les faux dieux des Grecs que le génie de l'homme [1]. La ville étant prise, Morosini, dans le dessein d'embellir Venise des débris d'Athènes, veut descendre les statues du fronton du Parthénon, et les brise. Un autre moderne vient d'achever, par amour des arts, la destruction que les Vénitiens avoient commencée [2].

J'ai souvent eu l'occasion de parler de lord Elgin dans cet *Itinéraire* : on lui doit, comme je l'ai dit, la connoissance plus parfaite du Pnyx et du tombeau d'Agamemnon ; il entretient encore en Grèce un Italien chargé de diriger des fouilles, et qui découvrit, comme j'étois à Athènes, des antiques que je n'ai point vues [3]. Mais lord Elgin a perdu le mérite de ses louables entreprises, en ravageant le Parthé-

---

[1] L'invention des armes à feu est encore une chose fatale pour les arts. Si les Barbares avoient connu la poudre, il ne seroit pas resté un édifice grec ou romain sur la surface de la terre ; ils auroient fait sauter jusqu'aux Pyramides, quand ce n'eût été que pour y chercher des trésors. Une année de guerre parmi nous détruit plus de monuments qu'un siècle de combats chez les anciens. Il semble ainsi que tout s'oppose chez les modernes à la perfection de l'art ; leurs pays, leurs mœurs, leurs coutumes, leurs vêtements, et jusqu'à leurs découvertes.

[2] Ils avoient établi leur batterie, composée de six pièces de canon et de quatre mortiers, sur le Pnyx. On ne conçoit pas qu'à une si petite portée ils n'aient pas rasé tous les monuments de la citadelle. V. Fanelli, *Atene Attica*, et l'Introduction à cet *Itinéraire*.

[3] Elles furent découvertes dans un sépulcre : je crois que ce sépulcre étoit celui d'un enfant. Entre autres choses curieuses, on y trouva un jeu inconnu, dont la principale pièce consistoit, autant qu'il m'en souvient, dans une boule ou un globe d'acier poli. Je ne sais s'il n'est point question de ce jeu dans *Athénée*. La guerre

non. Il a voulu faire enlever les bas-reliefs de la frise : pour y parvenir, des ouvriers turcs ont d'abord brisé l'architrave, et jeté en bas des chapiteaux; ensuite, au lieu de faire sortir les métopes par leurs coulisses, les Barbares ont trouvé plus court de rompre la corniche. Au temple d'Érechthée, on a pris la colonne angulaire; de sorte qu'il faut soutenir aujourd'hui avec une pile de pierres l'entablement entier, qui menace ruine.

Les Anglois qui ont visité Athènes depuis le passage de lord Elgin ont eux-mêmes déploré ces funestes effets d'un amour des arts peu réfléchi. On prétend que lord Elgin a dit pour excuse, qu'il n'avoit fait que nous imiter. Il est vrai que les François ont enlevé à l'Italie ses statues et ses tableaux; mais ils n'ont point mutilé les temples pour en arracher les bas-reliefs; ils ont seulement suivi l'exemple des Romains, qui dépouillèrent la Grèce des chefs-d'œuvre de la peinture et de la statuaire. Les monuments d'Athènes, arrachés aux lieux pour lesquels ils étoient faits, perdront non-seulement une partie de leur beauté relative, mais ils diminueront matériellement de beauté. Ce n'est que la lumière qui fait ressortir la délicatesse de certaines lignes et de certaines couleurs : or, cette lumière venant à manquer sous le ciel de l'Angleterre, ces lignes et ces couleurs disparoîtront ou resteront cachées. Au reste, j'avouerai que l'intérêt de la France, la gloire de

existant entre la France et l'Angleterre, empêcha M. Fauvel de s'adresser pour moi à l'agent de lord Elgin ; de sorte que je ne vis point ces antiques jouets qui consoloient un enfant athénien dans son tombeau.

notre patrie, et mille autres raisons pouvoient demander la transplantation des monuments conquis par nos armes; mais les beaux-arts eux-mêmes, comme étant du parti des vaincus et au nombre des captifs, ont peut-être le droit de s'en affliger.

Nous employâmes la matinée entière à visiter la citadelle. Les Turcs avoient autrefois accolé le minaret d'une mosquée au portique du Parthénon Nous montâmes par l'escalier à moitié détruit de ce minaret; nous nous assîmes sur une partie brisée de la frise du temple, et nous promenâmes nos regards autour de nous. Nous avions le mont Hymette à l'est, le Pentélique au nord, le Parnès au nord-ouest; les monts Icare, Cordyalus ou OEgalée à l'ouest, et par-dessus le premier on apercevoit la cime du Cithéron; au sud-ouest et au midi, on voyoit la mer, le Pirée, les côtes de Salamine, d'Égine, d'Épidaure, et la citadelle de Corinthe.

Au-dessous de nous, dans le bassin dont je viens de décrire la circonférence, on distinguoit les collines et la plupart des monuments d'Athènes : au sud-ouest, la colline du Musée avec le tombeau de Philopappus; à l'ouest, les rochers de l'Aréopage, du Pnyx et du Lycabettus; au nord, le petit mont Anchesme, et à l'est les hauteurs qui dominent le Stade. Au pied même de la citadelle, on voyoit les débris du théâtre de Bacchus et d'Hérode-Atticus. A la gauche de ces débris venoient les grandes colonnes isolées du temple de Jupiter-Olympien; plus loin encore, en tirant vers le nord-est, on apercevoit l'enceinte du Lycée, le cours de l'Ilissus, le Stade.

et un temple de Diane ou de Cérès. Dans la partie de l'ouest et du nord-ouest, vers le grand bois d'oliviers, M. Fauvel me montroit la place du Céramique extérieur, de l'Académie et de son chemin bordé de tombeaux. Enfin, dans la vallée formée par l'Anchesme et la citadelle, on découvroit la ville moderne.

Il faut maintenant se figurer tout cet espace tantôt nu et couvert d'une bruyère jaune, tantôt coupé par des bouquets d'oliviers, par des carrés d'orge, par des sillons de vignes; il faut se représenter des fûts de colonnes et des bouts de ruines anciennes et modernes, sortant du milieu de ces cultures; des murs blanchis et des clôtures de jardins traversant les champs : il faut répandre dans la campagne des Albanoises qui tirent de l'eau ou qui lavent à des puits les robes des Turcs; des paysans qui vont et viennent, conduisant des ânes, ou portant sur leur dos des provisions à la ville : il faut supposer toutes ces montagnes dont les noms sont si beaux, toutes ces ruines si célèbres, toutes ces îles, toutes ces mers non moins fameuses, éclairées d'une lumière éclatante. J'ai vu, du haut de l'Acropolis, le soleil se lever entre les deux cimes du mont Hymette : les corneilles qui nichent autour de la citadelle, mais qui ne franchissent jamais son sommet, planoient au-dessous de nous; leurs ailes noires et lustrées étoient glacées de rose par les premiers reflets du jour; des colonnes de fumée bleue et légère montoient dans l'ombre le long des flancs de l'Hymette, et annonçoient les parcs ou les chalets des abeilles; Athènes, l'Acropolis et les débris du Parthénon se coloroient de la plus belle teinte de la fleur du pêcher; les sculptures de Phidias, frappées horizontalement d'un rayon d'or, s'animoient et sembloient se mouvoir sur le marbre par la mobilité des ombres du relief; au loin, la mer et le Pirée étoient tout blancs de lumière; et la citadelle de Corinthe, renvoyant l'éclat du jour nouveau, brilloit sur l'horizon du couchant, comme un rocher de pourpre et de feu.

Du lieu où nous étions placés, nous aurions pu voir, dans les beaux jours d'Athènes, les flottes sortir du Pirée pour combattre l'ennemi, ou pour se rendre aux fêtes de Délos; nous aurions pu entendre éclater au théâtre de Bacchus les douleurs d'OEdipe, de Philoctète et d'Hécube; nous aurions pu ouïr les applaudissements des citoyens aux discours de Démosthènes. Mais, hélas! aucun son ne frappoit notre oreille. A peine quelques cris échappés à une populace esclave, sortoient par intervalles de ces murs qui retentirent si long-temps de la voix d'un peuple libre. Je me disois, pour me consoler, ce qu'il faut se dire sans cesse : Tout passe, tout finit dans ce monde. Où sont allés les génies divins qui élevèrent le temple sur les débris duquel j'étois assis? Ce soleil, qui peut-être éclairoit les derniers soupirs de la pauvre fille de Mégare, avoit vu mourir la brillante Aspasie. Ce tableau de l'Attique, ce spectacle que je contemplois, avoit été contemplé par des yeux fermés depuis deux mille ans. Je passerai à mon tour : d'autres hommes aussi fugitifs que moi viendront faire les mêmes réflexions sur les mêmes ruines. Notre vie et notre cœur sont entre les mains de Dieu : laissons-le donc disposer de l'une comme de l'autre.

Je pris en descendant de la citadelle un morceau de marbre du Parthénon; j'avois aussi recueilli un fragment de la pierre du tombeau d'Agamemnon; et depuis j'ai toujours dérobé quelque chose aux monuments sur lesquels j'ai passé. Ce ne sont pas d'aussi beaux souvenirs de mes voyages que ceux qu'ont emportés M. de Choiseul et lord Elgin; mais ils me suffisent. Je conserve aussi soigneusement de petites marques d'amitié que j'ai reçues de mes hôtes, entre autres un étui d'os que me donna le père Munoz à Jaffa. Quand je revois ces bagatelles, je me retrace sur-le-champ mes courses et mes aventures. Je me dis : « J'étois là, telle chose m'advint. » Ulysse retourna chez lui avec de grands coffres pleins des riches dons que lui avoient faits les Phéaciens; je suis rentré dans mes foyers avec une douzaine de pierres de Sparte, d'Athènes, d'Argos, de Corinthe, trois ou quatre petites têtes en terre cuite que je tiens de M. Fauvel, des chapelets, une bouteille d'eau du Jourdain, une autre de la mer Morte, quelques roseaux du Nil, un marbre de Carthage et un plâtre moulé de l'Alhambra. J'ai dépensé cinquante mille francs sur ma route, et laissé en présent mon linge et mes armes. Pour peu que mon voyage se fût prolongé, je serois revenu à pied, avec un bâton blanc. Malheureusement, je n'aurois pas trouvé en arrivant un bon frère qui

m'eût dit comme le vieillard des *Mille et une Nuits :*
« Mon frère, voilà mille sequins, achetez des cha-
« meaux et ne voyagez plus. »

Nous allâmes dîner en sortant de la citadelle, et le soir du même jour nous nous transportâmes au Stade, de l'autre côté de l'Ilissus. Ce Stade conserve parfaitement sa forme : on n'y voit plus les gradins de marbre dont l'avoit décoré Hérode-Atticus. Quant à l'Ilissus, il est sans eau. Chandler sort à cette occasion de sa modération naturelle, et se récrie contre les poëtes qui donnent à l'Ilissus une onde limpide, et bordent son cours de saules touffus. A travers son humeur, on voit qu'il a envie d'attaquer un dessin de Leroi, dessin qui représente un point de vue sur l'Ilissus. Je suis comme le docteur Chandler : je déteste les descriptions qui manquent de vérité, et quand un ruisseau est sans eau, je veux qu'on me le dise. On verra que je n'ai point embelli les rives du Jourdain, ni transformé cette rivière en un grand fleuve. J'étois là cependant bien à mon aise pour mentir. Tous les voyageurs, et l'Écriture même, auroient justifié les descriptions les plus pompeuses. Mais Chandler a poussé l'humeur trop loin. Voici un fait curieux que je tiens de M. Fauvel : pour peu que l'on creuse dans le lit de l'Ilissus, on trouve l'eau à une très petite profondeur : cela est si bien connu des paysannes albanoises, qu'elles font un trou dans la grève du ravin quand elles veulent laver du linge, et sur-le-champ elles ont de l'eau. Il est donc très probable que le lit de l'Ilissus s'est peu à peu encombré des pierres et des graviers descendus des montagnes voisines, et que l'eau coule à présent entre deux sables. En voilà bien assez pour justifier ces pauvres poëtes qui ont le sort de Cassandre : en vain ils chantent la vérité, personne ne les croit; s'ils se contentoient de la dire, ils seroient peut-être plus heureux. Ils sont d'ailleurs appuyés ici par le témoignage de l'histoire, qui met de l'eau dans l'Ilissus; et pourquoi cet Ilissus auroit-il un pont, s'il n'avoit jamais d'eau, même en hiver? L'Amérique m'a un peu gâté sur le compte des fleuves; mais je ne pouvois m'empêcher de venger l'honneur de cet Ilissus qui a donné un surnom aux muses [1], et au bord duquel Borée enleva Orithye.

En revenant de l'Ilissus, M. Fauvel me fit passer sur des terrains vagues, où l'on doit chercher l'emplacement du Lycée. Nous vînmes ensuite aux grandes colonnes isolées, placées dans le quartier de la ville qu'on appeloit la *Nouvelle-Athènes*, ou l'*Athènes de l'empereur Adrien*. Spon veut que ces colonnes soient les restes du portique des Cent-Vingt-Colonnes; et Chandler présume qu'elles appartenoient au temple de Jupiter-Olympien. M. Lechevalier et les autres voyageurs en ont parlé. Elles sont bien représentées dans les différentes vues d'Athènes, et surtout dans l'ouvrage de Stuart, qui a rétabli l'édifice entier d'après les ruines. Sur une portion d'architrave qui unit encore deux de ces colonnes, on remarque une masure, jadis la demeure d'un ermite. Il est impossible de comprendre

---

[1] Ilissiades : elles avoient un autel au bord de l'Ilissus.

comment cette masure a pu être bâtie sur le chapiteau de ces prodigieuses colonnes, dont la hauteur est peut-être de plus de soixante pieds. Ainsi ce vaste temple, auquel les Athéniens travaillèrent pendant sept siècles, que tous les rois de l'Asie voulurent achever, qu'Adrien, maître du monde, eut seul la gloire de finir; ce temple a succombé sous l'effort du temps, et la cellule d'un solitaire est demeurée debout sur ses débris! Une misérable loge de plâtre est portée dans les airs par deux colonnes de marbre, comme si la fortune avoit voulu exposer à tous les yeux, sur ce magnifique piédestal, un monument des ses triomphes et de ses caprices.

Ces colonnes, quoique beaucoup plus hautes que celles du Parthenon, sont bien loin d'en avoir la beauté : la dégénération de l'art s'y fait sentir; mais, comme elles sont isolées et dispersées sur un terrain nu, elles font un effet surprenant. Je me suis arrêté à leur pied pour entendre le vent siffler autour de leur tête : elles ressemblent à ces palmiers solitaires que l'on voit çà et là parmi les ruines d'Alexandrie. Lorsque les Turcs sont menacés de quelques calamités, ils amènent un agneau dans ce lieu, et le contraignent à bêler, en lui dressant la tête vers le ciel : ne pouvant trouver la voix de l'innocence parmi les hommes, ils ont recours au nouveau-né de la brebis pour fléchir la colère céleste.

Nous rentrâmes dans Athènes par le portique où se lit l'inscription si connue :

C'EST ICI LA VILLE D'ADRIEN,
ET NON PAS LA VILLE DE THÉSÉE.

Nous allâmes rendre à M. Roque la visite qu'il m'avoit faite, et nous passâmes la soirée chez lui : j'y vis quelques femmes. Les lecteurs qui seroient curieux de connoître l'habillement, les mœurs et les usages des femmes turques, grecques et albanoises à Athènes, peuvent lire le vingt-sixième chapitre du *Voyage en Grèce* de Chandler. S'il n'étoit pas si long, je l'aurois transcrit ici tout entier. Je dois dire seulement que les Athéniennes m'ont paru moins grandes et moins belles que les Moraïtes. L'usage où elles sont de se peindre le tour des yeux en bleu, et le bout des doigts en rouge, est désagréable pour un étranger; mais comme j'avois vu des femmes avec des perles au nez, que les Iroquois trouvoient cela très galant, et que j'étois tenté moi-même d'aimer assez cette mode, il ne faut pas disputer des goûts. Les femmes d'Athènes ne furent, au reste, jamais très renommées pour leur beauté. On leur reprochoit d'aimer le vin. La preuve que leur empire n'avoit pas beaucoup de puissance, c'est que presque tous les hommes célèbres d'Athènes furent attachés à des étrangères : Périclès, Sophocle, Socrate, Aristote, et même le divin Platon.

Le 25 nous montâmes à cheval de grand matin; nous sortîmes de la ville et prîmes la route de Phalère. En approchant de la mer, le terrain s'élève et se termine par des hauteurs dont les sinuosités forment au levant et au couchant les ports de Phalère, de Munychie et du Pirée. Nous découvrîmes sur les dunes de Phalère les racines des murs qui enfermoient le port, et d'autres ruines absolument dégradées : c'étoient peut-être celles des temples de Junon et de Cérès. Aristide avoit son petit champ et son tombeau près de ce lieu. Nous descendîmes au port : c'est un bassin rond où la mer repose sur un sable fin ; il pourroit contenir une cinquantaine de bateaux : c'étoit tout juste le nombre que Ménesthée conduisit à Troie.

>   Τῷ δ' ἅμα πεντήκοντα μέλαιναι νῆες ἕποντο.

« Il étoit suivi de cinquante noirs vaisseaux. »

Thésée partit aussi de Phalère pour aller en Crète.

> Pourquoi, trop jeune encor, ne pûtes-vous alors
> Entrer dans le vaisseau qui le mit sur nos bords ?
> Par vous auroit péri le monstre de la Crète, etc.

Ce ne sont pas toujours de grands vaisseaux et de grands ports qui donnent l'immortalité : Homère et Racine ne laisseront point mourir le nom d'une petite anse et d'une petite barque.

Du port de Phalère nous arrivâmes au port de Munychie. Celui-ci est de forme ovale et un peu plus grand que le premier. Enfin, nous tournâmes l'extrémité d'une colline rocailleuse, et, marchant de cap en cap, nous nous avançâmes vers le Pirée. M. Fauvel m'arrêta dans la courbure que fait une langue de terre, pour me montrer un sépulcre creusé dans le roc ; il n'a plus de voûte, et il est au niveau de la mer. Les flots, par leurs mouvements réguliers, le couvrent et le découvrent, et il se remplit et se vide tour à tour. A quelques pas de là, on voit sur le rivage les débris d'un monument.

M. Fauvel veut retrouver ici l'endroit où les os de Thémistocle avoient été déposés. On lui conteste cette intéressante découverte. On lui objecte que les débris dispersés dans le voisinage sont trop beaux pour être les restes du tombeau de Thémistocle. En effet, selon Diodore le géographe, cité par Plutarque, ce tombeau n'étoit qu'un autel.

L'objection est peu solide. Pourquoi veut-on faire entrer dans la question primitive une question étrangère à l'objet dont il s'agit? Les ruines de marbre blanc, dont on se plaît à faire une difficulté, ne peuvent-elles pas avoir appartenu à un sépulcre tout différent de celui de Thémistocle? Pourquoi, lorsque les haines furent apaisées, les descendants de Thémistocle n'auroient-ils pas décoré le tombeau de leur illustre aïeul, qu'ils avoient d'abord enterré modestement, ou même secrètement, comme le dit Thucydide? Ne consacrèrent-ils pas un tableau qui représentoit l'histoire de ce grand homme? Et ce tableau, du temps de Pausanias, ne se voyoit-il pas publiquement au Parthénon? Thémistocle avoit de plus une statue au Prytanée.

L'endroit où M. Fauvel a trouvé ce tombeau est précisément le cap Alcime, et j'en vais donner une preuve plus forte que celle de la tranquillité de l'eau dans cet endroit. Il y a faute dans Plutarque; il faut lire Alimus, au lieu d'Alcime, selon la remarque de Meursius, rappelée par Dacier. Alimus étoit un dèmos, ou bourg de l'Attique, de la tribu de Léontide, situé à l'orient du Pirée. Or, les ruines de ce bourg sont encore visibles dans le voisinage du tombeau dont nous parlons [1]. Pausanias est assez confus dans ce qu'il dit de la position de ce tombeau. Mais Diodore-Périégète est très clair, et les vers de Platon le comique, rapportés par ce Diodore, désignent absolument le lieu et le sépulcre trouvés par M. Fauvel.

« Placé dans un lieu découvert, ton sépulcre est
« salué par les mariniers qui entrent au port ou qui
« en sortent; et, s'il se donne quelque combat naval,
« tu seras témoin du choc des vaisseaux [2]. »

Si Chandler fut étonné de la solitude du Pirée, je puis assurer que je n'en ai pas moins été frappé que lui. Nous avions fait le tour d'une côte déserte; trois ports s'étoient présentés à nous, et dans ces trois ports nous n'avions pas aperçu une seule barque. Pour tout spectacle, des ruines, des rochers et la mer; pour tout bruit, les cris des alcyons et le murmure des vagues qui, se brisant dans le tombeau de Thémistocle, faisoient sortir un éternel gémissement de la demeure de l'éternel silence. Emportées par les flots, les cendres du vainqueur de Xerxès reposoient au fond de ces mêmes flots, confondues avec les os des Perses. En vain je cherchois des yeux le temple de Vénus, la longue galerie, et la statue symbolique qui représentoit le peuple d'Athènes : l'image de ce peuple inexorable étoit à

---

[1] Je ne veux dissimuler aucune difficulté, et je sais qu'on place aussi Alimus à l'orient de Phalère. Thucydide étoit du bourg d'Alimus.

[2] Plut., *Vit. Them.*

jamais tombée près du puits où les citoyens exilés venoient inutilement réclamer leur patrie. Au lieu de ces superbes arsenaux, de ces portiques où l'on retiroit les galères, de ces Agoræ retentissant de la voix des matelots; au lieu de ces édifices qui représentoient dans leur ensemble l'aspect et la beauté de la ville de Rhodes, je n'apercevois qu'un couvent délabré et un magasin. Triste sentinelle au rivage, et modèle d'une patience stupide, c'est là qu'un douanier turc est assis toute l'année dans une méchante baraque de bois : des mois entiers s'écoulent sans qu'il voie arriver un bateau. Telle est le déplorable état où se trouvent aujourd'hui ces ports si fameux. Qui peut avoir détruit tant de monuments des dieux et des hommes? cette force cachée qui renverse tout, et qui est elle-même soumise au Dieu inconnu dont saint Paul avoit vu l'autel à Phalère : Ἀγνώσῳ Θεῷ : *Deo ignoto.*

Le port du Pirée décrit un arc dont les deux pointes en se rapprochant ne laissent qu'un étroit passage; il se nomme aujourd'hui le *Port-Lion,* à cause d'un lion de marbre qu'on y voyoit autrefois, et que Morosini fit transporter à Venise en 1686. Trois bassins, le Canthare, l'Aphrodise et le Zéa, divisoient le port intérieurement. On voit encore une darse à moitié comblée, qui pourroit bien avoir été l'Aphrodise. Strabon affirme que le grand port des Athéniens étoit capable de contenir quatre cents vaisseaux; et Pline en porte le nombre jusqu'à mille. Une cinquantaine de nos barques le rempliroient tout entier; et je ne sais si deux frégates y seroient à l'aise, surtout à présent que l'on mouille sur une grande longueur de câble. Mais l'eau est profonde, la tenue bonne, et le Pirée entre les mains d'une nation civilisée pourroit devenir un port considérable. Au reste, le seul magasin que l'on y voit aujourd'hui est françois d'origine; il a, je crois, été bâti par M. Gaspari, ancien consul de France à Athènes. Ainsi il n'y a pas bien long-temps que les Athéniens étoient représentés au Pirée par le peuple qui leur ressemble le plus.

Après nous être reposés un moment à la douane et au monastère Saint-Spiridion, nous retournâmes à Athènes en suivant le chemin du Pirée. Nous vîmes partout des restes de la longue muraille. Nous passâmes au tombeau de l'amazone Antiope que M. Fauvel a fouillé; il a rendu compte de cette fouille dans ses Mémoires. Nous marchions au travers de vignes basses comme en Bourgogne, et dont le raisin commençoit à rougir. Nous nous arrêtâmes aux citernes publiques, sous des oliviers : j'eus le chagrin de voir que le tombeau de Ménandre, le cénotaphe d'Euripide, et le petit temple dédié à Socrate, n'existoient plus; du moins ils n'ont point encore été retrouvés. Nous continuâmes notre route, et, en approchant du Musée, M. Fauvel me fit remarquer un sentier qui montoit en tournant sur le flanc de cette colline. Il me dit que ce sentier avoit été tracé par le peintre russe qui tous les jours alloit prendre au même endroit des vues d'Athènes. Si le génie n'est que la patience, comme l'a prétendu Buffon, ce peintre doit en avoir beaucoup.

Il y a à peu près quatre milles d'Athènes à Phalère, trois ou quatre milles de Phalère au Pirée, en suivant les sinuosités de la côte, et cinq milles du Pirée à Athènes : ainsi, à notre retour dans cette ville, nous avions fait environ douze milles, ou quatre lieues.

Comme les chevaux étoient loués pour toute la journée, nous nous hâtâmes de dîner, et nous recommençâmes nos courses à quatre heures du soir.

Nous sortîmes d'Athènes par le côté du mont Hymette ; mon hôte me conduisit au village d'Angelo-Kipous, où il croit avoir retrouvé le temple de la Vénus aux Jardins, par les raisons qu'il en donne dans ses Mémoires. L'opinion de Chandler, qui place ce temple à Panagia-Spiliotissa, est également très probable ; et elle a pour elle l'autorité d'une inscription. Mais M. Fauvel produit en faveur de son sentiment deux vieux myrtes et de jolis débris d'ordre ionique : cela répond à bien des objections. Voilà comme nous sommes, nous autres amateurs de l'antique : nous faisons preuve de tout.

Après avoir vu les curiosités d'Angelo-Kipous, nous tournâmes droit au couchant, et, passant entre Athènes et le mont Anchesme, nous entrâmes dans le grand bois d'oliviers ; il n'y a point de ruines de ce côté, et nous ne faisions plus qu'une agréable promenade avec les souvenirs d'Athènes. Nous trouvâmes le Céphise, que j'avois déjà salué plus bas en arrivant d'Éleusis : à cette hauteur il avoit de l'eau ; mais cette eau, je suis fâché de le dire, étoit un peu bourbeuse : elle sert à arroser des vergers, et suffit pour entretenir sur ses bords une fraîcheur trop rare en Grèce. Nous revînmes ensuite sur nos pas, toujours à travers la forêt d'oliviers. Nous laissâmes à droite un petit tertre couvert de rochers : c'étoit Colone, au bas duquel on voyoit autrefois le village de la retraite de Sophocle, et le lieu où ce grand tragique fit répandre au père d'Antigone ses dernières larmes. Nous suivîmes quelque temps la voie d'Airain; on y remarque les vestiges du temple des Furies : de là, en nous rapprochant d'Athènes, nous errâmes assez long-temps dans les environs de l'Académie. Rien ne fait plus reconnoître cette retraite des sages. Ses premiers platanes sont tombés sous la hache de Sylla, et ceux qu'Adrien y fit peut-être cultiver de nouveau n'ont point échappé à d'autres Barbares. L'autel de l'Amour, celui de Prométhée et celui des muses ont disparu : tout feu divin s'est éteint dans les bocages où Platon fut si souvent inspiré. Deux traits suffiront pour faire connoître quel charme et quelle grandeur l'antiquité trouvoit aux leçons de ce philosophe : la veille du jour où Socrate reçut Platon au nombre de ses disciples, il rêva qu'un cygne venoit se reposer dans son sein; la mort ayant empêché Platon de finir le *Critias*, Plutarque déplore ce malheur, et compare les écrits du chef de l'Académie aux temples d'Athènes, parmi lesquels celui de Jupiter-Olympien étoit le seul qui ne fût pas achevé.

Il y avoit déjà une heure qu'il faisoit nuit quand nous songeâmes à retourner à Athènes : le ciel étoit brillant d'étoiles, et l'air d'une douceur, d'une transparence et d'une pureté incomparables; nos chevaux alloient au petit pas, et nous étions tombés dans le silence. Le chemin que nous parcourions étoit vraisemblablement l'ancien chemin de l'Académie, que bordoient les tombeaux des citoyens morts pour la patrie, et ceux des plus grands hommes de la Grèce : là reposoient Thrasybule, Périclès, Chabrias, Timothée, Harmodius et Aristogiton. Ce fut une noble idée de rassembler dans un même champ la cendre de ces personnages fameux qui vécurent dans différents siècles, et qui, comme les membres d'une famille illustre long-temps dispersée, étoient venus se reposer au giron de leur mère commune. Quelle variété de génie, de grandeur et de courage! Quelle diversité de mœurs et de vertus on apercevoit là d'un coup d'œil! Et ces vertus tempérées par la mort, comme ces vins généreux que l'on mêle, dit Platon, avec une divinité sobre, n'offusquoient plus les regards des vivants. Le passant qui lisoit sur une colonne funèbre ces simples mots :

PÉRICLÈS DE LA TRIBU ACAMANTIDE,
DU BOURG DE CHOLARGUE,

n'éprouvoit plus que de l'admiration sans envie. Cicéron nous représente Atticus errant au milieu de ces tombeaux, et saisi d'un saint respect à la vue de ces augustes cendres. Il ne pourroit plus aujourd'hui nous faire la même peinture : les tombeaux sont détruits. Les illustres morts que les Athéniens avoient placés hors de leur ville, comme aux avant-postes, ne se sont point levés pour la défendre; ils ont souffert que des Tartares la foulassent aux pieds. « Le temps, la violence et la charrue, dit Chandler, ont tout nivelé. » La charrue est de trop ici ; et cette remarque que je fais peint mieux la désolation de la Grèce, que les réflexions auxquelles je pourrois me livrer.

Il me restoit encore à voir dans Athènes les théâtres et les monuments de l'intérieur de la ville : c'est à quoi je consacrai la journée du 26. J'ai déjà dit, et tout le monde sait que le théâtre de Bacchus étoit au pied de la citadelle, du côté du mont Hymette. L'Odéum commencé par Périclès, achevé par Lycurgue, fils de Lycophron, brûlé par Aristion et par Sylla, rétabli par Ariobarzanes, étoit auprès du théâtre de Bacchus ; ils se communiquoient peut-être par un portique. Il est probable qu'il existoit au même lieu un troisième théâtre bâti par Hérode-Atticus. Les gradins de ce théâtre étoient appuyés sur le talus de la montagne qui leur servoit de fondement. Il y a quelques contestations au sujet de ces monuments, et Stuart trouve le théâtre de Bacchus où Chandler voit l'Odéum.

Les ruines de ce théâtre sont peu de chose : je n'en fus point frappé, parce que j'avois vu en Italie des monuments de cette espèce, beaucoup plus vastes et mieux conservés ; mais je fis une réflexion bien triste : sous les empereurs romains, dans un temps où Athènes étoit encore l'école du monde, les gladiateurs représentoient leurs jeux sanglants sur le théâtre de Bacchus. Les chefs-d'œuvre d'Eschyle, de Sophocle et d'Euripide ne se jouoient plus on avoit substitué des assassinats et des meurtres à ces spectacles, qui donnent une grande idée de l'esprit humain, et qui sont le noble amusement des nations policées. Les Athéniens couroient à ces cruautés avec la même ardeur qu'ils avoient couru aux Dionysiaques. Un peuple qui s'étoit élevé si haut pouvoit-il descendre si bas? Qu'étoit donc devenu cet autel de la Pitié, que l'on voyoit au milieu de la place publique à Athènes, et auquel les suppliants venoient suspendre des bandelettes? Si les Athéniens étoient les seuls Grecs qui, selon Pausanias, honorassent la Pitié, et la regardassent comme la consolation de la vie, ils avoient donc bien changé! Certes, ce n'étoit pas pour des combats de gladiateurs qu'Athènes avoit été nommée le *sacré domicile* des dieux. Peut-être les peuples, ainsi que les hommes, sont-ils cruels dans leur décrépitude comme dans leur enfance; peut-être le génie des nations s'épuise-t-il; et quand il a tout produit, tout parcouru, tout goûté, rassasié de ses propres chefs-d'œuvre, et incapable d'en produire de nouveaux, il s'abrutit, et retourne aux sensations purement physiques. Le christianisme empêchera les nations modernes de finir par une aussi déplorable vieillesse; mais si toute religion venoit à s'éteindre parmi nous, je ne serois point étonné qu'on entendît les cris du gladiateur mourant sur la scène où retentissent aujourd'hui les douleurs de Phèdre et d'Andromaque.

Après avoir visité les théâtres, nous rentrâmes dans la ville, où nous jetâmes un coup d'œil sur le

Portique, qui formoit peut-être l'entrée de l'Agora. Nous nous arrêtâmes à la tour des Vents, dont Pausanias n'a point parlé, mais que Vitruve et Varron ont fait connoître. Spon en donne tous les détails, avec l'explication des vents; le monument entier a été décrit par Stuart dans ses *Antiquités d'Athènes;* François Giambetti l'avoit déjà dessiné en 1465, époque de la renaissance des arts en Italie. On croyoit du temps du père Babin, en 1672, que cette tour des Vents étoit le tombeau de Socrate. Je passe sous silence quelques ruines d'ordre corinthien, que l'on prend pour le Pœcile, pour les restes du temple de Jupiter-Olympien, pour le Prytanée, et qui peut-être n'appartiennent à aucun de ces édifices. Ce qu'il y a de certain, c'est qu'elles ne sont pas du temps de Périclès. On y sent la grandeur, mais aussi l'infériorité romaine : tout ce que les empereurs ont touché à Athènes se reconnoît au premier coup d'œil, et forme une disparate sensible avec les chefs-d'œuvre du siècle de Périclès. Enfin, nous allâmes au couvent françois rendre à l'unique religieux qui l'occupe, la visite qu'il m'avoit faite. J'ai déjà dit que le couvent de nos missionnaires comprend dans ses dépendances le monument choragique de Lysicrates. Ce fut à ce dernier monument que j'achevai de payer mon tribut d'admiration aux ruines d'Athènes.

Cette élégante production du génie des Grecs fut connue des premiers voyageurs sous le nom de *Fanari tou Demosthenis.* « Dans la maison qu'ont « achetée depuis peu les pères capucins, dit le jé-

« suite Babin, en 1672, il y a une antiquité bien
« remarquable, et qui, depuis le temps de Démos-
« thènes, est demeurée en son entier : on l'appelle
« ordinairement *la Lanterne de Démosthènes* [1]. »

On a reconnu depuis [2], et Spon le premier, que
c'est un monument choragique élevé par Lysicrates
dans la rue des Trépieds. M. Legrand en exposa le
modèle en terre cuite dans la cour du Louvre il y
a quelques années [3]; ce modèle étoit fort ressemblant; seulement l'architecte, pour donner sans
doute plus d'élégance à son travail, avoit supprimé
le mur circulaire qui remplit les entre-colonnes
dans le monument original.

Certainement ce n'est pas un des jeux les moins
étonnants de la fortune que d'avoir logé un capucin
dans le monument choragique de Lysicrates; mais
ce qui, au premier coup d'œil, peut paroître bizarre, devient touchant et respectable, quand on
pense aux heureux effets de nos missions, quand
on songe qu'un religieux françois donnoit à Athènes
l'hospitalité à Chandler, tandis qu'un autre religieux françois secouroit d'autres voyageurs à la
Chine, au Canada, dans les déserts de l'Afrique et
de la Tartarie.

« Les Francs à Athènes, dit Spon, n'ont que la

---

[1] Il paroît qu'il existoit à Athènes, en 1669, un autre monument appelé *la Lanterne de Diogène*. Guillet invoque, au sujet de
ce monument, le témoignage des pères Barnabé et Simon, et de
MM. de Monceaux et Lainez. Voyez l'Introduction.

[2] RIESDEL, CHANDLER, etc.

[3] Le monument a été depuis exécuté à Saint-Cloud.

« chapelle des capucins, qui est au *Fanari tou De-*
« *mosthenis*. Il n'y avoit, lorsque nous étions à
« Athènes, que le père Séraphin, très honnête homme,
« à qui un Turc de la garnison prit un jour sa cein-
« ture de corde, soit par malice ou par un effet de
« débauche, l'ayant rencontré sur le chemin du
« Port-Lion, d'où il revenoit seul de voir quelques
« François d'une tartane qui y étoit à l'ancre.

« Les pères jésuites étoient à Athènes avant les
« capucins, et n'en ont jamais été chassés. Ils ne se
« sont retirés à Nègrepont que parce qu'ils y ont
« trouvé plus d'occupation, et qu'il y a plus de
« Francs qu'à Athènes. Leur hospice étoit presque à
« l'extrémité de la ville, du côté de la maison de
« l'archevêque. Pour ce qui est des capucins, ils sont
« établis à Athènes depuis l'année 1658, et le père
« Simon acheta le Fanari et la maison joignante
« en 1669, y ayant eu d'autres religieux de son ordre
« avant lui dans la ville. »

C'est donc à ces missions si long-temps décriées
que nous devons encore nos premières notions sur
la Grèce antique [1]. Aucun voyageur n'avoit quitté
ses foyers pour visiter le Parthénon, que déjà des
religieux, exilés sur ces ruines fameuses, nouveaux
dieux hospitaliers, attendoient l'antiquaire et l'artiste. Des savants demandoient ce qu'étoit devenue
la ville de Cécrops; et il y avoit à Paris, au noviciat
de Saint-Jacques, un père Barnabé, et à Compiègne

---

[1] On peut voir, dans les *Lettres édifiantes*, les travaux des missionnaires sur les îles de l'Archipel.

un père Simon, qui auroient pu leur en donner des nouvelles ; mais ils ne faisoient point parade de leur savoir : retirés aux pieds du crucifix, ils cachoient dans l'humilité du cloître ce qu'ils avoient appris, et surtout ce qu'ils avoient souffert pendant vingt ans au milieu des débris d'Athènes.

« Les capucins françois, dit La Guilletière, qui ont
« été appelés à la mission de la Morée par la con-
« grégation *de Propaganda Fide,* ont leur principale
« résidence à Napoli, à cause que les galères des beys
« y vont hiverner, et qu'elles y sont ordinairement
« depuis le mois de novembre jusqu'à la fête de saint
« Georges, qui est le jour où elles se remettent en
« mer : elles sont remplies de forçats chrétiens qui
« ont besoin d'être instruits et encouragés ; et c'est
« à quoi s'occupe avec autant de zèle que de fruit
« le père Barnabé de Paris, qui est présentement
« supérieur de la maison d'Athènes et de la Morée. »

Mais si ces religieux revenus de Sparte et d'Athènes étoient si modestes dans leurs cloîtres, peut-être étoit-ce faute d'avoir bien senti ce que la Grèce a de merveilleux dans ses souvenirs ; peut-être manquoient-ils aussi de l'instruction nécessaire. Écoutons le père Babin, jésuite : nous lui devons la première relation que nous ayons d'Athènes.

« Vous pourriez, dit-il, trouver dans plusieurs
« livres la description de Rome, de Constantinople,
« de Jérusalem et des autres villes les plus consi-
« dérables du monde, telles qu'elles sont présente-
« ment ; mais je ne sais pas quel livre décrit Athènes
« telle que je l'ai vue, et l'on ne pourroit trouver

« cette ville si on la cherchoit comme elle est repré-
« sentée dans Pausanias et quelques autres anciens
« auteurs; mais vous la verrez ici au même état
« qu'elle est aujourd'hui, qui est tel que parmi ses
« ruines elle ne laisse pas pourtant d'inspirer un
« certain respect pour elle, tant aux personnes
« pieuses qui en voient les églises, qu'aux savants
« qui la reconnoissent pour la mère des sciences, et
« aux personnes guerrières et généreuses qui la con-
« sidèrent comme le champ de Mars et le théâtre
« où les plus grands conquérants de l'antiquité ont
« signalé leur valeur, et ont fait paroître avec éclat
« leur force, leur courage et leur industrie; et ces
« ruines sont enfin précieuses pour marquer sa pre-
« mière noblesse et pour faire voir qu'elle a été au-
« trefois l'objet de l'admiration de l'univers.

« Pour moi, je vous avoue que d'aussi loin que
« je la découvris de dessus la mer, avec des lunettes
« de longue vue, et que je vis quantité de grandes
« colonnes de marbre qui paroissent de loin et ren-
« dent témoignage de son ancienne magnificence, je
« me sentis touché de quelque respect pour elle. »

Le missionnaire passe ensuite à la description
des monuments : plus heureux que nous, il avoit
vu le Parthénon dans son entier (A).

Enfin cette pitié pour les Grecs, ces idées philan-
thropiques que nous nous vantons de porter dans
nos voyages, étoient-elles donc inconnues des religieux? Écoutons encore le P. Babin :

« Que si Solon disoit autrefois à un de ses amis,
« en regardant de dessus une montagne cette grande

« ville et ce grand nombre de magnifiques palais de
« marbre qu'il considéroit, que ce n'étoit qu'un
« grand mais riche hôpital rempli d'autant de mi-
« sérables que cette ville contenoit d'habitants, j'au-
« rois bien plus sujet de parler de la sorte et de dire
« que cette ville, rebâtie des ruines de ses anciens
« palais, n'est plus qu'un grand et pauvre hôpital,
« qui contient autant de misérables que l'on y voit
« de chrétiens. »

On me pardonnera de m'être étendu sur ce sujet. Aucun voyageur avant moi, Spon excepté, n'a rendu justice à ces missions d'Athènes si intéressantes pour un François : moi-même je les ai oubliées dans le *Génie du Christianisme*. Chandler parle à peine du religieux qui lui donna l'hospitalité; et je ne sais même s'il daigne le nommer une seule fois. Dieu merci, je suis au-dessus de ces petits scrupules. Quand on m'a obligé, je le dis : ensuite je ne rougis point pour l'art, et ne trouve point le monument de Lysicrates déshonoré parce qu'il fait partie du couvent d'un capucin. Le chrétien qui conserve ce monument en le consacrant aux œuvres de la charité, me semble tout aussi respectable que le païen qui l'éleva en mémoire d'une victoire remportée dans un chœur de musique.

C'est ainsi que j'achevai ma revue des ruines d'Athènes : je les avois examinées par ordre et avec l'intelligence et l'habitude que dix années de résidence et de travail donnoient à M. Fauvel. Il m'avoit épargné tout le temps que l'on perd à tâtonner, à douter, à chercher, quand on arrive seul dans un monde nouveau. J'avois obtenu des idées claires sur les monuments, le ciel, le soleil, les perspectives, la terre, la mer, les rivières, les bois, les montagnes de l'Attique; je pouvois à présent corriger mes tableaux, et donner à ma peinture de ces lieux célèbres les couleurs locales[1]. Il ne me restoit plus qu'à poursuivre ma route : mon principal but surtout étoit d'arriver à Jérusalem; et quel chemin j'avois encore devant moi! La saison s'avançoit; je pouvois manquer, en m'arrêtant davantage, le vaisseau qui porte tous les ans, de Constantinople à Jaffa, les pèlerins de Jérusalem. J'avois toute raison de craindre que mon navire autrichien ne m'attendît plus à la pointe de l'Attique; que, ne m'ayant pas vu revenir, il eût fait voile pour Smyrne. Mon hôte entra dans mes raisons et me traça le chemin que j'avois à suivre. Il me conseilla de me rendre à Kératia, village de l'Attique, situé au pied du Laurium, à quelque distance de la mer, en face de l'île de Zéa. « Quand vous serez arrivé, me dit-il, dans ce village, on allumera un feu sur une montagne : les bateaux de Zéa, accoutumés à ce signal, passeront sur-le-champ à la côte de l'Attique. Vous vous embarquerez alors pour le port de Zéa, où vous trouverez peut-être le navire de Trieste. Dans tous les cas, il vous sera facile de noliser à Zéa une felouque pour Chio ou pour Smyrne. »

Je n'en étois pas à rejeter les partis aventureux : un homme qui, par la seule envie de rendre un

---

[1] Voyez *les Martyrs*.

ouvrage un peu moins défectueux, entreprend le voyage que j'avois entrepris, n'est pas difficile sur les chances et les accidents. Il falloit partir, et je ne pouvois sortir de l'Attique que par ce moyen, puisqu'il n'y avoit pas un bateau au Pirée [1]. Je pris donc la résolution d'exécuter sur-le-champ le plan qu'on me proposoit. M. Fauvel me vouloit retenir encore quelques jours, mais la crainte de manquer la saison du passage à Jérusalem l'emporta sur toute autre considération. Les vents du nord n'avoient plus que six semaines à souffler; et si j'arrivois trop tard à Constantinople, je courois le risque d'y être enfermé par le vent d'ouest.

Je congédiai le janissaire de M. Vial après l'avoir payé, et lui avoir donné une lettre de remercîment pour son maître. On ne se sépare pas sans peine, dans un voyage un peu hasardeux, des compagnons avec lesquels on a vécu quelque temps. Quand je vis le janissaire monter seul à cheval, me souhaiter un bon voyage, prendre le chemin d'Éleusis, et s'éloigner par une route précisément opposée à celle que j'allois suivre, je me sentis involontairement ému. Je le suivois des yeux, en pensant qu'il alloit revoir seul les déserts que nous avions vus ensemble. Je songeois aussi que, selon toutes les apparences, ce Turc et moi nous ne nous rencontrerions jamais; que jamais nous n'entendrions parler l'un de l'autre. Je me représentois la destinée de cet homme si différente de ma destinée, ses chagrins et ses plaisirs

---

[1] Les troubles de la Romélie rendoient le voyage de Constantinople par terre impraticable.

si différents de mes plaisirs et de mes chagrins ; et tout cela pour arriver au même lieu : lui, dans les beaux et grands cimetières de la Grèce, moi, sur les chemins du monde, ou dans les faubourgs de quelque cité.

Cette séparation eut lieu le soir même du jour où je visitai le couvent françois; car le janissaire avoit été prévenu de se tenir prêt à retourner à Coron. Je partis dans la nuit pour Kératia, avec Joseph et un Athénien qui alloit visiter ses parents à Zéa. Ce jeune Grec étoit notre guide. M. Fauvel me vint reconduire jusqu'à la porte de la ville : là nous nous embrassâmes, et nous souhaitâmes de nous retrouver bientôt dans notre commune patrie. Je me chargeai de la lettre qu'il me remit pour M. de Choiseul : porter à M. de Choiseul des nouvelles d'Athènes, c'étoit lui porter des nouvelles de son pays.

J'étois bien aise de quitter Athènes de nuit : j'aurois eu trop de regret de m'éloigner de ces ruines à la lumière du soleil : au moins, comme Agar, je ne voyois point ce que je perdois pour toujours. Je mis la bride sur le cou de mon cheval, et suivant le guide et Joseph qui marchoient en avant, je me laissai aller à mes réflexions; je fus, tout le chemin, occupé d'un rêve assez singulier. Je me figurois qu'on m'avoit donné l'Attique en souveraineté. Je faisois publier dans toute l'Europe, que quiconque étoit fatigué des révolutions et désiroit trouver la paix, vînt se consoler sur les ruines d'Athènes, où je promettois repos et sûreté; j'ouvrois des chemins, je bâtissois des auberges, je préparois toutes sortes de commodités pour les voyageurs ; j'achetois un port sur le golfe de Lépante, afin de rendre la traversée d'Otrante à Athènes plus courte et plus facile. On sent bien que je ne négligeois pas les monuments : les chefs-d'œuvre de la citadelle étoient relevés sur leurs plans et d'après leurs ruines; la ville, entourée de bons murs, étoit à l'abri du pillage des Turcs. Je fondois une Université, où les enfants de toute l'Europe venoient apprendre le grec littéral et le grec vulgaire. J'invitois les Hydriottes à s'établir au Pirée, et j'avois une marine. Les montagnes nues se couvroient de pins pour redonner des eaux à mes fleuves; j'encourageois l'agriculture; une foule de Suisses et d'Allemands se mêloient à mes Albanois; chaque jour on faisoit de nouvelles découvertes, et Athènes sortoit du tombeau. En arrivant à Kératia, je sortis de mon songe, et je me retrouvai *Gros-Jean comme devant.*

Nous avions tourné le mont Hymette, en passant au midi du Pentélique; puis nous rabattant vers la mer, nous étions entrés dans la chaîne du mont Laurium, où les Athéniens avoient autrefois leurs mines d'argent. Cette partie de l'Attique n'a jamais été bien célèbre : on trouvoit entre Phalère et le cap Sunium plusieurs villes et bourgades, telles qu'Anaphlystus, Azénia, Lampra, Anagyrus, Alimus, Thoræ, Æxone, etc. Wheler et Chandler firent des excursions peu fructueuses dans ces lieux abandonnés; et M. Lechevalier traversa le même désert quand il débarqua au cap Sunium, pour se rendre à Athènes. L'intérieur de ce pays étoit encore moins connu et moins habité que les côtes ; et je ne saurois assigner d'origine au village de Kératia [1]. Il est situé dans un vallon assez fertile, entre des montagnes qui le dominent de tous côtés, et dont les flancs sont couverts de sauges, de romarins et de myrtes. Le fond du vallon est cultivé, et les propriétés y sont divisées, comme elles l'étoient autrefois dans l'Attique, par des haies plantées d'arbres [2]. Les oiseaux abondent dans le pays, et surtout les hupes, les pigeons ramiers, les perdrix rouges et les corneilles mantelées. Le village consiste dans une douzaine de maisons assez propres et écartées les unes des autres. On voit sur la montagne des troupeaux de chèvres et de moutons ; et dans la vallée, des cochons, des ânes, des chevaux et quelques vaches.

Nous allâmes descendre le 27 chez un Albanois de la connoissance de M. Fauvel. Je me transportai tout de suite, en arrivant, sur une hauteur à l'orient du village, pour tâcher de reconnoître le navire autrichien ; mais je n'aperçus que la mer et l'île de Zéa. Le soir, au coucher du soleil, on alluma un feu de myrtes et de bruyères au sommet d'une montagne. Un chevrier posté sur la côte devoit venir nous annoncer les bateaux de Zéa aussitôt qu'il

---

[1] Meursius, dans son traité *de Populis Atticæ*, parle du bourg, ou démos, Κειριάδαι, de la tribu Hippothoóntide. Spon trouve un Κυρτίαδαι, de la tribu Acamantide ; mais il ne fournit point d'inscription, et ne s'appuie que d'un passage d'Hésychius.

[2] Comme elles le sont en Bretagne et en Angleterre.

les découvriroit. Cet usage des signaux par le feu remonte à une haute antiquité, et a fourni à Homère une des plus belles comparaisons de l'*Iliade* :

Ὡς δ' ὅτε καπνὸς ἰὼν ἐξ ἄστεος αἰθέρ' ἵκηται.

« Ainsi on voit s'élever une fumée du haut des « tours d'une ville que l'ennemi tient assiégée, etc. »

En me rendant le matin à la montagne des signaux, j'avois pris mon fusil, et je m'étois amusé à chasser : c'étoit en plein midi ; j'attrapai un coup de soleil sur une main et sur une partie de la tête. Le thermomètre avoit été constamment à 28 degrés pendant mon séjour à Athènes[1]. La plus ancienne carte de la Grèce, celle de Sophian, mettoit Athènes par les 37° 10 à 12' ; Vernon porta cette latitude à 38° 5' ; et M. de Chabert l'a enfin déterminée à 37° 58' 1" pour le temple de Minerve[2]. On sent qu'à midi, au mois d'août, par cette latitude, le soleil doit être très ardent. Le soir, comme je venois de m'étendre sur une natte, enveloppé dans mon manteau, je m'aperçus que ma tête se perdoit. Notre établissement n'étoit pas fort commode pour un malade : couché par terre dans l'unique chambre, ou plutôt dans le hangar de notre hôte, nous avions la tête rangée au mur ; j'étois placé entre Joseph et le jeune Athénien, les ustensiles du ménage étoient suspendus au-dessus de mon chevet ; de sorte que

---

[1] M. Fauvel m'a dit que la chaleur montoit assez souvent à 32 et 34 degrés.

[2] On peut voir, au sujet de cette latitude, une savante dissertation insérée dans les *Mémoires de l'Académie des Inscriptions*.

la fille de mon hôte, mon hôte lui-même et ses valets, nous fouloient aux pieds en venant prendre ou accrocher quelque chose aux parois de la muraille.

Si j'ai jamais eu un moment de désespoir dans ma vie, je crois que ce fut celui où, saisi d'une fièvre violente, je sentis que mes idées se brouilloient, et que je tombois dans le délire : mon impatience redoubla mon mal. Me voir tout à coup arrêté dans mon voyage par cet accident! la fièvre me retenir à Kératia, dans un endroit inconnu, dans la cabane d'un Albanois! Encore si j'étois resté à Athènes! si j'étois mort au lit d'honneur en voyant le Parthénon! Mais quand cette fièvre ne seroit rien, pour peu qu'elle dure quelques jours, mon voyage n'est-il pas manqué? Les pèlerins de Jérusalem seront partis, la saison passée. Que deviendrai-je dans l'Orient? Aller par terre à Jérusalem? attendre une autre année? La France, mes amis, mes projets, mon ouvrage que je laisserois sans être fini, me revenoient tour à tour dans la mémoire. Toute la nuit Joseph ne cessa de me donner à boire de grandes cruches d'eau, qui ne pouvoient éteindre ma soif. La terre sur laquelle j'étois étendu étoit, à la lettre, trempée de mes sueurs, et ce fut cela même qui me sauva. J'avois par moments un véritable délire; je chantois la chanson de Henri IV; Joseph se désoloit et disoit : *O Dio, che questo? Il signor canta! Poveretto!*

La fièvre tomba le 28, vers neuf heures du matin, après m'avoir accablé pendant dix-sept heures. Si j'avois eu un second accès de cette violence, je ne crois pas que j'y eussé résisté. Le chevrier revint avec la triste nouvelle qu'aucun bateau de Zéa n'avoit paru. Je fis un effort : j'écrivis un mot à M. Fauvel, et le priai d'envoyer un caïque me prendre à l'endroit de la côte le plus voisin du village où j'étois pour me passer à Zéa. Pendant que j'écrivois, mon hôte me contoit une longue histoire, et me demandoit ma protection auprès de M. Fauvel : je tâchai de le satisfaire; mais ma tête étoit si foible, que je voyois à peine à tracer les mots. Le jeune Grec partit pour Athènes avec ma lettre, se chargeant d'amener lui-même un bateau, si l'on en pouvoit trouver.

Je passai la journée couché sur ma natte. Tout le monde étoit allé aux champs; Joseph même étoit sorti; il ne restoit que la fille de mon hôte. C'étoit une fille de dix-sept à dix-huit ans, assez jolie, marchant les pieds nus et les cheveux chargés de médailles et de petites pièces d'argent. Elle ne faisoit aucune attention à moi; elle travailloit comme si je n'eusse pas été là. La porte étoit ouverte, les rayons du soleil entroient par cette porte, et c'étoit le seul endroit de la chambre qui fût éclairé. De temps en temps je tombois dans le sommeil; je me réveillois, et je voyois toujours l'Albanoise occupée à quelque chose de nouveau, chantant à demi-voix, arrangeant ses cheveux ou quelque partie de sa toilette. Je lui demandois quelquefois de l'eau : *nero!* Elle m'apportoit un vase plein d'eau : croisant les bras, elle attendoit patiemment que j'eusse achevé de boire, et quand j'avois bu, elle disoit : *kalo?* est-ce bon?

et elle retournoit à ses travaux. On n'entendoit dans le silence du midi que des insectes qui bourdonnoient dans la cabane, et quelques coqs qui chantoient au dehors. Je sentois ma tête vide, comme cela arrive après un long accès de fièvre; mes yeux affoiblis voyoient voltiger une multitude d'étincelles et de bulles de lumière autour de moi : je n'avois que des idées confuses, mais douces.

La journée se passa ainsi : le soir j'étois beaucoup mieux ; je me levai : je dormis bien la nuit suivante; et le 29 au matin le Grec revint avec une lettre de M. Fauvel, du quinquina, du vin de Malaga et de bonnes nouvelles. On avoit trouvé un bateau par le plus grand hasard du monde : ce bateau étoit parti de Phalère avec un bon vent, et il m'attendoit dans une petite anse à deux lieues de Kératia. J'ai oublié le nom du cap où nous trouvâmes en effet ce bateau. Voici la lettre de M. Fauvel :

A MONSIEUR

Monsieur DE CHATEAUBRIAND,

AU PIED DU LAURIUM,

A KÉRATIA.

Athènes, ce 28 août 1806.

«Mon très cher hôte,

«J'ai reçu la lettre que vous m'avez fait l'honneur de «m'écrire. J'ai vu avec peine que les vents alisés de nos «contrées vous retiennent sur le penchant du Laurium, «que les signaux n'ont pu obtenir de réponses, et que la «fièvre, jointe aux vents, augmentoit les désagréments du

« séjour de Kératia, situé sur l'emplacement de quelques
« bourgades que je laisse à votre sagacité le loisir de trou-
« ver. Pour parer à une de vos incommodités, je vous en-
« voie quelques prises du meilleur quinquina que l'on
« connoisse ; vous le mêlerez dans un bon verre de vin de
« Malaga, qui n'est pas le moins bon connu ; et cela au mo-
« ment où vous serez libre, avant de manger. Je répondrois
« presque de votre guérison, si la fièvre étoit une maladie ;
« car la Faculté tient encore la chose non décidée. Au reste,
« maladie ou effervescence nécessaire, je vous conseille de
« n'en rien porter à Céos. Je vous ai frété, non pas une
« trirème du Pirée, mais bien une *quatrirème*, moyennant
« quarante piastres, en ayant reçu en arrhes cinq et demie.
« Vous compterez au capitaine quarante-cinq piastres vingt :
« le jeune compatriote de Simonides vous les remettra : il va
« partir après la musique dont vos oreilles se souviennent
« encore. Je songerai à votre protégé, qui cependant est un
« brutal : il ne faut jamais battre personne, et surtout les
« jeunes filles ; moi-même je n'ai pas eu à me louer de
« lui à mon dernier passage. Assurez-le toutefois, monsieur,
« que votre protection aura tout le succès qu'il doit attendre.
« Je vois avec peine qu'un excès de fatigue, une insomnie
« forcée, vous a donné la fièvre, et n'a rien avancé. Tran-
« quillement ici pendant que les vents alisés retiennent
« votre navire, Dieu sait où, nous eussions visité Athènes
« et ses environs sans voir Kératia, ses chèvres et ses mines ;
« vous eussiez surgi du Pirée à Céos en dépit du vent. Don-
« nez-moi, je vous prie, de vos nouvelles, et faites en sorte
« de reprendre le chemin de la France par Athènes. Venez
« porter quelques offrandes à Minerve pour votre heureux
« retour ; soyez persuadé que vous ne me ferez jamais plus
« de plaisir que de venir embellir notre solitude. Agréez, je
« vous prie, l'assurance, etc.
                                   « FAUVEL. »

J'avois pris Kératia dans une telle aversion, qu'il
me tardoit d'en sortir. J'éprouvois des frissons, et je

prévoyois le retour de la fièvre. Je ne balançai pas à avaler une triple dose de quinquina. J'ai toujours été persuadé que les médecins françois administrent ce remède avec trop de précaution et de timidité. On amena des chevaux, et nous partîmes avec un guide. En moins d'une demi-heure je sentis les symptômes du nouvel accès se dissiper, et je repris toutes mes espérances. Nous faisions route à l'ouest par un étroit vallon qui passoit entre des montagnes stériles. Après une heure de marche, nous descendîmes dans une belle plaine qui paroissoit très fertile. Changeant alors de direction, nous marchâmes droit au midi, à travers la plaine : nous arrivâmes à des terres hautes qui formoient, sans que je le susse, les promontoires de la côte; car, après avoir passé un défilé, nous aperçûmes tout à coup la mer et notre bateau amarré au pied d'un rocher. A la vue de ce bateau, je me crus délivré du mauvais génie qui avoit voulu m'ensevelir dans les mines des Athéniens, peut-être à cause de mon mépris pour Plutus.

Nous rendîmes les chevaux au guide : nous descendîmes dans le bateau, que manœuvroient trois mariniers. Ils déployèrent notre voile; et, favorisés d'un vent du midi, nous cinglâmes vers le cap Sunium. Je ne sais si nous partions de la baie qui, selon M. Fauvel, porte le nom d'*Anaviso;* mais je ne vis point les ruines des neuf tours Enneapyrgie, où Wheler se reposa en venant du cap Sunium. L'Azinie des anciens devoit être à peu près dans cet endroit. Vers les six heures du soir nous passâmes en dedans de l'île aux Anes, autrefois l'île de Patrocle; et au coucher du soleil nous entrâmes au port de Sunium : c'est une crique abritée par le rocher qui soutient les ruines du temple. Nous sautâmes à terre, et je montai sur le cap.

Les Grecs n'excelloient pas moins dans le choix des sites de leurs édifices que dans l'architecture de ces édifices mêmes. La plupart des promontoires du Péloponèse, de l'Attique, de l'Ionie et des îles de l'Archipel étoient marqués par des temples, des trophées ou des tombeaux. Ces monuments, environnés de bois et de rochers, vus dans tous les accidents de la lumière, tantôt au milieu des nuages et de la foudre, tantôt éclairés par la lune, par le soleil couchant, par l'aurore, devoient rendre les côtes de la Grèce d'une incomparable beauté : la terre ainsi décorée se présentoit aux yeux du nautonier sous les traits de la vieille Cybèle, qui, couronnée de tours et assise au bord du rivage, commandoit à Neptune son fils de répandre ses flots à ses pieds.

Le christianisme, à qui nous devons la seule architecture conforme à nos mœurs, nous avoit aussi appris à placer nos vrais monuments : nos chapelles, nos abbayes, nos monastères étoient dispersés dans les bois et sur la cime des montagnes; non que le choix des sites fût toujours un dessein prémédité de l'architecte, mais parce qu'un art, quand il est en rapport avec les coutumes d'un peuple, fait naturellement ce qu'il y a de mieux à faire. Remarquez au contraire combien nos édifices imités de l'antique sont pour la plupart mal placés! Avons-nous jamais pensé, par exemple, à orner la seule hauteur dont Paris soit dominé? La religion seule y avoit songé pour nous. Les monuments grecs modernes ressemblent à la langue corrompue qu'on parle aujourd'hui à Sparte et à Athènes : on a beau soutenir que c'est la langue d'Homère et de Platon, un mélange de mots grossiers et de constructions étrangères trahit à tout moment les Barbares.

Je faisois ces réflexions à la vue des débris du temple de Sunium : ce temple étoit d'ordre dorique et du bon temps de l'architecture. Je découvrois au loin la mer de l'Archipel avec toutes ses îles : le soleil couchant rougissoit les côtes de Zéa et les quatorze belles colonnes de marbre blanc au pied desquelles je m'étois assis. Les sauges et les genévriers répandoient autour des ruines une odeur aromatique, et le bruit des vagues montoit à peine jusqu'à moi.

Comme le vent étoit tombé, il nous falloit attendre pour partir une nouvelle brise. Nos matelots se jetèrent au fond de leur barque et s'endormirent. Joseph et le jeune Grec demeurèrent avec moi. Après avoir mangé et parlé pendant quelque temps, ils s'étendirent à terre et s'endormirent à leur tour. Je m'enveloppai la tête dans mon manteau pour me garantir de la rosée, et, le dos appuyé contre une colonne, je restai seul éveillé à contempler le ciel et la mer.

Au plus beau coucher du soleil avoit succédé la plus belle nuit. Le firmament répété dans les vagues avoit l'air de reposer au fond de la mer. L'étoile du soir, ma compagne assidue pendant mon voyage, étoit prête à disparoître sous l'horizon; on ne l'apercevoit plus que par de longs rayons qu'elle laissoit de temps en temps descendre sur les flots, comme une lumière qui s'éteint. Par intervalles, des brises passagères troubloient dans la mer l'image du ciel, agitoient les constellations, et venoient expirer parmi les colonnes du temple avec un foible murmure.

Toutefois ce spectacle étoit triste lorsque je venois à songer que je le contemplois du milieu des ruines. Autour de moi étoient des tombeaux, le silence, la destruction, la mort, ou quelques matelots grecs qui dormoient sans soucis et sans songes sur les débris de la Grèce. J'allois quitter pour jamais cette terre sacrée : l'esprit rempli de sa grandeur passée et de son abaissement actuel, je me retraçois le tableau qui venoit d'affliger mes yeux.

Je ne suis point un de ces intrépides admirateurs de l'antiquité qu'un vers d'Homère console de tout. Je n'ai jamais pu comprendre le sentiment exprimé par Lucrèce :

<pre>
Suave mari magno, turbantibus æquora ventis,
E terra magnum alterius spectare laborem.
</pre>

Loin d'aimer à contempler du rivage le naufrage des autres, je souffre quand je vois souffrir des hommes : les muses n'ont alors sur moi aucun pouvoir, si ce n'est celle qui attire la pitié sur le malheur. A Dieu ne plaise que je tombe aujourd'hui dans ces déclamations qui ont fait tant de mal à notre patrie! mais si j'avois jamais pensé, avec des hommes dont je respecte d'ailleurs le caractère et les talents, que le gouvernement absolu est le meilleur de tous les gouvernements, quelques mois de séjour en Turquie m'auroient bien guéri de cette opinion.

Les voyageurs qui se contentent de parcourir l'Europe civilisée sont bien heureux : ils ne s'enfoncent point dans ces pays jadis célèbres, où le cœur est flétri à chaque pas, où des ruines vivantes détournent à chaque instant votre attention des ruines de marbre et de pierre. En vain dans la Grèce on veut se livrer aux illusions : la triste vérité vous poursuit. Des loges de boue desséchée, plus propres à servir de retraite à des animaux qu'à des hommes; des femmes et des enfants en haillons, fuyant à l'approche de l'étranger et du janissaire; les chèvres même effrayées, se dispersant dans la montagne, et les chiens restant seuls pour vous recevoir avec des hurlements : voilà le spectacle qui vous arrache au charme des souvenirs.

Le Péloponèse est désert : depuis la guerre des Russes, le joug des Turcs s'est appesanti sur les Moraïtes; les Albanois ont massacré une partie de la population. On ne voit que des villages détruits par le fer et par le feu : dans les villes, comme à Misitra, des faubourgs entiers sont abandonnés; j'ai fait souvent quinze lieues dans les campagnes sans rencontrer une seule habitation. De criantes avanies, des outrages de toutes les espèces, achèvent de détruire de toutes parts l'agriculture et la vie; chasser un paysan grec de sa cabane, s'emparer de sa femme et de ses enfants, le tuer sous le plus léger prétexte, est un jeu pour le moindre aga du plus petit village. Parvenu au dernier degré du malheur, le Moraïte s'arrache de son pays et va chercher en Asie un sort moins rigoureux. Vain espoir! il ne peut fuir sa destinée : il retrouve des cadis et des pachas jusque dans les sables du Jourdain et dans les déserts de Palmyre!

L'Attique, avec un peu moins de misère, n'offre pas moins de servitude. Athènes est sous la protection immédiate du chef des eunuques noirs du sérail. Un disdar, ou commandant, représente le monstre protecteur auprès du peuple de Solon. Ce disdar habite la citadelle remplie des chefs-d'œuvre de Phidias et d'Ictinus, sans demander quel peuple a laissé ces débris, sans daigner sortir de la masure qu'il s'est bâtie sous les ruines des monuments de Périclès : quelquefois seulement le tyran automate se traîne à la porte de sa tanière; assis les jambes croisées sur un sale tapis, tandis que la fumée de sa pipe monte à travers les colonnes du temple de Minerve, il promène stupidement ses regards sur les rives de Salamine et sur la mer d'Épidaure.

On diroit que la Grèce elle-même a voulu annoncer par son deuil le malheur de ses enfants. En général, le pays est inculte, le sol nu, monotone, sauvage, et d'une couleur jaune et flétrie. Il n'y a point de fleuves proprement dits, mais de petites rivières, et des torrents qui sont à sec pendant l'été. On n'aperçoit point ou presque point de fermes dans les champs; on ne voit point de laboureurs; on ne rencontre point de charrettes et d'attelages de bœufs. Rien n'est triste comme de ne pouvoir jamais découvrir la marque d'une roue moderne là où vous apercevez encore, dans le rocher, la trace des roues antiques. Quelques paysans en tuniques, la tête couverte d'une calotte rouge, comme les galériens de Marseille, vous donnent en passant un triste *kali spera* (bonsoir). Ils chassent devant eux des ânes et des petits chevaux, les crins déchevelés, qui leur suffisent pour porter leur mince équipage champêtre, ou le produit de leur vigne. Bordez cette terre dévastée d'une mer presque aussi solitaire; placez sur la pente d'un rocher une vedette délabrée, un couvent abandonné; qu'un minaret s'élève du sein de la solitude pour annoncer l'esclavage, qu'un troupeau de chèvres ou de moutons paisse sur un cap parmi des colonnes en ruines, que le turban d'un voyageur turc mette en fuite les chevriers et rende le chemin plus désert, et vous aurez une idée assez juste du tableau que présente la Grèce.

On a recherché les causes de la décadence de l'empire romain : il y auroit un bel ouvrage à faire sur les causes qui ont précipité la chute des Grecs. Athènes et Sparte ne sont point tombées par les mêmes raisons qui ont amené la ruine de Rome; elles n'ont point été entraînées par leur propre poids et par la grandeur de leur empire. On ne peut pas dire non plus qu'elles aient péri par leurs richesses : l'or des alliés et l'abondance que le commerce répandit à Athènes, furent, en dernier résultat, très peu de chose; jamais on ne vit parmi les citoyens ces fortunes colossales qui annoncent le changement des mœurs [1]; et l'État fut toujours si pauvre, que les rois de l'Asie s'empressoient de le nourrir, ou de contribuer aux frais de ses monuments. Quant à Sparte, l'argent des Perses y corrompit quelques particuliers; mais la république ne sortit point de l'indigence.

J'assignerois donc pour la première cause de la chute des Grecs la guerre que se firent entre elles les deux républiques après qu'elles eurent vaincu les Perses. Athènes, comme État, n'exista plus du moment où elle eut été prise par les Lacédémoniens. Une conquête absolue met fin aux destinées d'un peuple, quelque nom que ce peuple puisse ensuite conserver dans l'histoire. Les vices du gouvernement athénien préparèrent la victoire de Lacédémone. Un État purement démocratique est le pire des États, lorsqu'il faut combattre un ennemi puissant, et qu'une volonté unique est nécessaire au salut de la patrie. Rien n'étoit déplorable comme les fureurs du peuple athénien, tandis que les Spartiates étoient à ses portes : exilant et rappelant tour à tour les citoyens qui auroient pu le sauver; obéissant à la voix des orateurs factieux, il subit le sort qu'il avoit mérité par ses folies; et si Athènes ne fut pas renversée de fond en comble, elle ne dut sa

---

[1] Les grandes fortunes à Athènes, telles que celle d'Hérode-Atticus, n'eurent lieu que sous l'empire romain.

conservation qu'au respect des vainqueurs pour ses anciennes vertus.

Lacédémone triomphante trouva à son tour, comme Athènes, la première cause de sa ruine dans ses propres institutions. La pudeur, qu'une loi extraordinaire avoit exprès foulée aux pieds pour conserver la pudeur, fut enfin renversée par cette loi même : les femmes de Sparte, qui se présentoient demi-nues aux yeux des hommes, devinrent les femmes les plus corrompues de la Grèce : il ne resta aux Lacédémoniens, de toutes ces lois contre nature, que la débauche et la cruauté. Cicéron, témoin des jeux des enfants de Sparte, nous représente ces enfants se déchirant entre eux avec les dents et les ongles. Et à quoi ces brutales institutions avoient-elles servi ? Avoient-elles maintenu l'indépendance à Sparte ? Ce n'étoit pas la peine d'élever des hommes comme des bêtes féroces pour obéir au tyran Nabis et pour devenir des esclaves romains.

Les meilleurs principes ont leurs excès et leur côté dangereux : Lycurgue, en extirpant l'ambition dans les murs de Lacédémone, crut sauver sa république, et il la perdit. Après l'abaissement d'Athènes, si les Spartiates eussent réduit la Grèce en provinces Lacédémoniennes, ils seroient peut-être devenus les maîtres de la terre : cette conjecture est d'autant plus probable que, sans prétendre à ces hautes destinées, ils ébranlèrent en Asie, tout foibles qu'ils étoient, l'empire du grand roi. Leurs victoires successives auroient empêché une monarchie puissante de s'élever dans le voisinage de la Grèce, pour envahir les républiques. Lacédémone incorporant dans son sein les peuples vaincus par ses armes eût écrasé Philippe au berceau; les grands hommes qui furent ses ennemis auroient été ses sujets; et Alexandre, au lieu de naître dans un royaume, seroit, ainsi que César, sorti du sein d'une république.

Loin de montrer cet esprit de grandeur et cette ambition préservatrice, les Lacédémoniens, contents d'avoir placé trente tyrans à Athènes, rentrèrent aussitôt dans leur vallée, par ce penchant à l'obscurité que leur avoient inspiré leurs lois. Il n'en est pas d'une nation comme d'un homme : la modération dans la fortune et l'amour du repos, qui peuvent convenir à un citoyen, ne mèneront pas bien loin un État. Sans doute il ne faut jamais faire une guerre impie : il ne faut jamais acheter la gloire au prix d'une injustice; mais ne savoir pas profiter de sa position pour honorer, agrandir, fortifier sa patrie, c'est plutôt dans un peuple un défaut de génie que le sentiment d'une vertu.

Qu'arriva-t-il de cette conduite des Spartiates? La Macédoine domina bientôt la Grèce; Philippe dicta des lois à l'assemblée des Amphictyons. D'une autre part, ce foible empire de la Laconie, qui ne tenoit qu'à la renommée des armes, et que ne soutenoit point une force réelle, s'évanouit. Épaminondas parut : les Lacédémoniens battus à Leuctres furent obligés de venir se justifier longuement devant leur vainqueur; ils entendirent ce mot cruel :
« Nous avons mis fin à votre courte éloquence!»

Nos brevi eloquentiæ vestræ finem imposuimus. Les Spartiates durent s'apercevoir alors combien il eût été avantageux pour eux de n'avoir fait qu'un État de toutes les villes grecques, d'avoir compté Épaminondas au nombre de leurs généraux et de leurs citoyens. Le secret de leur foiblesse une fois connu, tout fut perdu sans retour; et Philopœmen acheva ce qu'Épaminondas avoit commencé.

C'est ici qu'il faut remarquer un mémorable exemple de la supériorité que les lettres donnent à un peuple sur un autre, quand ce peuple a d'ailleurs montré les vertus guerrières. On peut dire que les batailles de Leuctres et de Mantinée effacèrent le nom de Sparte de la terre; tandis qu'Athènes, prise par les Lacédémoniens et ravagée par Sylla, n'en conserva pas moins l'empire. Elle vit accourir dans son sein ces Romains qui l'avoient vaincue, et qui se firent une gloire de passer pour ses fils : l'un prenoit le surnom d'Atticus; l'autre se disoit le disciple de Platon et de Démosthènes. Les muses latines, Lucrèce, Horace et Virgile, chantent incessamment la reine de la Grèce. « J'accorde aux « morts le salut des vivants, » s'écrie le plus grand des Césars, pardonnant à Athènes coupable. Adrien veut joindre à son titre d'empereur le titre d'archonte d'Athènes, et multiplie les chefs-d'œuvre dans la patrie de Périclès; Constantin-le-Grand est si flatté que les Athéniens lui aient élevé une statue, qu'il comble la ville de largesses; Julien verse des larmes en quittant l'Académie, et quand il triomphe, il croit devoir sa victoire à la Minerve de Phidias. Les

Chrysostôme, les Basile, les Cyrille, viennent, comme les Cicéron et les Atticus, étudier l'éloquence à sa source; jusque dans le moyen-âge, Athènes est appelée l'*École des sciences et du génie*. Quand l'Europe se réveille de la barbarie, son premier cri est pour Athènes. « Qu'est-elle devenue ? » demande-t-on de toutes parts. Et quand on apprend que ses ruines existent encore, on y court comme si l'on avoit retrouvé les cendres d'une mère.

Quelle différence de cette renommée à celle qui ne tient qu'aux armes ! Tandis que le nom d'Athènes est dans toutes les bouches, Sparte est entièrement oubliée; on la voit à peine, sous Tibère, plaider, et perdre une petite cause contre les Messéniens : on relit deux fois le passage de Tacite, pour bien s'assurer qu'il parle de la célèbre Lacédémone. Quelques siècles après, on trouve une garde lacédémonienne auprès de Caracalla, triste honneur, qui semble annoncer que les enfants de Lycurgue avoient conservé leur férocité. Enfin Sparte se transforme, sous le Bas-Empire, en une principauté ridicule, dont les chefs prennent le nom de *Despotes*, ce nom devenu le titre des tyrans. Quelques pirates, qui se disent les véritables descendants des Lacédémoniens, font aujourd'hui toute la gloire de Sparte.

Je n'ai point assez vu les Grecs modernes pour oser avoir une opinion sur leur caractère. Je sais qu'il est très facile de calomnier les malheureux ; rien n'est plus aisé que de dire, à l'abri de tout danger : « Que ne brisent-ils le joug sous lequel ils « gémissent ? » Chacun peut avoir, au coin du feu, ces hauts sentiments et cette fière énergie. D'ailleurs, les opinions tranchantes abondent dans un siècle où l'on ne doute de rien, hors de l'existence de Dieu ; mais comme les jugements généraux que l'on porte sur les peuples sont assez souvent démentis par l'expérience, je n'aurai garde de prononcer. Je pense seulement qu'il y a encore beaucoup de génie dans la Grèce ; je crois même que nos maîtres en tout genre sont encore là : comme je crois aussi que la nature humaine conserve à Rome sa supériorité ; ce qui ne veut pas dire que les hommes supérieurs soient maintenant à Rome.

Toutefois je crains bien que les Grecs ne soient pas sitôt disposés à rompre leurs chaînes. Quand ils seroient débarrassés de la tyrannie qui les opprime, ils ne perdront pas dans un instant la marque de leurs fers. Non-seulement ils ont été broyés sous le poids du despotisme, mais il y a deux mille ans qu'ils existent comme un peuple vieilli et dégradé. Ils n'ont point été renouvelés, ainsi que le reste de l'Europe, par des nations barbares : la nation même qui les a conquis a contribué à leur corruption. Cette nation n'a point apporté chez eux les mœurs rudes et sauvages des hommes du Nord, mais les coutumes voluptueuses des hommes du midi. Sans parler du crime religieux que les Grecs auroient commis en abjurant leurs autels, ils n'auroient rien gagné à se soumettre au Coran. Il n'y a dans le livre de Mahomet ni principe de civilisation, ni précepte qui puisse élever le caractère : ce livre ne prêche ni la haine de la tyrannie, ni l'amour de la liberté. En suivant le culte de leurs maîtres, les Grecs auroient renoncé aux lettres et aux arts, pour devenir les soldats de la Destinée, et pour obéir aveuglément au caprice d'un chef absolu. Ils auroient passé leurs jours à ravager le monde, où à dormir sur un tapis au milieu des femmes et des parfums.

La même impartialité qui m'oblige à parler des Grecs avec le respect que l'on doit au malheur m'auroit empêché de traiter les Turcs aussi sévèrement que je le fais, si je n'avois vu chez eux que les abus trop communs parmi les peuples vainqueurs : malheureusement, des soldats républicains ne sont pas des maîtres plus justes que les satellites d'un despote; et un proconsul n'étoit guère moins avide qu'un pacha[1]. Mais les Turcs ne sont pas des oppresseurs ordinaires, quoiqu'ils aient trouvé des apologistes. Un proconsul pouvoit être un monstre

---

[1] Les Romains, comme les Turcs, réduisoient souvent les vaincus en esclavage. S'il faut dire tout ce que je pense, je crois que ce système est une des causes de la supériorité que les grands hommes d'Athènes et de Rome ont sur les grands hommes des temps modernes. Il est certain qu'on ne peut jouir de toutes les facultés de son esprit que lorsque l'on est débarrassé des soins matériels de la vie; et l'on n'est totalement débarrassé de ces soins que dans les pays où les arts, les métiers et les occupations domestiques sont abandonnées à des esclaves. Le service de l'homme payé, qui vous quitte quand il lui plait, et dont vous êtes obligé de supporter les négligences ou les vices, ne peut être comparé au service de l'homme dont la vie et la mort sont entre vos mains. Il est encore certain que l'habitude du commandement donne à l'esprit une élévation, et aux manières une noblesse que l'on ne prend jamais dans l'égalité bourgeoise de nos villes. Mais ne regrettons point cette supériorité des anciens, puisqu'il falloit l'acheter aux dépens de la liberté de l'espèce humaine, et bénissons à jamais le christianisme, qui a brisé les fers de l'esclave.

d'impudicité, d'avarice, de cruauté ; mais tous les proconsuls ne se plaisoient pas, par système et par esprit de religion, à renverser les monuments de la civilisation et des arts, à couper des arbres, à détruire les moissons mêmes, et les générations entières : or, c'est ce que font les Turcs tous les jours de leur vie. Pourroit-on croire qu'il y ait au monde des tyrans assez absurdes pour s'opposer à toute amélioration dans les choses de première nécessité ? Un pont s'écroule, on ne le relève pas. Un homme répare sa maison, on lui fait une avanie. J'ai vu des capitaines grecs s'exposer au naufrage avec des voiles déchirées, plutôt que de raccommoder ces voiles ; tant ils craignoient de montrer leur aisance et leur industrie ! Enfin, si j'avois reconnu dans les Turcs des citoyens libres et vertueux au sein de leur patrie, quoique peu généreux envers les nations conquises, j'aurois gardé le silence, et je me serois contenté de gémir intérieurement sur l'imperfection de la nature humaine ; mais retrouver à la fois, dans le même homme, le tyran des Grecs et l'esclave du grand-seigneur, le bourreau d'un peuple sans défense et la servile créature qu'un pacha peut dépouiller de ses biens, enfermer dans un sac de cuir et jeter au fond de la mer, c'est trop aussi ; et je ne connois point de bête brute que je ne préfère à un pareil homme.

On voit que je ne me livrois point, sur le cap Sunium, à des idées romanesques, idées que la beauté de la scène auroit pu cependant faire naître. Près de quitter la Grèce, je me retraçois naturellement l'histoire de ce pays; je cherchois à découvrir dans l'ancienne prospérité de Sparte et d'Athènes la cause de leur malheur actuel, et dans leur sort présent, les germes de leur future destinée. Le brisement de la mer, qui augmentoit par degrés contre le rocher, m'avertit que le vent s'étoit levé, et qu'il étoit temps de continuer mon voyage. Je réveillai Joseph et son compagnon. Nous descendîmes au bateau. Nos matelots avoient déjà fait les préparatifs du départ. Nous poussâmes au large; et la brise, qui étoit de terre, nous emporta rapidement vers Zéa. A mesure que nous nous éloignions, les colonnes de Sunium paroissoient plus belles au-dessus des flots : on les apercevoit parfaitement sur l'azur du ciel, à cause de leur extrême blancheur et de la sérénité de la nuit. Nous étions déjà assez loin du cap, que notre oreille étoit encore frappée du bouillonnement des vagues au pied du roc, du murmure des vents dans les genévriers, et du chant des grillons qui habitent seuls aujourd'hui les ruines du temple : ce furent les derniers bruits que j'entendis sur la terre de la Grèce.

ARGUMENT.

L'ITINÉRAIRE DE PARIS A JÉRUSALEM.

Le Tasse, quand il avoit encore *la Jérusalem délivrée* dans sa tête et dans son cœur, se trouvant un jour sur une haute montagne, prit la main de son guide, et dans son enthousiasme poétique il s'écria, montrant la terre et le ciel : Tu vois là-haut le soleil qui brille, et à tes pieds vois-tu ces fleuves, et cette mer, et ces collines, et ces vallées, et ces troupeaux, et ces soldats qui passent? Eh bien! tout cela, vallées, montagnes, pasteurs et guerriers, villes puissantes et toits de chaume, le ciel et la terre, Dieu et les hommes, les vertus d'en-haut et les passions d'en-bas, la nuit et le jour, le silence et le bruit, la paix et la guerre, la tempête et le calme, le brin d'herbe et le chêne, tout cela c'est mon poëme!

Et en effet voilà comment se prépare le grand poëte aux merveilles que sa muse va chanter. Il faut qu'il voie, il faut qu'il sente, il faut qu'il touche de l'âme et du regard les hommes, les passions, les champs de bataille, les chaumières, les palais et les temples de son poëme. Le Tasse a donc parlé ce jour-là comme un poète qui étoit vraiment digne de marcher sur les traces d'Homère; Homère, le poète aveugle qui connoissoit chaque flot de la mer, qui avoit vu chaque étoile du ciel, qui sait le nom du plus petit promontoire ; Homère, qui est encore le guide des voyageurs dans cette Grèce, dont il est l'impérissable orgueil. Donc heureux le poète qui peut dire en étendant sa main droite sur le monde : *Voilà mon poëme!*

Chose incroyable parmi nous qui avons si long-temps rêvé, mais en vain, la gloire du poëme épique! M. de Chateaubriand est le premier poète épique de la France qui ait eu tout d'abord la pensée de visiter avant de les décrire, les lieux où se passent ses poëmes. Avant M. de Chateaubriand, c'étoit un usage adopté parmi les plus grands écrivains, c'est-à-dire parmi ceux qui avoient le plus de conscience, d'imaginer à la fois le héros et le lieu de leur poëme; d'inventer en même temps les hommes et les villes que ces hommes habitoient. En ce temps-là, les plus grands poètes, les plus éminents génies, parcouroient le monde sans sortir de leur cabinet de travail. L'auteur du *Télémaque,* Fénelon lui-même, le Platon chrétien, cette âme antique et ce style antique, n'a-t-il pas rêvé la Grèce, dont il a fait de si belles descriptions, comme Ulysse rêvoit Ithaque, avec cette différence pourtant qu'Ulysse la savoit à fond sa pauvre île où il étoit né, et dont il étoit le maître, pendant que Fénelon n'avoit jamais vu que dans son esprit et dans son âme et dans les vers d'Homère, les beaux rivages qu'il a chantés. Le *Télémaque* est donc à vrai dire un admirable tour de force, c'est le tour de force du plus beau génie du siècle de Louis XIV ; mais enfin c'est un tour de force : et que de fois, en relisant ces nobles pages dans lesquelles notre enfance s'est habituée au rhythme plein de grâce, à l'élégance pleine de sens, à la pureté et au chaste abandon de la langue maternelle qui a passé par la langue d'Homère, ne nous surprenons-nous pas à regretter qu'en effet l'auteur du *Télémaque* ne l'ait pas traversé dans tous les sens et visité dans son entier, ce noble berceau de la philosophie, de la poésie et de l'éloquence, ces beaux lieux où régna le divin Homère, ce cap lumineux où professoit Platon, ce forum où tonnoit Démosthènes; nobles villes, hautes montagnes, doux rivages, ciel tout bleu, monuments de marbre et d'airain, qui auroient salué l'archevêque de Cambray avec tant d'admiration et de respect?

Rappelez-vous l'histoire des grands poètes, vous trouverez toujours une vie d'adversités et de voyages. Qui dit un grand poète dit un voyageur :

Qui mores hominum multorum vidit et urbes.

Homère, Virgile, le Tasse, Dante qui voyage à travers des révolutions, l'Arioste, Camoëns, voilà des voyageurs! Aussi ils ont écrit des poëmes. Quels ont été chez nous les poètes voyageurs? Voltaire se vante quelque part d'avoir écrit les premiers vers de *la Henriade* sur les murs de *la Bastille!* Certes voilà une vanterie qui ne pouvoit venir qu'à l'esprit de Voltaire : un poëme épique rêvé en prison! Et quoi donc! vous étiez entre quatre murailles, votre regard étoit arrêté par les grilles de votre cachot, à vos pieds bourdonnoit sourdement le faubourg Saint-Antoine, sur votre tête le soleil jetoit à regret quelques rayons obliques, comme s'il avoit eu peur de la sentinelle; dans les profondeurs de ces hautes tours souffroient obscurément tant de pauvres victimes.

qui appeloient la mort, cette mort des prisonniers qui ne vient pas, et c'est justement ce moment-là que vous choisissez pour écrire un poëme épique! Prisonnier et poëte épique! comme si la chose étoit possible! Et croyez-vous donc que la Bastille, cette sombre prison, fût aussi haute en effet que cette haute montagne à l'air libre, vif et pur, du sommet de laquelle le Tasse a vu son poëme? La Bastille! la plus haute de ses tours n'est pas assez élevée pour que le vieil Homère lui-même y pût découvrir un seul de ses héros de dix coudées, aussi haut que les remparts d'Ilion! les murs de la Bastille pour confidents d'un poëme épique! tristes et affreux confidents sans larmes, sans émotions, sans pitié et sans cœur! *La Henriade* écrite sur les murs de la Bastille! eh mon Dieu! voilà justement ce qui nous explique pourquoi *la Henriade* n'est pas un poëme épique.

Il faut donc rendre à M. de Chateaubriand ce grand hommage, c'est qu'il a ouvert et retrouvé le premier dans le monde moderne, les véritables sentiers qui conduisent au poëme épique. M. de Chateaubriand s'est dit à lui-même de bonne heure, que la fiction n'avoit pas le droit de trop s'écarter des domaines de l'histoire, et que s'il étoit permis au poëte d'inventer les vers et les événements qui lui manquent, dans aucun cas il ne lui est permis d'inventer des mondes qui n'existent pas. Le monde est vaste, et le monde c'est le théâtre du poëme épique. De quel droit donc vous qui voulez être poëte, restez-vous accroupi nonchalamment dans le méchant petit coin de terre où vous êtes né? Puisque vous choisissez la Grèce, l'Orient ou le Nouveau-Monde pour le sujet de votre poëme, qui vous arrête? qui vous empêche d'étudier sur les lieux l'Orient, la Grèce, le Nouveau-Monde? Et quand vous aurez vu, senti et rêvé, et appris tout ce qu'on voit, tout ce qu'on rêve et tout ce qu'on sent là-bas, alors vous reviendrez tout chargé des matériaux de votre poëme; semblable à l'abeille qui quitte sa ruche dès le matin pour butiner son miel de fleurs en fleurs. En route, poète; si vous restez sous votre toit de chaume ou de pierre, il y va de votre poésie! Seroit-ce donc que vous auriez la prétention de trouver en vous-même une nature plus belle que la nature, un soleil plus éclatant que le soleil? Vérités vulgaires aujourd'hui depuis que M. de Chateaubriand les a démontrées par ses ouvrages et par ses exemples, mais vérités oubliées depuis long-temps, oubliées depuis le Tasse et le Camoëns, avant que le chantre des *Martyrs* ne les remit en pratique. Rappelez-vous donc, non pas la hardiesse du *Télémaque*, justifiée par tant de génie, mais l'audace incroyable des *Incas* de M. de Marmontel, et l'*Histoire philosophique* de l'abbé Raynal, et toutes les imaginations du dernier siècle, à propos de ces pays lointains que nos beaux esprits visitèrent dans les livres de leurs devanciers, et vous aurez une juste idée de l'heureuse et admirable révolution que M. de Chateaubriand a introduite dans nos habitudes poétiques. Quoi donc? il rêvoit *Atala*, la fille des Sauvages, et il va chercher Atala dans les impénétrables forêts du Nouveau-Monde et sur les bords de ce Meschacébé dont il a fait de si ravissantes peintures! Quoi donc, à présent qu'il a démontré par des faits la *poésie du christianisme*, à présent qu'il est de retour de tant d'exils volontaires et involontaires, à présent qu'il est le grand écrivain de sa

patrie, à présent qu'il est le seul homme dans la France
de l'Empereur dont la gloire inquiète l'Empereur, le
voilà qui dit adieu à ses amis, à la France, à sa famille, pour aller visiter les ruines de la Grèce et le tombeau de Jésus-Christ! Athènes et Jérusalem l'appellent,
et il y va à la fois en poète et en chrétien, en toute
idolâtrie profane et en toute croyance catholique. Que
voulez-vous? il a besoin de saluer le Carmel, il veut
savoir la couleur de l'eau du Jourdain ; en même temps
Athènes l'inquiète, et il a rêvé dans Homère et dans
saint Jean Chrysostôme que cela devoit être beau, le
soleil se couchant derrière les ruines du Parthénon. Il
faut qu'il parte ; c'est la volonté de sa poésie et la volonté de sa croyance : il faut qu'il parte, car déjà son
cœur a entrevu Eudore, Cymodocée, les premiers
Martyrs : il faut qu'il parte, car il a besoin d'étudier
pas à pas le théâtre solennel où tout à l'heure va s'engager cette lutte mémorable du foible contre le fort, de
l'esclave contre le maître, du peuple contre César, de
la vertu contre le vice, de la toute-puissance armée de
fer contre l'intelligence, du passé contre l'avenir. Il
faut qu'il parte, car il entend déjà le Christ qui vient
et Jupiter qui s'en va, car il voit déjà les Romains disparoître et les Barbares revenir ; son poëme le pousse
en avant, son plus beau poëme! laissez-le donc partir ;
n'a-t-il pas fait déjà un plus long voyage pour *Atala?*
laissez-le partir; Eudore et Cymodocée l'attendent là-
bas, au pied des saintes montagnes, et sur les rivages
héroïques. N'allez pas lui dire qu'on a fait de ces terres
lointaines mille descriptions exactes, et que les cartes
en sont dressées, et qu'une foule de voyageurs, peintres

ou graveurs est venue avant lui qui a relevé sur le papier ces colonnes brisées, ces temples abattus, ces remparts détruits, ces palais qui ne sont plus que poussière, et qu'en ouvrant les livres de ces historiens, en relisant les descriptions de ces voyageurs, en étudiant avec soin tant de chefs-d'œuvre de la gravure en France et en Angleterre, il pourra fort bien, lui qui est le poète, le grand poète, voyager ainsi sans fatigues, sans maladies, sans frais et sans périls, dans ces contrées que l'esclavage dévore, et qui courbent la tête sous le cimeterre ou sous la peste! Mais de grâce et par pitié pour vous-mêmes, ne dites pas tout cela à M. de Chateaubriand, car il dédaigneroit même de vous répondre, car il est le poète convaincu, car il sait que le premier devoir de la poésie c'est la vérité, car lui aussi il veut monter sur une montagne assez haute pour découvrir son poëme du haut de ces sommets sacrés. Or sa montagne à lui c'est le Pinde, c'est le Carmel; or les deux sources où il a soif de plonger ses lèvres brûlantes, c'est le Jourdain, c'est l'Ilissus. Aussi nulle force humaine ne sauroit le retenir; il n'y a ni obstacles, ni périls, ni travaux, ni dangers, ni maladies, ni esclavage, ni cimeterres qui le puissent arrêter. Il faut qu'il obéisse à sa vocation poétique; il faut qu'il marche, et qu'il marche toujours à travers les barbares, à travers les ruines, à travers les épines de tout genre, jusqu'à ce qu'il ait rencontré la réalité de ses fictions.

L'*Itinéraire de Paris à Jérusalem* est sans contredit la plus magnifique préparation qui ait jamais été faite à un poëme. Quel grand livre l'*Itinéraire!* et quand on pense que ce grand livre n'est, pour ainsi dire, que la préface des *Martyrs*! C'est ainsi que le poète, après avoir jeté la poésie dans le Nouveau-Monde, la reporta, tentative encore plus hardie, aux lieux qui furent jadis le berceau de la poésie, au berceau d'Homère et sous le palmier du prophète! Avec quel intérêt, grand Dieu! ne suit-on pas M. de Chateaubriand dans cet immense pèlerinage dont il nous raconte toutes les pensées, toutes les prières, toutes les joies, toutes les tristesses, toutes les découvertes? Cette fois, ce n'est plus le jeune homme échappé de France qui s'en va, dans son enthousiasme primitif, à travers les vieilles forêts de l'Amérique, tout entier à son admiration naïve et spontanée ; c'est déjà un sévère historien, c'est déjà un savant antiquaire ; historien à force d'intelligence, antiquaire à force de poésie. C'est ainsi que sans le vouloir, et presque sans le savoir, M. de Chateaubriand a vu l'Orient bien mieux que Chardin et Tavernier, mieux que Chandler et Mungo-Park, beaucoup mieux que tous ces voyageurs sans style et sans poésie, qui ne savent que se servir du compas et de la toise, et de la table des logarithmes. M. de Chateaubriand a visité Sparte, Athènes, Jérusalem, comme un peintre, comme un philosophe, comme un poète; il a vu avec son âme, avec son esprit, avec son cœur, ces mêmes ruines, ces mêmes palmiers et ces mêmes déserts que les autres voyageurs n'ont vus qu'avec leurs yeux à demi ouverts. Peintre, un moment lui a suffi pour nous représenter tout ce paysage; poète, un moment lui a suffi pour rendre la vie à ces décombres, pour tirer de leurs tombeaux tant de générations de grands hommes qui reposent là depuis des siècles; philosophe, un moment lui a suffi pour élever sa narration à l'éloquence la plus tendre et la plus imprévue. Aussi que de nobles larmes il répand sur ces décombres! aussi quel véhément enthousiasme dans cette large poitrine, quand il a réveillé ces échos endormis! Comme il est tantôt grec dans la patrie d'Homère, tantôt chrétien aux lieux solennels où mourut le Christ! Comme ce merveilleux style sait prendre toutes les formes et toutes les couleurs! Comme le grand poète suit toujours dans sa parole *le mouvement de sa pensée et de sa fortune!* Et comme à propos d'Athènes, dans ces pages qu'il appelle modestement *une introduction*, et qui sont en effet une grande histoire, M. de Chateaubriand sait écrire l'histoire de Sparte et d'Athènes depuis le siècle d'Auguste jusqu'à nos jours!

Raconter ce qui se passe dans ce voyage, passer en revue *l'Itinéraire*, ce seroit une tentative inutile; c'est là un chef-d'œuvre qui est dans toutes les mémoires, et d'ailleurs toute la critique contemporaine a vécu pendant vingt ans sur ces admirables volumes auxquels l'antiquité n'a rien de comparable pour l'abandon, pour la grâce sans fard, pour la croyance pleine de charme; mais ce qu'on n'a pas dit, peut-être, ou du moins ce qu'on n'a pas assez dit, c'est la voie toute nouvelle ouverte par M. de Chateaubriand aux grands poètes de son âge. M. de Chateaubriand est le Christophe Colomb de la Grèce moderne; M. de Chateaubriand a découvert l'Orient poétique; c'est M. de Chateaubriand qui a envoyé en Grèce pour y mourir, et d'une mort digne d'envie, le grand poète lord Byron, chassé de sa patrie par tant de dégoûts subalternes. L'Orient! l'Orient! On parle beaucoup de l'Orient aujourd'hui. Il y a en

Angleterre une troupe de poètes qui ne jurent que par l'Orient : il y a en France un grand poète qu'on appelle M. Victor Hugo, qui a fait un de ses plus beaux volumes sur l'Orient; or, je vous prie, qui donc les a poussés sous ce brillant soleil et dans ces mœurs toutes nouvelles, ces imaginations d'élite, si ce n'est M. de Chateaubriand? Qui donc a ouvert le premier, après saint Louis, le chemin qui conduit à Jérusalem, si ce n'est M. de Chateaubriand? Et dernièrement encore, quelle est la main puissante qui a poussé en Orient le grand poète des *Méditations poétiques*, notre grand lyrique Lamartine, et non seulement M. de Lamartine, mais encore sa femme et sa jeune fille, qui devoit mourir dans les sables brûlants, jeune et belle martyre de douze ans, si ce n'est M. de Chateaubriand?

Or n'est-ce pas là, je vous prie, une immense influence? Accomplir tout d'abord une révolution dans la poésie de son temps, rendre à la croyance religieuse de son pays tout son éclat et toute son autorité, démontrer la poésie du christianisme et sa salutaire influence, et la démontrer contre Voltaire et malgré Voltaire; ramener enfin sur le trône d'où l'avoit chassée une révolution, et quelle révolution! la famille de saint Louis, à force de hautes prédications religieuses et poétiques; rendre enfin à notre vieux et glorieux passé tout le prestige de gloire et d'honneur dont le dix-huitième siècle l'avoit si indignement dépouillé; tout cela ce n'est pas assez faire encore pour ce gentilhomme perdu dans l'exil, isolé dans la foule, calomnié même dans sa croyance, même dans sa fidélité; il faut encore qu'il aille remuer chez tous les peuples de l'Europe les germes de cette poésie qui paroissoit étouffée par les intérêts matériels. A sa voix, le poète sceptique de l'Angleterre, cette grande et perpétuelle ironie qu'on appelle lord Byron, abandonne tout d'un coup ses plaisirs, ses amours, ses haines violentes, ses méchancetés implacables et ses satires de chaque jour, pour aller donner à la Grèce esclave l'exemple du plus sublime dévouement. A sa voix tout l'Orient se réveille comme d'un songe, et quand l'Orient s'est réveillé, il s'étonne de l'immense intérêt que lui portent tout d'un coup ces âmes d'élite qui, depuis les croisades, sembloient avoir oublié l'Orient.

Le voyage en Orient de M. de Lamartine est sans contredit le plus digne reflet de l'*Itinéraire à Jérusalem* de M. de Chateaubriand. L'un et l'autre, M. de Chateaubriand et M. de Lamartine, ils ont été poussés aux mêmes lieux par la même croyance, par le même souvenir de la Bible et d'Homère, par le même besoin d'inspirations; l'un et l'autre ils avoient un poème commencé avant d'entreprendre ce long pèlerinage; l'un et l'autre, une fois de retour, ils se sentent le besoin de résumer leurs souvenirs de la Grèce et de Jérusalem; l'un et l'autre, en nous donnant ces pages admirables, ils ont pu dire en toute conscience, et ils ont dit en effet en toute conscience : « Si je disois que ce livre « n'étoit point destiné à voir le jour, que je le donne au « public à regret et comme malgré moi, je diroist la « vérité, et vraisemblablement on ne me croiroit pas... « Je n'ai point fait un voyage pour l'écrire; j'avois un « autre dessein : j'allois chercher des images, voilà tout. « Je prie donc le lecteur de regarder ce livre moins

« comme un voyage que comme les mémoires d'une
« année de ma vie! » Et en effet, *l'Itinéraire* et les
Notes d'un voyage en Orient se peuvent servir de la
même préface, comme ils se peuvent expliquer par les
mêmes paroles : poésie du cœur, rêverie de l'âme, tristesse profonde, mélancolique contemplation du vieux
monde oriental, ce premier-né du soleil d'où l'humanité
est sortie, où l'humanité retourne; mélancolique espérance d'une âme faite pour le ciel, profondes études
d'un esprit philosophique, prédictions puissantes d'un
esprit politique qui sait prévoir parce qu'il sait se souvenir, tel est l'*Itinéraire,* tel est aussi le *Voyage en
Orient.*

Et ils s'en vont ainsi l'un et l'autre, M. de Chateaubriand et M. de Lamartine, aux mêmes contrées ;
poussés par les mêmes vents et guidés par la même
croyance. Déjà Marseille disparoît à leurs yeux : voici
déjà la Sicile, voici le golfe de Saint-Pierre, voici le
golfe de Palma, et enfin la côte d'Afrique, Tunis,
Carthage, saint Louis !

Que ces lieux sont solennels et que ces noms sont
sonores ! Que de pensées différentes ils ont éveillées
dans l'âme de tant de voyageurs de génie qui ont découvert avec respect, devant ces rivages, leur tête vieille
ou jeune, brune ou blanche, chauve ou bouclée ! Ils
ont passé par là, les trois maîtres de notre monde poétique : M. de Chateaubriand, le premier, qui leur a
indiqué la route à tous; lord Byron ensuite, qui est
mort sur la terre athénienne ; M. de Lamartine enfin.
Carthage est là, et sur ses ruines apparoissent encore
Didon, les deux Scipion, Marius, Caton d'Utique,

Annibal, Bélisaire, saint Louis, colonnes debout devant un temple renversé! Le Turc ou le Grec qui passe dans sa barque ne voit rien qu'un promontoire nu et désolé s'élevant contre une mer déserte; mais le poète repeuple toutes ces ruines, et aux lieux mêmes sur lesquels le vulgaire jette à peine un œil distrait et ennuyé, le poète, c'est un de ses priviléges, réfléchit, pense, rêve ou pleure.

C'est surtout la résurrection de ces ruines, c'est surtout le souffle inspirateur jeté sur ces décombres de cités entières, c'est là ce qui donne au voyage de M. de Chateaubriand cet immense intérêt dont on ne sauroit se rendre compte, si en effet il ne s'agissoit que de villes détruites, de marbres brisés et de temples réduits en poudre. Ce n'est pas comme ruines que la ville d'Athènes vous intéresse dans les pages de M. de Chateaubriand; elle vous intéresse comme une grande cité rebâtie, repeuplée, agrandie par l'éloquence et le génie. Vous ne la voyez pas comme elle est à présent; vous la voyez comme elle fut jadis. A la voix et au regard du poète, toute cette poussière se ranime, tous ces palais se dressent, et avec ces palais, ces temples, cette tribune, ces marbres, se lèvent les hommes qui les peuplèrent. La puissance divine ne va pas plus loin : elle n'a pas tiré le monde d'un plus grand néant et d'un plus immense chaos.

Donc hâtons-nous : laissons de côté Malte, cette ville sculptée dans un seul bloc de rocher vif; Athènes est là. Saluez les monts Crocius où l'Eurotas prend sa source! Voici les sommets sourcilleux de l'île de Crète! Voici l'Ida, berceau de Jupiter! Nous sommes sur les frontières de l'antiquité grecque, aux confins de l'anti-

quité latine. Pythagore, Alcibiade, Scipion, César,
Pompée, Cicéron, Auguste, Horace, Virgile, ont traversé cette mer. Mais ici encore, si vous voulez, nous
ne ferons pas une longue halte. Nous avons encore là
présente à l'esprit, là présente dans le cœur, la description de la Grèce par M. de Chateaubriand. Avec M. de
Chateaubriand nous avons admiré la Grèce antique,
cette blanche et parfaite statue *couchée au cerceuil*,
comme dit Byron. Nous avons admiré ces beaux monuments sous ce beau ciel; nous avons traversé ces bois
d'oliviers; nous nous sommes désaltérés dans les eaux
de l'Eurotas; nous avons eu foi dans la ville d'Athènes
en poussière; nous, nous sommes agenouillés devant
cette beauté qui ne peut pas mourir, et nous avons crié
avec M. de Chateaubriand : « Athènes! Athènes! ville
éternelle! » Éternelle, en effet, comme toutes les villes
que protége le génie ! Nous ne voulons pas d'autre cité
grecque que la ville de Minerve, relevée par M. de Chateaubriand.

A dire vrai, et surtout quand on relit *l'Itinéraire*,
M. de Lamartine, dans ses *Notes*, nous paroît sévère
pour la Grèce : il n'y voit que ce qu'il peut y voir à
l'instant où son navire touche ces rivages si long-temps
désolés. Où est Argos? se demande le poète : *C'est une
immense plaine stérile, au fond du golfe,* se répond-il.
Où est cette Grèce tant vantée? *Tout est terne et
nuageux comme dans une gorge de la Savoie ou de
l'Auvergne dans une journée d'automne.* Oh! pauvres poètes! La Savoie et l'Auvergne à propos du ciel
d'Athènes! Et qu'est-il devenu dans le ciel le soleil
d'Athènes, le soleil de M. de Chateaubriaud? « Le so-

« leil descendoit entre des nuages qu'il peignoit de rose ;
« il s'enfonça dans l'horizon, et le crépuscule le rem-
« plaça pendant une demi-heure. Durant le passage de
« ce crépuscule, le ciel étoit bleu au couchant, bleuâtre
« au zénith, et gris de perle au levant. En Grèce tout
« est suave, tout est adouci, tout est plein de calme
« dans la nature comme dans les écrits des anciens. On
« conçoit le Parthénon lorsqu'on a vu le ciel pur et les
« paysages gracieux d'Athènes, de Corinthe et de l'Ionie. »
Nous voilà bien loin *du ciel de l'Auvergne et de la
Savoie en automne!*

Pourquoi donc, je vous prie, cette différence entre ces deux descriptions de la Grèce, par deux hommes de génie, par deux poètes, c'est-à-dire par deux hommes sincères et convaincus? Pourquoi M. de Chateaubriand a-t-il vu la Grèce si belle, et pourquoi M. de Lamartine l'a-t-il vue si misérable et si triste? Outre la différence des deux hommes, cela ne tient-il pas à la révolution qui a passé sur la Grèce depuis le voyage de M. de Chateaubriand? M. de Chateaubriand a vu la Grèce à travers la poésie d'Homère et l'éloquence de Démosthènes. M. de Lamartine a vu la Grèce à travers *la barraque de marbre* qui lui sert de chambre de députés aujourd'hui. M. de Chateaubriand a vu la Grèce esclave et si malheureuse, qu'il n'y avoit plus rien de la Grèce que son génie si beau. M. de Lamartine a vu la Grèce obéissant à des intérêts, élevant des murs; faisant des lois, parlant de budgets et d'élections; le présent de la Grèce libre à présent a tué le passé de la Grèce pour M. de Lamartine, membre de la Chambre des Députés; le passé de la Grèce libre autrefois, avoit fait oublier son esclavage actuel à M. de Chateaubriand. Les poètes, pas plus que les autres hommes, ne sauroient s'affranchir des influences étrangères. Ils voient non seulement avec leurs yeux, mais avec les yeux de ceux qui les entourent; ils jugent avec leur propre pensée, et en même temps avec la pensée de tout le monde. Quand M. de Chateaubriand, au milieu des ruines d'Athènes, reconstruisoit à son gré la ville de Périclès, M. de Chateaubriand étoit seul; seul parmi ces ruines, il en étoit le maître souverain; il en faisoit au gré de sa volonté, de son émotion, de son caprice, de son génie. Tout au rebours M. de Lamartine sur les rivages de la Grèce : il a trouvé ces rivages habités; il a trouvé là non pas la Grèce toute morte, mais une patrie à demi ressuscitée; il a trouvé là des législateurs, des soldats, une royauté, toutes ces choses à leur commencement, c'est-à-dire foibles, incertaines, misérables, et au milieu de la ville d'Athènes de véritables maçons qui faisoient quelque chose de ces ruines à force de chaux et de plâtre. Le poète n'avoit plus rien à faire là!

Quelle triste note : « 22 avril 1832..... *Bu des eaux du ruisseau bourbeux et infect qui est l'Ilissus!* » Il faudroit dire au moins, « *qui étoit l'Ilissus!* »

Sur les bords de l'Ilissus, M. de Chateaubriand s'agenouille, et après s'être désaltéré, il adresse au Ciel la prière des Spartiates : *La vertu et la gloire! Ut pulchra bonis adderent!*

Faisons mieux, prenons au hasard quelques pages de M. de Lamartine sur la Grèce, et vous verrez combien M. de Chateaubriand l'a plus aimée et mieux comprise cette noble terre que le poète des *Méditations*.

7 Août au soir, 6 heures.

« Les côtes élevées de la Laconie sont là, à quelques portées de canon de nos yeux. Nous les longeons par une jolie brise; elles glissent majestueusement devant nous. Accoudé sur la lisse du vaisseau, mes regards laissèrent pour s'en souvenir ces formes classiques des montagnes de la Grèce. Elles se déroulent aussi comme des vagues de pierre et de terre; elles s'élèvent, s'abaissent, se groupent devant moi, comme les nuages de la patrie de son âme, devant l'esprit d'Ossian. Je passe une ou deux heures à faire en silence cette revue des collines et des noms sonores de cette terre morte; les monts charmants où l'Eurotas prend sa source lancent dans les airs leurs sommets arrondis; le globe du soleil y descend et les frappe comme des sources de cuivre doré; il enflamme autour de lui sa couche de nuages. Ces sommets deviennent transparents comme l'air même qui les enveloppe et dont on peut à peine les distinguer : on jureroit que l'on voit à travers la lueur d'un autre soleil déjà couché, ou l'immense réverbération d'un incendie lointain.

« Une de ces montagnes, entre autres, présente à nos yeux la forme d'un croissant renversé; elle semble se creuser à mesure pour ouvrir un sillon aérien au disque du jour qui y roule dans la poussière d'or de la vapeur qui monte à lui. Ces crêtes plus rapprochées, que le soleil a déjà franchies, se teignent de violet pourpré ou de couleur de lilas pâle; elles nagent dans une atmosphère aussi riche que la palette d'un peintre. Plus près de nous encore, d'autres collines couvertes déjà de l'ombre du soir semblent vêtues de noires forêts. Enfin celles qui forment le premier plan, celles que nous touchons et dont l'écume longe les falaises, sont toutes plongées dans la nuit; l'œil n'y distingue que quelques anses où se réfugient les nombreux pirates de ces ports, et quelques promontoires avancés qui portent, comme Napoli de Malvoisie, des villes ou des forteresses sur leurs sommets escarpés. Ces montagnes vues ainsi du pont d'un navire, à cette heure où la nuit les dégage de mille illusions de couleur, sont peut-être les plus belles formes terrestres que mes yeux aient encore contemplées; et puis le navire flotte si doucement, incliné comme un ballon mobile, sur la mer qui murmure en caressant sa quille; l'air est si tiède et si parfumé, les voiles rendent de si beaux sons à chaque bouffée de la brise du soir! presque tout ce que j'aime est là, tranquille, heureux, en sûreté, regardant, jouissant avec moi. Julia et sa mère sont accoudées tout près de moi sur les haubans; la figure de l'enfant résonne à tous les aspects, à tous les noms, à tous les faits historiques que sa mère lui raconte à mesure; ses yeux flottent avec les nôtres sur toutes les scènes dont les drames merveilleux lui sont déjà connus! Il y a du génie dans son regard; on y voit la pensée profonde, vivante, chaude, rapide d'une âme qui éclot sous l'âme ardente et aimante de sa mère; elle semble jouir autant que nous, et surtout parce qu'elle nous voit intéressés et heureux; car l'âme de cet enfant vit de la nôtre. Une larme vient dans ses yeux si elle me voit triste et rêveur. Ses traits sont un reflet simultané des miens, et le sourire de toutes nos joies n'attend jamais un pareil sourire sur ses lèvres : qu'elle est belle ainsi !

« J'ai vu long-temps, et sur toutes leurs faces, les montagnes de Rome et de la Sabine ; celles-ci les surpassent en variété de groupes, en majesté de forme, en splendeur éblouissante de teinte ; leurs lignes sont infinies ; il faudroit un volume pour décrire ce qu'un tableau diroit d'un regard ; mais pour être vues dans toute leur beauté imaginaire, il faut les apercevoir ainsi au tomber du jour ; alors on les voit vêtues, comme dans leur jeunesse, de forêts et de verts pâturages, et de chaumières rustiques et de troupeaux et de pasteurs : les ombres les vêtissent ; elles n'ont pas d'autres vêtements, de même que l'histoire des hommes qui les ont illustrées a besoin des nuages du passé et des prestiges de la distance, pour attacher et séduire nos pensées. Il ne faut rien voir au grand jour du soleil, à la lumière du présent ; dans ce triste monde il n'y a de complètement beau que ce qui est idéal. L'illusion en toute chose est un élément du beau, excepté en vertu et en amour. »

9 Août.

« Je me lève avec le soleil pour voir enfin de près le golfe d'Argos, Argos, Nauplie, la capitale actuelle de la Grèce ; déception complète, Nauplie est une misérable bourgade bâtie au bord d'un golfe profond et étroit, sur une marge de terre tombée des hautes montagnes qui couvrent cette côte ; les maisons n'ont aucun caractère étranger ; elles sont bâties dans la forme la plus vulgaire des habitations de France ou de Savoie. La plupart sont en ruines, et les pans de murs renversés par le canon de la dernière guerre sont encore couchés au milieu des rues. Deux ou trois maisons neuves, peintes de couleurs crues, s'élèvent sur le quai, et quelques cafés et boutiques de bois s'avancent sur des pilotis dans la mer; ces cafés et ces balcons sur l'eau sont couverts de quelques centaines de Grecs dans leur costume le plus recherché, mais le plus sale; ils sont assis ou couchés sur les planches et sur le sable, formant mille groupes pittoresques. Toutes les physionomies sont belles, mais tristes et féroces; le poids de l'oisiveté pèse dans toutes leurs attitudes. La paresse des Napolitains est douce, sereine et gaie : c'est la nonchalance du bonheur; la paresse des Grecs est douce, morose et sombre: c'est un vice qui se punit lui-même. Nous détournons nos yeux de Nauplie pour admirer la belle forteresse de Palamède qui règne sur toute la montagne dont la ville est dominée; les murailles crénelées ressemblent aux dentelures d'un rocher naturel.

« Mais où est Argos? une vaste plaine stérile et nue, entrecoupée de marais, s'étend au fond d'un golfe; elle est bornée de toutes parts par des chaines de montagnes grises. Au bout de cette plaine, à environ deux lieues dans les terres, on aperçoit un mamelon qui porte quelques murs fortifiés sur la cime, et qui protége de son ombre une bourgade de ruines : c'est là Argos. Tout près de là est le tombeau d'Agamemnon. Mais que m'importe Agamemnon et son empire? Ces vieilleries historiques et politiques ont perdu l'intérêt de la jeunesse et de la vérité. Je voudrois voir seulement une vallée d'Arcadie; j'aime mieux un arbre, une source sous le rocher, un laurier-rose au bord d'un fleuve, sous l'arche ébranlée d'un pont tapissé de lianes, que le monument d'un de ces royaumes classiques qui ne rappellent plus rien à mon esprit que l'ennui qu'ils m'ont donné dans mon enfance. »

15 Août 1832.

« Je n'écris rien : mon âme est flétrie et morne comme l'affreux port qui m'entoure. Rochers nus, terre rougeâtre ou noire, arbustes rampants et poudreux, plaines marécageuses où le vent glacé du nord, même au mois d'août, siffle sur des moissons de roseaux ; voilà tout. Cette terre de la Grèce n'est plus que le linceul d'un peuple; cela ressemble à un vieux sépulcre dépouillé de ses ossements, et dont les pierres même sont dispersées et brunies par les siècles. Où est la beauté de cette Grèce tant vantée? où est son ciel doré et transparent? Tout est terne et nuageux comme dans une gorge de la Savoie ou de l'Auvergne aux derniers jours de l'automne. La violence du vent du nord, qui entre avec des vagues violentes jusqu'au fond du golfe où nous sommes mouillés, nous empêche de partir. »

Tant il est vrai de dire qu'en toutes les choses humaines la réalité ne vaut pas l'espérance. Singulier et irrécusable témoignage de la vaste étendue et en même temps de la vanité de nos désirs ! M. de Chateaubriand arrive dans la Grèce captive ; il la trouve muette, désolée, misérable, tremblante sous le Turc comme jamais peuple n'a tremblé, et pourtant si belle et si grande encore, que le jeune poète s'éprend tout d'un coup de cette passion généreuse et infatigable qui plus tard devoit réveiller tous les peuples de la terre, et jeter les premiers germes de cette liberté nouvelle que la Grèce attendoit depuis tant de siècles, sans oser ni l'espérer ni la prévoir. M. de Chateaubriand n'a vu dans la Grèce moderne que des ruines, mais sous ces ruines quelle liberté, et que de grandeurs il a rêvées! M. de Lamartine, lui, a trouvé aux mêmes lieux moins que des ruines, des maisons de bois; moins que l'esclavage peut-être, une royauté douteuse et misérable. Or, tout ce présent étoit si petit et si foible, comparé au passé; cette restauration d'hier étoit si mesquine, comparée à tant de gloire; ces édifices modernes improvisés comme la constitution, comme la royauté, auxquelles ils servoient d'asyle, étoient si tristes à voir et si petits, comparés aux immenses ruines du Parthénon, à ces marbres ébranlés dont la Grèce moderne faisoit de la chaux vive, que notre poète s'est pris à entrer dans cette tristesse profonde qui se retrouve à chaque page de son séjour en Grèce. Poète impatient de grandes choses, qui se rappelle qu'Homère a créé l'ancienne Grèce d'un son de sa lyre, comme on dit qu'Amphyon éleva les murs thébains! Hélas! même avant M. de Lamartine, lord Byron son prédécesseur avoit eu la même impatience généreuse, et le monde le vit soudain, le fougueux auteur de *Don Juan*, emporté par ce noble désir, frapper du pied la terre, comme s'il eût pu en faire sortir tout armée du glaive et de la parole la cité de Minerve, la belle Athènes de Thémistocle et de Démosthènes. Même, son impatience a coûté la vie à lord Byron, et il est mort celui-là pour ne pas avoir voulu attendre heure par heure, jour par jour, bataille par bataille, que l'instant de cette délivrance fût venu.

Ainsi des trois poètes de ce siècle, Chateaubriand, lord Byron, Lamartine, M. de Chateaubriand n'est pas seulement le plus grand poète, il est encore le plus grand politique. Son enthousiasme n'a pas nui à son sang-froid : il s'est dit tout d'abord, voyant la Grèce couchée au cerceuil, qu'il faudroit bien des années avant de lui rendre un peu de vie, à ce noble cadavre étendu là sans mouvement, après avoir été la pensée du monde, la source unique de toute gloire, de tout mouvement, de toute poésie. Aussi M. de Chateaubriand s'étoit-il fait patient comme un grand politique, en même temps qu'il s'étoit inspiré en grand poète. Il fit plus; dans sa pensée, chanter la Grèce et l'affranchir, c'étoit même chose; la faire rentrer dans la poésie et dans la liberté, c'étoit même chose. Sous *l'Itinéraire*, cette grande histoire, et sous *les Martyrs*, ce grand poëme, il y avoit une révolution cachée; et l'on peut dire que M. de Chateaubriand l'a faite à lui seul, cette révolution inspirée que le premier il a entrevue. Que de nobles efforts il a tentés quand il a jugé qu'il étoit temps enfin d'élever la voix pour la liberté de la Grèce, et que cette liberté étoit proche! Aussi le plus noble supplément à l'*Itinéraire de Paris à Jérusalem*, aussi le plus beau chant des *Martyrs*, ce sont les discours politiques que prononça plus tard M. de Chateaubriand en faveur de la Grèce. Ces nobles paroles tiennent au poème de M. de Chateaubriand, comme son poëme tient à son voyage, comme son voyage en Grèce tient à son voyage en Amérique, comme l'action de sa vie la plus indifférente en apparence, se lie en effet à toutes les actions de sa vie. Une fois donc qu'il se fut mis à l'œuvre il ne laissa point passer un seul jour sans prendre en main la défense de ce noble peuple grec son affranchi. A la Chambre des Députés, dans ses livres, au ministère, dans ses conversations de chaque jour, partout et toujours, il s'écrioit, avec la persévérance du vieux Caton contre Carthage : *La liberté de la Grèce! la liberté de la Grèce!* Et voilà comment, enfin, cette noble voix a été entendue par tous les égoïsmes de l'Europe! Et voilà comment cette poésie a porté ses fruits de liberté. Grand homme qui nous a ouvert tous les nobles chemins qui mènent à la gloire et à la liberté! Et c'est avec la même persévérance, c'est avec le même génie, la même éloquence et le même courage qu'il a entendu ainsi toutes nos libertés!

Mais, en revanche, lui aussi il a pu redire aux soldats de l'Europe, le premier de tous, ce que se disoit à lui-même lord Byron avant de mourir :

« Regarde, voilà l'épée, la bannière, le champ d'hon-
« neur, la gloire de la Grèce ; le Spartiate porté sur son
« bouclier n'étoit plus libre!

« Réveille-toi! Ce n'est plus à la Grèce que je parle ;
« elle est réveillée! Mais toi, soldat, souviens-toi de
« quelle noble source est sorti le sang qui coule dans
« tes veines, et frappe avec courage.

« Si tu regrettes ta jeunesse, pourquoi vivre plus
« long-temps? La contrée où la mort peut être hono-
« rable, la voilà ! Au combat, soldat, et dis adieu à la
« vie!

« Cherche ce qu'un mortel ne trouve pas toujours, « la tombe d'un guerrier..... et puis regarde, choisis « le lieu où tu veux périr, et t'endors du sommeil des « braves. »

En résumé, je ne crois pas, depuis qu'il y a des poètes et depuis qu'il y a de grands historiens dans le monde, et depuis qu'il y a des voyageurs, que jamais historien, voyageur ou poète, ait rapporté du même voyage ce que M. de Chateaubriand rapportoit de la Grèce à son retour. Il en rapportoit *l'Itinéraire*, *les Martyrs* et la liberté de la Grèce antique, dont il étoit à la fois le poète, l'historien et le sauveur!

JULES JANIN.

TABLE DES MATIÈRES.

Préface de l'Itinéraire pour l'édition de 1827. Page   i

NOTE SUR LA GRÈCE.

Avertissement.............................	viij
Avant-propos.............................	ix
Préface de la troisième édition de la Note.........	xlv
Note sur la Grèce...........................	xlix
Extrait d'un Discours sur l'histoire de France, lu à l'Académie françoise......................	lxv
Opinion de M. le vicomte de Chateaubriand sur le projet de loi relatif à la répression des délits commis dans les Échelles du Levant..................	lxvij
Discours en réponse à M. le Garde des sceaux......	lxxvij

ITINÉRAIRE
DE PARIS A JÉRUSALEM
ET DE JÉRUSALEM A PARIS.

Préface de la première édition..................	lxxxv
Préface de la troisième édition.................	lxxxix
Introduction. — Premier Mémoire.............	xcxvij
Second Mémoire...............	cxxvij

ITINÉRAIRE DE PARIS A JÉRUSALEM.

Première partie. — Voyage de la Grèce..........	1
Argument. — L'Itinéraire de Paris à Jérusalem.....	197

FIN DE LA TABLE.

Paris, le 15 novembre 1838.

M

Souscripteur à l'édition de Chateaubriand en 32 volumes sur raisin
(DIT AVEC PRIMES).

Dans l'année 1835 nous commençâmes la publication des œuvres complètes de M. de Chateaubriand. Notre prospectus portait que l'ouvrage aurait 32 volumes, dont chacun coûterait 8 francs, et que le nombre des souscripteurs serait de 6,300; il portait encore que nous prendrions, sur les bénéfices, des primes à distribuer par le sort entre ces souscripteurs, et que le tirage de ces primes serait fait par l'un des Maires, et dans une des mairies de Paris.

Le souscripteur, porteur du premier numéro sortant de ce tirage, devait avoir le tiers de la propriété littéraire des œuvres de Chateaubriand, et les porteurs des 69 numéros suivants, des bibliothèques et des livres aux prix de catalogue.

Soigneux de ne rien faire qui pût transgresser les lois, avant de lancer notre prospectus nous prîmes conseil des jurisconsultes et des avocats les plus capables et les mieux famés, et ce ne fut que sur leurs avis unanimes de la légalité de notre opération que notre entreprise fut commencée.

Jaloux de tenir exactement ce que nous avions promis à nos souscripteurs, notre publication étant fort avancée, en octobre 1837, nous adressâmes une demande au Ministre de l'intérieur pour obtenir de faire le tirage des primes à Paris, en offrant, conformément à notre prospectus, 12,000 francs pour les pauvres de la mairie où se ferait ce tirage (nos souscripteurs ont reçu copie de cette demande). Notre pétition, accueillie favorablement au ministère de l'intérieur a été, à notre grande surprise, écartée au ministère de la justice; il nous a été dit que notre demande ne pouvait nous être accordée, mais que nous pouvions nous libérer en faisant la répartition au marc le franc, du montant de ces primes entre tous les souscripteurs.

Voici la copie de la réponse du Ministre de l'intérieur.

Paris, le 31 mars 1838.

Messieurs, vous avez demandé, le 1er octobre dernier, à être autorisés à tirer les primes que vous aviez promises aux souscripteurs aux œuvres de Chateaubriand par votre prospectus publié en 1835.

A l'appui de cette demande, vous avez rappelé le jugement du 23 septembre 1836, qui vous renvoie de la plainte portée contre vous, à la requête du ministère public, à l'occasion de ces primes, et vous avez offert, afin de pouvoir jouir du bénéfice de l'article 5 de la loi du 21 mai 1836, de faire don aux pauvres d'une somme de 12,000 francs.

Ces dispositions honorables de votre part m'ont déterminé à consulter M. le garde des sceaux sur le point de savoir si le tirage des primes annoncées, et que vous tenez à réaliser dans le but tout-à-fait louable de remplir vos engagements, pourrait ou non être assimilé aux loteries que la loi a proscrites.

M. le garde des sceaux a pensé, indépendamment d'autres considérations, que le tirage qui aurait pour objet de répartir par la voie du sort 70 lots gagnants entre un grand nombre d'ayant droit, constituerait une véritable loterie qui rendrait ses auteurs passibles des peines portées par l'article 410 du Code pénal, et qu'on pourrait, de plus, poursuivre en vertu de l'article 4 de la loi du 9 germinal, toujours en vigueur, ceux qui prêteraient ou loueraient le local où le tirage serait fait.

Je suis dès lors dans l'impossibilité de donner suite à vos propositions. Enchaînés vous-mêmes par la loi, vous ne sauriez être accusés de vouloir conserver une portion de bénéfice qui, d'après les conditions primitives de la souscription, doit appartenir à vos souscripteurs. N'y aurait-il donc pas d'ailleurs quelques moyens de rassurer vos scrupules à cet égard? Ne pourriez-vous pas, en faisant connaître la cause légitime qui s'oppose à l'accomplissement de votre engagement, distribuer, au marc le franc, à vos souscripteurs, la somme qui constitue le montant des primes que vous destinez à ceux d'entre eux que le sort aurait favorisés? Mais il ne m'appartient pas de rien vous prescrire ni de rien vous conseiller à ce sujet; vous seuls connaissez bien votre position, et vous seuls pouvez en conséquence prendre une détermination convenable.

Agréez, Messieurs, l'assurance de ma parfaite considération.

Pour le Ministre et par autorisation,
Le Directeur de la police générale du royaume,
Signé ALEXIS DE JUSSIEU.

Notre souscription existait long-temps avant la loi qui a prohibé les primes; nos engagements étaient pris avec nos souscripteurs sous une législation qui les permettait, et de plus nous offrions 12,000 francs pour les pauvres, ce qui au besoin pouvait faire ranger ce tirage parmi les loteries de bienfaisance. Refuser l'autorisation de tirer nos primes nous paraît une injustice. Le ministère actuel en a jugé autrement, et nous menace, si nous faisions notre tirage, de l'application de lois rigoureuses, qui ne prononcent rien moins que la confiscation et l'emprisonnement pour les délinquants. Nous avions pensé à faire ce tirage en pays étranger; mais nos conseils nous ont fait observer avec raison qu'un tirage pareil ne nous libérerait qu'à l'égard des souscripteurs qui le voudraient bien, puisque notre prospectus portait que ce tirage serait fait à Paris, et qu'un procès-verbal de tirage à l'étranger serait sans force devant les tribunaux. Dans cette position, convaincus que la décision du ministère ne peut être définitive, puisqu'elle n'est pas juste; qu'au surplus ce ministère peut être changé; et que celui qui lui succéderait, examinant de nouveau cette question, pourra reconnaître la loyauté et la justice de notre demande, et nous l'accorder; nous avons fait une nouvelle pétition (1), et nous continuerons de solliciter pour qu'elle ait une bonne issue.

(1) Copie de notre nouvelle pétition à M. le Ministre de l'intérieur.

Monsieur le Ministre, la réponse que nous avons eu l'honneur de recevoir de vous à notre demande d'autorisation pour tirer les primes de notre Châteaubriand, nous met comme négociants dans une position fâcheuse; sans avoir contrevenu aux lois, nous nous verrions forcés de manquer à des engagements qui ont pu contribuer à nous faire obtenir des souscripteurs. Cette alternative affligeante nous fait de nouveau recourir à votre bonté. La présence des Chambres, des circonstances que vous seul pouvez apprécier, peuvent nécessiter que notre tirage soit éloigné. Nous attendrons, nous accepterons le temps et le lieu que vous voudrez bien nous assigner. Votre cœur bienfaisant et juste, monsieur le Ministre, plaidera pour nous; nous avons destiné 12,000 francs pour les pauvres, nous osons espérer qu'en leur faveur vous voudrez bien user du privilège de l'article 5 de la loi du 12 mars 1836, et nous permettre de faire notre tirage.

Nous avons l'honneur, etc.

De deux choses l'une, ou nous obtiendrons l'autorisation que nous espérons, et alors nous tirerons les primes, et distribuerons les lots à ceux qu'aura favorisés le sort, ou cette autorisation nous sera constamment refusée, et alors nous devrons en venir à la marche que nous trace le Ministre, la distribution des primes au marc le franc entre tous les souscripteurs.

Voici le décompte de la somme revenant à une souscription, dans l'hypothèse du partage des primes au marc le franc.

D'après le prospectus, l'ouvrage se compose de 32 volumes, et il y a 6,300 souscripteurs ; en multipliant 6,300 par 32, nous avons 201,600 volumes. Les primes devaient représenter une valeur de librairie de cent quatre-vingt mille francs, ci. . . . . 180,000 fr.

Pour ramener cette valeur de marchandises à être en numéraire, il faut déduire la remise de 18 pour cent que subissent en général les valeurs de la librairie, ci. 32,000

Différence à répartir 147,600 fr.

Ces cent quarante-sept mille six cents francs divisés par 201,600 volumes donnent pour chaque volume 73 centimes 1/5, ou pour 32 volumes, 23 francs 42 centimes que nous sommes tout prêts à payer en argent aux souscripteurs qui le demanderont contre un acquit en règle, et la remise de leur bulletin.

Beaucoup de nos souscripteurs ont accepté de prendre cette part contributive en livres à leur choix dans notre catalogue, avec un avantage de 25 pour cent de remise, et à la condition de rapporter 23 francs 42 centimes, si les lots étaient tirés plus tard, ainsi que nous en conservons l'espérance, et nous y avons consenti.

Nous vous offrons, Monsieur, de faire pour vous ce que nous avons fait pour ces souscripteurs, et au lieu de 23 francs 42 centimes en argent, vous choisirez dans notre catalogue, que nous joignons à la présente, pour 32 francs de nos livres à votre choix ; nous vous les enverrons franco chez vous, et vous resterez inscrit pour le tirage des primes s'il y a lieu, sauf à rapporter 23 francs 42 centimes. Si votre demande excède 32 francs, nous ferons recevoir le surplus à votre domicile.

Veuillez, Monsieur, nous faire connaître vos intentions, et croire à nos regrets de ne pouvoir tenir les engagements de notre prospectus dans toute leur rigueur.

Nous avons l'honneur de vous saluer.

Pourrat Frères.
Rue des Petits-Augustins, 5.

www.ingramcontent.com/pod-product-compliance
Lightning Source LLC
Chambersburg PA
CBHW050300170426
43202CB00011B/1768